书卷多情

沈慧瑛 著

上海科学技术文献出版社
Shanghai Scientific and Technological Literature Press

图书在版编目（CIP）数据

书卷多情 / 沈慧瑛著 . —上海：上海科学技术文献出版社，2022

ISBN 978-7-5439-8513-1

Ⅰ . ①书…　Ⅱ . ①沈…　Ⅲ . ①文史—中国—文集　Ⅳ . ① C52

中国版本图书馆 CIP 数据核字 (2022) 第 025677 号

选题策划：张　树
责任编辑：王　珺
封面设计：留白文化

书卷多情
SHUJUAN DUOQING
沈慧瑛　著
出版发行：上海科学技术文献出版社
地　　址：上海市长乐路 746 号
邮政编码：200040
经　　销：全国新华书店
印　　刷：商务印书馆上海印刷有限公司
开　　本：787mm×1092mm　1/32
印　　张：13.25
字　　数：234 000
版　　次：2022 年 3 月第 1 版　2022 年 3 月第 1 次印刷
书　　号：ISBN 978-7-5439-8513-1
定　　价：78.00 元
http://www.sstlp.com

读《书卷多情》

曹培根

沈慧瑛研究馆员的第7本独著《书卷多情》由上海科学技术文献出版社列入“全民阅读书香文丛”出版，添此书香新品，可喜可贺。

作者为学者型管理干部，供职于苏州市档案馆，长期从事档案工作，文献信息意识特别强，好读书写作，编研成果称富，提升了档案馆服务社会的能力与在学界的影响力。其独著多为编研工作副产品与读书心得。

全书分为5辑。

第1辑，纸上烟雨。收录24篇文章，为作者读2001年以来所出书的心得。作者的书评大多发表在报纸上，受到文字限制，篇幅不长。作者采用“印象批评”的方法来评新书，集中从书中给人印象最深处入手，并不面面俱到评介。时或谈个人读此书的乐趣，娓娓道来，让读者无形中自然受到感染，体会阅读的快乐以及对读物的评剖结论。24种书品种多样，可谓琳琅满目。有别集，如《周瘦鹃文集》；有人物传记，如《翁同龢》《半世风流孽海花》《平襟亚传》《我的父亲顾颉刚》等；有论文集，如《千山夕阳——王振忠论明清社会与文化》；有专著，如《浮世的晚风》等。这辑书话中，谈论较多的一个话题是“注重家庭、注重家教、注重家风”。作者特别关注名人家书，如《梁启超家书》《柏杨家书》《柴德赓来往书信集》《恋人书简》《重读抗战家书》《谢觉哉家书》等。作者揭示隐含其中的家风家训资源，挖掘文献的社会价值，以启迪后人，体现书话的导读功能。

第2辑，兰台书屋。收录20篇文章，为作者读档案人集体与个人编著书的心得。20种书出版于2012至2020年，其中，有作者负责编辑的《馆藏名人演讲作品选》《民国苏州学校期刊》《过云楼日记》《过云楼家书》《鹤庐画趣》等，作者对这些成果的解读入木三分，帮助读者把握档案的文献价值。作者所评之书，也从一个侧面反映了近年来苏州档案人的成果。这些编研成果，让档案文献活了起来，并更好地发挥出档案的历史研究价值与社会教育功能，拓展了档案服务社会的广度。

第3辑，吴地风情。收录25篇文章，为作者读友朋书心得。所评之书有论文集，如《常熟文化的专属表情》《品谈历史文化人物》；有连续出版物，如《传统文化研究》；有小说，如《荷殇》；有散文集，如《古里书香》《梅事儿》《村事》《回望青山　一如初见》；有资料汇编，如《云门琴谭——无锡古琴史料初编》；有工具书，如《苏州历代人物大辞典》。无论是史论作法，还是艺文笔法，乃至从通俗作品到工具书，内容多涉及吴地风情，该辑书评也就成为吴地风情主题书话。作者品书多介绍编著者相关背景、创作动机，与读者交流阅读感受。时或推荐相关主题书，便于读者对照选读。《乐在民间掘宝藏》一文，系品读潘君明先生 2018 年出版的“苏州民间传说丛书”4 种《苏州历代名人传说》《苏州历代工匠传说》《苏州风景名胜传说》《苏州经典美食传说》，此类书评成为“集束式书话”。

第 4 辑，闲话红楼。为作者读《红楼梦》心得。《温良机敏俏平儿——试论平儿的人格魅力》《真爱薄情寂寞人——浅议王夫人的两面性》《真真假假薛姨妈》，剖析了《红楼梦》中三个精典人物形象，为读者从作品人物形象入手阅读经典提供了一种行之有效的模式。

第 5 辑，著书心声，为作者著书心得。作者的《君自故乡来——苏州文人与文事稗记》以档案资料为依据，挖掘苏州文人的趣闻逸事，兼得传记特写与评论之妙。《远行》分《天堂就在拐角》《一个人的旅程》《下辈子做只鸟》3 辑，收录散文、小说，作者学历史，治档案，作品“写家人亲友写生活情感”“写社会百态写人生感悟”，书中可见作者的文学功底。在《灯火阑珊处》一书中作者披露一批档案、日记、家书，挖掘与苏州有关的民国文化名人的心灵隐秘与趣闻逸事，描摹出前贤仁者集体前行的身影，呈现了苏州城风云变幻的百年面貌。《过云楼档案揭秘》分顾文彬家族历史、过云楼书画交易、顾氏友人交往史事3个部分，作者在多年收集、整理过云楼档案的基础上，以珍闻轶事的点睛法寻找躲在日记、书信背后的秘密，为读者揭开了过云楼收藏与顾氏家族发展的历史。《归来》选录作者游历老街、亲近山水、拜访名家、追思故人以及个人感悟的文字。《贵潘家族传奇》写潘氏家族的历史，反映大阜潘氏始祖潘名、经商苏州的潘仲兰、迁吴始祖潘景文、参加十余次科考的潘暄、为家族利益牺牲个人理想的潘冕，以及从奕字辈到承字辈的代表性人物及其故事。

作者长于思考，文史融通，文笔优美，每篇书话皆体现了书话三个要素：一点思想，一点史料，一点艺文情趣，给人启发与艺术享受。

目　录

第1辑（纸上烟雨）

第2辑（兰台书屋）

第3辑（吴地风情）

第4辑（闲话红楼）

第5辑（著书心声）

第1辑（纸上烟雨）

多情莫过梁启超

中国父亲比较含蓄，喜怒哀乐不形于色，经常扮演“严父”角色，动不动“庭训”一番，不善于表达感情。但梁启超与子女的关系更像朋友，他通过一封封循循善诱、娓娓道来、幽默风趣的家书，传授他们立身、处世、为学之道，感情表白更为直率、奔放、坦诚，这种家教书写了梁氏满门才俊、一门三院士的传奇。

梁启超（1873～1929年），字卓如，一字任甫，号任公、饮冰子，别署饮冰室主人，是近代中国著名政治活动家、启蒙思想家、史学家和文学家。他与康有为领导戊戌变法，提倡政治改良，主张“诗界革命”和“小说界革命”，因其文章“立论锋利、条理清楚、感情奔放、痛快淋漓”而被毛泽东称为当时“最有号召力的政论家”。梁启超主张一夫一妻制，但在1903年，年长他4岁的妻子李蕙仙眼见婚后十多年只有一双儿女，且儿子思成身体单薄，为了梁家香火着想，执意让梁启超收其丫头王桂荃为侧室。王桂荃不负所望，梁启超九个成人的儿女中，有她六个亲生骨肉。梁家儿女个个成才，各有所长，这自然与梁启超的教育密不可分，从他的家书中可见一斑。一部《梁启超家书》收录了136通书信，除两通给李蕙仙外，其余都是给子女的，而与长女梁思顺的通信达64通，思顺与弟、妹共收的有5通，写给包括思顺在内的孩子们的有40多通，某种程度上这部家书堪称梁家父女的“两地书”。

梁思顺自幼受到父亲的熏陶和教育，一生酷爱诗词和音乐，是诗词研究专家，1908年编选出版《艺蘅馆词选》。梁启超从不避讳对长女的偏爱，声称思顺是他的“命根”，不允许她生病，又说：“吾爱女之名举国皆知，故交相见者，无不问汝，却无人问思成以下”。有人说女儿是父亲前世的情人，如果梁启超地下有知，一定会拍手称快，因为思顺是他的最爱。思顺受父母专宠时间较长，九岁时才有了弟弟思成。梁启超对思顺说出你是我的长女、你的健康关系到我的终生幸福的话时，早已儿女成群了。每每给家中寄礼物，思顺总要多得一些，比如1912年12月的一天，梁启超外出为妻子购买生日礼物，结果寿礼没买成，反而为思顺买回金器、衣料，还悄悄对她说：“汝却借此荫得许多物也。”在给思顺的信里一口一个宝贝，此时他的宝贝已是三个孩子的母亲，但在他眼里依然是最爱的宝贝，儿子们属于“不甚宝贝”。因为爱女儿，大女婿周希哲就是他通过认真考察后，介绍给女儿的。

《红楼梦》里的宝玉每次受父亲责打，就喊姐姐妹妹，以减少疼痛，梁公颇有同感，每每不适就叫思顺的名字，“聊以自慰”。过世前两个月，因病痛折磨，他向思顺“发嗲”：“每到发病时特别想得厉害，觉得像是若顺儿在旁边，我向她撒一撒娇，苦痛便减少许多”。宠着思顺的同时，还有点“怕”她，妻子生日，他很想破戒一回喝点酒，就写信问“答应不答应?”这位“童心未泯”的父亲，故意在女儿面前撒一回娇。最有意思的是，1922 年 11 月，他到南京讲学，与 25 年未见的朋友陈三立（陈寅恪之父）相遇，陈三立拿出 5 听的陈酒款待他，两人大醉。喝多了酒的梁启超居然在一张纸上写满：“我想我的思顺”“思顺回来看我”。明明知道女儿喜欢诗词，还故意写信告诉女儿新得的明刻本《李杜全集》如何可爱，一本正经说：“不许撒娇来索。”可心里就盼着女儿来索取。思顺随外交官丈夫长期在海外生活，偶尔给父亲的家信迟了点，他就坐立不安，开始胡思乱想。尽管得到父亲最多的宠爱，但身为家中老大（比最小的弟弟年长 31 岁），思顺不仅在异国操心照顾弟妹们的生活与学业，还操办梁思成与林徽因的婚事，为父亲理财，确保家里经济无虞，在承担家庭责任的过程中提高了自己在大家庭的地位与作用。在1927年12月21日的一封信中，梁启超夸奖女儿："你虽受父母特别的爱，但你的报答也算很够了，妈妈几次的病，都是你一个人服侍，最后半年衣不解带送妈妈寿终正寝。对于我呢，你几十年来常常给我精神上无限的安慰喜悦……这样的女孩儿，真是比人家的男孩儿还得力十倍。"

爱女儿的实质是他对女性的尊重，他一直关注女性解放与独立，始终认为女权运动应是"学第一，业第二，政第三"。民国时代娶侧室也是一件平常之事，但娶王桂荃有违他主张的一夫一妻制，也有违他一贯尊重女性的主张，因此在公众场合从不提及，这是他的矛盾之处。他与儿女们撒娇，则是放下父亲威严的架子，寻找一种平等相处之道。从这种似父女似朋友的亲密关系中，梁启超的多情、奔放、率真诙谐异于寻常父亲，而如此真性情流露的家书在过去在现在也不多见，梁氏家书可以说是个例外。

梁启超除关心孩子们的生活、学业外，特别注重对子女的人格培养，说"使汝等常长育于寒士之家族，即受汝等以自立之道"。当清华大学与东北大学都聘请梁思成为教授时，他认为"清华太舒服，会使人懒于进取"，而回绝了清华抛来的橄榄枝，让梁思成到艰苦的东北大学锻炼。这位近代风云人物一生命运跌宕起伏，却通达乐观，在家书中展现了舐犊情深、柔情似水的另一面，诚如他对思成所言“像你有我这样一位爹爹，也属人生难逢的幸福”，有父如此，夫复何求！

（《梁启超家书》 梁启超著 陕西师范大学出版社 2011 年 6 月第一版）

怜子如何不丈夫

——柏杨的育女心经

这是一个普通的父亲，和善而絮叨，是让女儿紧紧依偎的一座大山，女儿则是父亲的一件贴心小棉袄。原本一幅父慈女怜的图画被破坏了，海峡冷漠地隔离了父女，书信犹如黑暗中的一束光芒，成为他们的精神支柱。远在火烧岛的父亲密切关注着女儿的喜怒哀乐，为其一惊一咋，或高兴得哈哈大笑，或忧虑得寝食难安。这个父亲又极不普通，他以激扬文字鞭挞社会、讽刺时事著称于世，他叫柏杨。以往我们熟悉了柏杨怒目金刚、剑拔弩张的一面，如今在《柏杨家书》里看到了他柔情似水、絮絮叨叨的另一面。

大凡一个男子做了父亲，看着流淌着自己血脉的婴孩，他的心顿时变得像绸缎般柔软细腻，所谓百炼钢化为绕指柔，所有的棱角全在孩子的天真烂漫中消失殆尽。1929 年，年近半百的鲁迅做了父亲，小海婴带给他幸福的同时，也带给他养儿的辛劳。被鲁迅称为小捣乱的海婴非常淘气，经常东翻西看，弄得书房一塌糊涂，使鲁迅疲于整理，在儿子面前说尽好话，尽“二十四孝”。朋友深为他的“溺爱”而诧异，于是鲁迅坦然写下《答客诮》：“无情未必真豪杰，怜子如何不丈夫？知否兴风狂啸者，回眸时看小於菟”这个以“横眉冷对”“怒向刀丛”面目出现在人们眼前的杂文大家，就这样“甘为孺子牛”。但爱孩子，不是无原则的迁就，而是教会他们做人的道理，个性相似的柏杨与鲁迅，一样爱子情切，一样教子有方。即使身陷囹圄，柏杨仍努力担当父亲的责任。从 1968 年 9 月开始，柏杨开始给八岁的女儿佳佳写信，名为书信，实则是一个个故事，这些故事围绕一只叫小棉花的小白兔展开，女儿读着爸爸编写的小棉花、爸爸兔、小刚强、米老鼠、双头蛇等书信故事，仿佛爸爸还像从前那样，跪在她床边，拉着她的小手，绘声绘色告诉她童话世界的真与假、美与丑、善与恶，而她则在他的轻声细语里甜甜入睡。

在书信的来来往往中，佳佳渐渐长大了，此时的她学会安慰爸爸，学会替爸爸购买东西。柏杨既高兴又伤感，高兴女儿的成长，感伤她不得不面对整个世界，毕竟现实生活没有童话世界的梦幻与美丽，更多的是残酷与磨难。女儿的一言一行、出入安全、学习成绩时时牵动着他的心，纠结得他如烦躁不安的“困兽”。当女儿生日之时，千里之外的柏杨无法亲自祝贺，也没钱送礼物，“只能寄给吾儿海洋深的亲情”，这份深情如大山般坚固隽永，又如清溪般温润绵长。这份深情，让他变成了敏感纤细的父亲，不再是旁人眼中那个桀骜不驯的柏杨，他有时会为没有准时收到女儿的信函焦虑失眠、茶饭无味，有时会发誓“天变地变，爸爸爱儿之心不变”，有时也会痴痴地说：“我就不信吾儿会遗弃在悲惨中受苦的老父。”柏杨曾有二女二子，但因各种原因他都没能照顾他们，所以只想亲手带大佳佳，以弥补对其他儿女的歉疚，却又遭受牢狱之灾。不在女儿身边的柏杨，坐卧不宁，神经兮兮，唠唠叨叨，叮嘱她过马路时要“左看右看”以免出现意外，吩咐她不要骑车游泳以免遇到危险，又以生活案例告诉她要“守身如玉”、慎重交友以免受到伤害，当然也关心她的学业与进步。这也不放心，那也不放心；左关照，右叮咛，佳佳眼中的柏杨，标准一个喋喋不休的老爸。这样的老爸，几乎每个女儿都碰到过。

柏杨毕竟是位人文大师，他在家书里更多的是教女儿如何做个宽容、坚强、乐观、上进而富于同情心的人，所以《柏杨家书》从本质上说是一本育女宝典，爱女心经。他告诉女儿真正的爱是“义”，有义的爱是一种高贵的情操，没有义的爱，即使亲如夫妻、儿女，都会在大难来时各自飞，他刻意培养女儿高洁的品格与操守。当他得知佳佳的同学丧父时，忧伤万分，几次嘱咐她多关心同学，多与之交往；当他从报上得知林月华小妹妹无钱医治血管瘤时，说“这小女孩就是我心目中的小女儿”，请求女儿施以援手，类似的社会新闻，类似的人间悲剧触动了柏杨最柔软最脆弱的神经——爱。在他看来，“世界上最快乐的事情和最宝贵的品德，莫过于帮助别人，而又有能力帮助别人”。他把自己的心愿通过书信传递给佳佳，让她学会爱人、助人。爱吾幼及人之幼，这份充盈着情义的心灵鸡汤是柏杨用高贵的情操和博爱煲成的，而《寄女》《嘱女》两首长诗，则是柏杨“人生有尽爱无尽”的誓言。

父亲被监禁，母亲另抱琵琶，处于青春叛逆期的佳佳难免有时偏激和固执，时常与妈妈发生冲突。“我们对那些掉头而去的人，不必怀怨，对仍留下来看顾我们父女的人，要永铭心头。”学会宽恕是柏杨家书中反复出现的话题，他语重心长地教育女儿要尊重妈妈，“多爱妈妈”，再三强调“一个人在小孩时就训练自己不要一味只想到自己，要学习了解别人，为别人多想一想”，要懂得“自责自省”。面对亲友背叛，面对世态炎凉，女儿偶尔流露的愤愤不平的情绪令柏杨担忧，他循循善诱，以心理医生的视角为女儿把脉诊断，让她感激报答那些帮助过自己的人，而对那些伤害自己的人“付之一声叹息”。其实，宽恕别人需要足够的勇气与度量，1969 年柏杨被台湾当局关押不久，他的第四任妻子倪明华（佳佳之母）提出离婚要求，这令他痛不欲生，绝食

21天，但冷静后随即原谅了对方，并经常在给女儿的信中感激前妻给予他的帮助。贾宝玉说女儿是水做的，水做的女孩易感脆弱，而佳佳又生活在一个破碎的家庭，更需要父亲的呵护与指导，柏杨屡屡告诫她不要贪图物质和精神上的"小便宜"，要学会刚强，他对刚强做了全新的注释，想来这是他经受遍体鳞伤后的感触——"刚强是平和的，发自内心的，是用流着热泪的耐心力争上游"。这样重视人格教育的话语贯穿《柏杨家书》。

读过《曾国藩家书》，读过《傅雷家书》，父亲们严格的育儿思想影响了几代人，这些家书被奉为教子经典，但儿女情长的《柏杨家书》无疑最打动我，只因身为女儿，也曾让自己的父亲这样那样牵肠挂肚过。

（《柏杨家书》 柏杨著 文汇出版社 2011年1月第一版）

灯下愁绪化纸烟

“在古碑冲我过着很恬静的生活，夜深人静时，我在她的照片前点一支奇南香，这一支香是我现在惟一为她做的事情了”。其实，除了点上一支香寄托满腹相思外，苏州九如巷四姐妹的大弟张宗和从1944年秋天到1945年的春天一直在写《秋灯忆语》，回忆着他与亡妻孙凤竹那段刻骨铭心的情感。

如果1936年夏天刚从清华大学毕业的张宗和和四姐充和不到青岛游玩，如果张家姐弟不会唱昆曲，那么张宗和不可能有机会认识孙凤竹，那么世上也不会有这本催人泪下的《秋灯忆语》了。在青岛私家曲会和海滩浴场上，年仅二十二岁的张宗和与十六岁的孙凤竹“金风玉露一相逢”，当时他们也许没有产生强烈的爱恋，却已有一股淡淡的情思，撩起青春的喜悦与惆怅。这是谁也无法抗拒的缘分。当张家姐弟踏上返苏的航船之时，站在船上的张宗和与站在岸边的孙凤竹拉着一根紫色的纸带，“船开了，我望着她，她也望着我，远了纸带也断了，人也看不见了”，这是张宗和挥之不去的场景，这是两个年轻人萌发恋情的预告片。抗战烽火危及祖国的大好河山与无数人的生活，张宗和与家人在逃亡，孙凤竹与家人也在逃亡，一个逃到武汉，一个逃到广州，但张宗和的心里时时浮现孙凤竹纤弱的身影，于是他又从武汉出发，经长沙，转桃源，一路跋涉到广州，此时的他才知道孙凤竹患有严重的肺病。张宗和接受了孙母的重托，带着孙凤竹辗转广州、柳州、贵阳、重庆，来到大后方昆明。屋漏偏逢连夜雨，孙凤竹本来想投靠的父亲也病死成都，而孤男寡女在一起生活又诸多不便，宗和的二姐兆和、四姐充和建议两人成婚，直接促成这段缠绵悱恻的“战时绝恋”。

在蒋梦麟家举行的婚礼十分简单，这与张宗和原来想象中的传统的婚礼完全不同，试想没有战争的话，以张家的地位与张宗和长子的身份，张家必定大操大办，热闹一番，但有母校校长梅贻琦这样的大人物出席也足以安慰张宗和夫妇了。拮据的生活，加上一个病妻、一个幼女，自幼过惯了丰衣足食生活的张宗和勉为其难地承担做丈夫与父亲的责任，他努力挣钱养家，学会做家务，恩爱甜蜜与争吵怄气是小家庭的两重奏，更难得的是两个昆曲迷还偷空看戏过把瘾。一直与病魔抗争的孙凤竹并不适宜结婚，但在这样的乱世偏偏遇上一位善良体贴、颇解人意的丈夫，任由她使小性子，这是她的福气。可悲的是，虽然张宗和对她百般疼爱与怜惜，她的生命之灯还是过早地熄灭了，留给丈夫的是痛苦煎熬与绵绵思念。《秋灯忆语》是张宗和在妻子病亡后陆陆续续用血和泪写成的，“一杯愁绪”化作纸上烟云，记录了两人世界的喜怒哀乐、闺房趣事与艰辛生活，也记录了战乱岁月文化界的野史趣闻。特别是张宗和与巴金一起从广州逃亡的那段岁月是他们友谊的开始，五十多年后，巴金在给张兆和的信中说：“读着它（《秋灯忆语》），我好像又在广州开始逃难，我又在挖掘自己前半生的坟墓……今天我仍然要说生活是美好的，因为生活里有友情，我不曾白活，我有不少朋友。”

读《秋灯忆语》，不由让人想起土耳其作家奥尔罕·帕慕克的《纯真博物馆》，主人公凯末尔收集爱人芙颂用过的一切物件，珍藏进自己建立的纯真博物馆，那份痛失爱的幸福与激动最能抓住读者的心。纯真博物馆是小说，张宗和的《秋灯忆语》却是一部真实的恋爱史与生活史，读来让人心痛，让人心动。为了让孙凤竹静心养病，张宗和忍痛与孙凤竹两地分居，150多通《战时两地书》作为附录收入《秋灯忆语》，那些诉不尽的相思情、说不完的私房话，在柔情与浪漫、病痛与忧愁、撒娇与怜惜交织的旋涡中起伏、纠缠，印证了“柔情似水，佳期如梦”的美妙，美妙之外也有“贫贱夫妻百事哀”的无奈，但更多的是让读者读懂了他们心底的爱。因为爱，张宗和压抑感情，与妻子聚少离多；因为爱，孙凤竹冒着生命危险生下爱的结晶；因为爱，他们与亲友相互扶持，共渡难关。他们没有显赫的声名，只是一对普通夫妻，过着普通人的柴米生活，说着普通人的痴情话语，但他们却是那个时代无数知识分子的缩影，从这些书信中可以看到战时的生活环境、文化活动、文人交游与生存状态。而且从张、孙联姻中更看到张家人的厚道，张宗和以世家子弟的身份迎娶病重的孙凤竹，需要足够的勇气，毕竟孙凤竹的肺结核具有传染性，明知有风险还是决定给孙凤竹一个家，足见张宗和的仁厚与爱的纯粹。同样善良的则是张兆和、张充和姐妹，身为女性，她们处处为孙凤竹着想，促成了这段可以预见悲剧结局的并不完美的婚姻。

张宗和学的是历史，热衷文学，早年参与家庭杂志《水》的编辑工作，留下了不少文字。《秋灯忆语》的附录部分收录了他的一组散文《月色》与自传体小说《烽火》（未完稿），文笔清新隽永，颇显才气与文学功力。可叹作者生不逢时，个人的生活因战乱而受到折腾，个人的才华因动荡而不能尽情发挥，幸有一部《秋灯忆语》让我们重温了战时苦恋。

（《秋灯忆语》 张宗和著　人民文学出版社 2013 年 8 月第一版）

温情脉脉话家书

随着传统书信退出历史舞台，绵延数千年的兼具情感与信息多重功能的书信越发珍贵起来，既有物以稀为贵的缘故，更有远超越个人叙事的内涵。柴念东先生多年来致力于整理祖父柴德赓教授的日记与书信等文献资料，编辑出版《柴德赓全集》，今年六月率先推出《柴德赓来往书信集》。这本书信集收录了自二十世纪三十年代到七十年代 155 位个人（少量为单位）的 478 通书信、诗札，集中反映了柴德庚的社会交往、思想动态、学术事业和家庭生活。

家书是《柴德赓来往书信集》中最温情最写真的一部分，尤其与妻子陈璧子的书信往来既自然流露夫妻之爱，又彼此提醒生活琐事，以及交流对儿孙的教育，可谓夫妻同心经营家园。1955 年，时任北京师范大学历史系教授兼系主任的柴德赓先生为支援外地院校，服从组织安排调到位于苏州的江苏师范学院，创建江苏省属高校第一个历史系，任教授兼系主任，同时筹建苏州市民进。1962 年，柴德赓应翦伯赞之邀到北京编写历史教材，接着又协助恩师陈垣点校新、旧《五代史》。其时陈璧子远在苏州工作，夫妻两地分居，他们频频鸿雁传书，倾诉相思，互通信息。有关添置衣服、票证使用、身体状况、人情往来、师友情形、预支工资或向人借款还款等是书信中交流最多的内容，尽管经济拮据时常困扰他们的生活，但他们乐观开朗，统筹安排，还不时向亲友伸出援手。偶尔历史学家看着窗外的绿意，想起江南的春色，喃喃说出“我也念着你”的情话。柴米油盐生活之外，柴德赓视妻子为学术上的良友，经常与她探讨讲课、编书、写作等事宜，倾听意见。陈璧子对他发表在《光明日报》的《试论章学诚的学术思想》一文提出看法，柴德赓由衷表示：“你对文章的评论甚恰当。”1979年柴德赓平反后，陈璧子不顾年迈，全力主持出版了他的重要学术著作《史学丛考》《史籍举要》《资治通鉴介绍》，以告慰含冤九泉的夫君。

师友关爱也是《柴德赓来往书信集》呈现的另一个温馨场面，暖流始终流淌在人们的心间，尽管有时会被摧残。作为著名历史学家陈垣的高足，柴德赓和兼有学生与同门师妹身份的刘乃和对陈垣的敬重与关心令人深感尊师之道传统的可贵。他们推崇陈师的治学风范及学养，说“老师的学术地位那是没有话说的了，希望他多养几年，我们能够多学几年”。得知陈垣爱吃油焖笋，而北京难以买到，立即委托妻子设法从苏州购买，甚至让她请假到京探望并照顾病中的老师。同样刘乃和也因陈师的病而着急上火，甚至平添白发，始终悉心照顾，及时与柴德赓通报病情。对师如此，对友也如是，当柴德赓得知“相处八年、论学谈心、颇称知好”的文学家汪东过世的消息时，极为哀痛，接连在两通家书中提及此事，“汪老逝世，闻之痛悼。……论理他是老师一辈，可是他把我当作朋友，也能谈知心话。因此，他的一旦溘逝，对我来说，是衷心悲痛的事”。柴德赓人性的光辉之处还在于对学生的关心与提携，在于对数十年前房东及其孩子的友善与照顾，书信中零星的文字体现了为人师者的道德风范。1970 年，他猝死后被学生的家长安葬在自留地里，善，终得善报。

在特殊年代，即使最温暖人心的家书也会打上时代烙印，情感、婚恋、思想、工作以及社会活动、人生追求等都会与时代紧密结合，因为唯有紧跟时代才能彰显个体选择的正确性。中华人民共和国成立后，知识分子通过思想改造等运动融入到新社会，如柴德赓的好友汪东、周瘦鹃、程小青等不断自我反思，投入时代潮流。1957 年，除长子柴祖衡已工作外，其余子女或读大学或读高中，在家书中除向父母汇报生活学习外，谈的最多的是政治思想表现，如 8 月 18 日次子柴邦衡致函父母亲，告诉他已找弟弟君衡谈过，“要他讲话不要随随便便，多加注意，高三这一年社会工作还是要做好，在政治上不能放松”。次年9月16日，已是北大物理系新生的柴君衡在家书中说已“向党交心，我交代是比较好的，受到支部的表扬，但我觉得还很不够，更重要的是今后如何能纠正自己的错误思想，沿着又红又专的道路前进”。女儿柴令文更是要求父亲“在这次学习中仍然应当好好地检查自己的右倾思想，社会主义这一关过得怎样，这关系到一个人今后的生活方向”，她还让双亲特别在政治与思想上相互多关心、多帮助。反观早年积极参加学联活动的柴德赓、陈璧子的两地书偶尔谈及时势外，则更多表现了温情脉脉的日常生活的另一面。

《柴德赓来往书信集》反映了宏大历史背景下普通知识分子的心路历程与家国情怀，展示了柴德赓治学严谨、正直善良、热爱生活、积极向上的个人形象，同时从中可以了解抗战胜利以来人们的生存状态与人生向往。任何个体都无法脱离时代，而私语的书信丰富了大历史，一部书信集，就是一部微型而真实的历史。

（《柴德赓来往书信集》 柴念东编注　商务印书馆 2018年6月第一版）

青春留痕

我们所处的时代可以说是快餐时代，可以说是信息时代。快是中性词，很难说好或者不好，但在某些方面，我们可能都喜欢快，快意味着高效，“多快好省”“又快又好”等词经常出现在我们的视野里。科技的进步，特别是现代通信技术的革命，给人们的生活带来了日新月异的变化，以致传统的家书变得遥不可及，年轻一代更不知情书为何物。当下年轻人借助现代技术，及时、快速表达情感、传递信息，所思所想顷刻化为甜言蜜语，直抵对方的心里。然而总觉得缺了些什么。

当阅读《恋人书简》时，才猛然意识到缺失的或许就是那些不管经过多少年经过多少事，依然能触动我们心底最柔软地方的东西，它们或许是一封书信，或许只是几个字的便条。它们不是快餐，它们永远静止在某个时空里。百岁女作家罗洪（原名姚自珍）为她与朱雯的书信集《恋人书简》题写了“青春留痕”四个字。青春，每个人都经历过的充满幻想、萌动爱情的美丽岁月；留痕，是人生道路上走过的脚印，是人们有意无意间留下的痕迹，“青春留痕”四个字道出了《恋人书简》的意义与价值，回响着八十多年前少男少女的青春咏叹调，见证了他们“从文学到恋爱”的浪漫旅程。有意思的是这部书简与苏州有着密切的关系，罗洪与吴健雄一起在苏州第二女子中学读书，朱雯与杨绛同年毕业于东吴大学。通信之时罗洪已经回到家乡工作，而朱雯还在苏州求学，《恋人书简》收录了两人相识、相知、相爱的百余封信函。从 1930 年 3 月 4 日的第一封信到 8 月 9 日的最后一封信，短短五个月时间，109 封书信密集来往于苏州、松江两地，将两个年轻人的思想、感情、命运紧紧地连结在一起，他们相互勉励，相互关心，在探讨文学的同时，絮絮叨叨倾诉爱慕之情、相思之苦，还有那些莫名的多愁善感。在当时文坛已小有名气的朱雯对罗洪的习作大加指点，将她的散文《在无聊的时候》推荐到上海《真善美》月刊上发表，还为彼此的集子作序、写诗。鸿雁频传，他们获得了文学与爱情的双丰收。

1930 年 4 月 5 日，是朱雯与罗洪终生难忘的日子。这一天，他们相约松江醉白池，事先朱雯告知对方他将穿淡灰色西服，“头发中分”，手拿报纸，这是他们的约会暗号。相见恨晚，当晚朱雯就写信给罗洪：“知道你几年在苏州，而我差不多同时来的，却到今朝才得拜见芳颜，呜呼，老天作弄人也云‘惨’矣！”，热诚地说“我可以把一颗鲜血的心房，很虔诚地袒在我友的面前”。已陷入情网的朱雯一边试探罗洪的感情生活，一边表示要将他们的通信集定名为《从文学到恋爱》。罗洪的回应同样是热切的，“我们的爱情是没有止境的，好比学问一样”，并应朱雯之请为其长篇小说《漩涡中的人物》题写书名，作了一首诗，表达了她的心声：

……
我紧闭的心扉，
等待我希冀的来者。
如今我的心扉开了，
我见到了含泪的深情，
我听到了诚挚的语音。

从羞涩少女步入耄耋之年的罗洪在《朱雯与我》一文中，深情地回忆两人相濡以沫六十多个春秋的幸福人生。她以细腻的笔调描写了他们初次相见的情景：“将是春暖花开的季节，醉白池边已透露春意，新叶已崭露头角”，美妙景致的描写体现了她依旧甜蜜的心境。正是走过那条“通往开阔地带必经之路”，这对才子才女得以一见倾心，缔结了旷世情缘。朱雯曾说“纵然是做乞丐，我也很愿意同你在一个荒山上的破庙中亲吻的”，他们用“含泪的深情、诚挚的语音”编织了令人羡慕的爱情童话，成就了共同的文学之梦。

朱雯与罗洪通信仅一月就因共同爱好文学而产生好感，初见之后更生爱慕之心，五个月后即商谈订婚之事，两年不到就结为夫妇，颇像现在流行的闪恋、闪婚。有人认为婚姻是爱情的坟墓，这话有一定的道理，因为爱情只是花前月下的卿卿我我，而婚姻是履行终身承诺的庄严誓词。从恋人到夫妻，双方除了个性、脾气、习惯的磨合与包容外，还要学会操持柴米油盐的生活，承受生儿育女的辛苦，浪漫的爱情有时经不起平凡与琐碎的折磨，一不小心就会陷入婚姻危机。通读《恋人书简》，发现罗洪与朱雯两个文青虽然都是感性人物，谈情说爱时的表白热烈而大胆，但他们除了炽热的浪漫的情怀之外，更有着牢固的感情基础，这个基础就是对文学的痴迷，这种执着又转化为对情感的忠诚。可以说他们的一生是忠贞的爱情伴随文学爱好的一生，这种恋爱、这种婚姻应该是最幸福的。

朱雯一直想创作长篇小说，但未付诸行动，罗洪的出现与鞭策促使他才思澎湃，下笔如神，在极短的时间内就完成了他的第一部长篇小说《漩涡中的人物》(1931年出版)，小说隐含了他和罗洪的故事，他们在书信中讨论故事结局与人物命运，这中间有罗洪的智慧。他们欣赏彼此的才学与志向，愿意为对方付出，罗洪在一封信中说："昨天我翻到一篇《俄国三大文豪》，托尔斯泰的夫人苏菲亚真好，她鼓励他，帮助他一切。偶然看到了，很使我有感想。雯，我在幻想，幻想……”显然，罗洪幻想心爱的人成为托尔斯泰那样的作家，而她必然会像苏菲亚那样全力支持他。爱情的甘露滋养了他们的心田，激活了他们的灵感，两人创作热情高涨，留下了不少小说、散文、诗。他们从志趣相投的文学知音成为相亲相爱的生活伴侣。婚后，朱雯继续支持罗洪阅读、写作，不希望她的才华与兴趣埋没在繁琐的家务里。即使在战争期间，他们也没有放弃对文学的热爱，利用一切间隙写作，朱雯成为著作等身的翻译家，而罗洪活跃文坛八十年，创作了《春王正月》《孤岛时代》《逝去的岁月》《流浪的一年》等二十部长篇小说、短篇小说集、散文集，被赵景深称为“真正的小说家”。

《恋人书简》绽放了罗洪与朱雯百年生命中的爱情之花，见证他们在文学之路上的不懈努力。罗洪与程育真、汤雪华、俞昭明、施济美等东吴女作家构筑起民国时期文坛的一道靓丽风景，但这道风景经不起岁月的摧残正渐渐远去，唯有罗洪这边风景独好。

（《恋人书简》 罗洪　朱雯著　华商出版社
2011 年 12 月第一版）

抗战家书：铁血与柔情流淌着

信息化网络化高度发展的时代，情书、家书及朋友间的信函早已成为过去式。而晚清重臣曾国藩、维新派领袖梁启超、著名翻译家傅雷等名人家书因各自独特的内涵及示范性，被后人们奉为圭臬。毫无疑问，这些家书确实不同寻常，对教育子女具有借鉴意义。然而读完由中华书局出版的《重读抗战家书》，一定会为抗战时期英勇志士坚定的理想信念与浓厚的家国情怀深深感动，他们的铁血和柔情，在战火纷飞岁月显得如此决然与炽热，更呈现了个体的多面性与战争的残酷性。

多年抗战，无数中华儿女奔赴沙场，抱着赴“死”的决心与日寇决战，英雄气不短，儿女情更长，与亲爱的家人告别，流露出最真切的难以割舍的情愫，以及誓与敌人战斗到底的决心。《重读抗战家书》只是抗战家书中的一朵浪花，共收录了32通家书，有丈夫写给妻子的，有父母写给孩子的，更有儿女写给父母的。九一八事变后，共产党人赵一曼被派往东北地区发动抗日斗争，领导工人罢工，率领军民与日寇浴血奋战在白山黑水间，以英姿飒爽的“红枪白马女政委”而闻名，不幸被捕牺牲。她给儿子宁儿的遗书写满了一个母亲的无奈与痛苦：“母亲对于你没有能尽到教育的责任，实在是遗憾的事情。”孩子永远是母亲的“软肋”，但“为国而牺牲的”母亲以实际行动教育孩子，民族危亡之际一个中国人应尽的责任。同样为国捐躯的赵渭滨殷切希望儿子赵世诚埋头读书，待抗日胜利之时“能够在社会主义国家中服务！能够在复兴民族恢复失地区工作中作最大的努力，最大的贡献！”鲁迅先生说“无情未必真豪杰，怜子如何不丈夫”。赵一曼、赵渭滨面对日寇大义凛然，但他们心中也牵挂孩子，那是他们血脉的延续，更是祖国未来的希望，字字句句中情不自禁地流露了对孩子的疼爱与嘱托。

著名的抗日将领戴安澜出任国民革命军第五军第200师师长，先后参加了长城抗战、台儿庄等战役，尤以1939年12月在广西昆仑关与日军第5师团之役取得大捷而闻名。1942年，戴安澜奉命编入中国远征军入缅作战，指挥了受到盟军高度评价的东瓜保卫战。然而随着局势的恶化，戴将军以身殉国。其实身经百战的他早有预感，在写给妻子王荷馨的家书中说：“余此次奉命固守同古，因上面大计未定，与后方联络过远，敌人行动又快，现在孤军奋斗，决以全部牺牲，以报国家养育！为国战死，事极光荣。”在表达了共赴国难的决心后，文笔一转，又表达了对家人的歉疚，“老母外出，未能侍奉；端公仙逝，未及送葬。”“父母在，不远游”是为人子者恪守的孝道，但在国家遭受外侮的情形下，唯有托付妻子抚养孩子，照顾老人。戴安澜身上威武不屈的铮铮铁骨与舍生取义的浩然正气，以及对亲人的眷恋之情，跃然纸上。1943 年 4 月 1 日，国民政府为戴安澜举行国葬，蒋介石、毛泽东分别送上挽联挽诗。“外侮需人御，将军赋采薇。师称机械化，勇夺虎罴威。浴血东瓜守，驱倭棠吉归。沙场竟殒命，斗志也无违。”毛泽东的挽诗称颂着这位民族英雄。

《重读抗战家书》收录的基本上是写给妻儿、父母的家书，其中也有一封特殊的家书，是写给同甘共苦的战友们的，它出自另一名抗战名将张自忠之手。张自忠上将是第二次世界大战反法西斯盟军中阵亡的最高将领，每逢出征他都会写信，如果活着回来，就把书信撕掉，如果战死则作为遗书。1940 年 5 月 1 日，张自忠给部下兄弟们留下一函：“只要敌来犯，兄即到河东与弟等共同去牺牲。国家到了如此地步，除我等为其死，毫无其他办法。我相信，只要我等能奉此决心，我们的国家及我五千年历史之民族，决不致亡于区区三岛倭奴之手。为国家民族死之决心，海不清，石不烂，决不半点改变，愿与诸弟共勉之。”全信一百多字，字字千钧，那种“捐躯赴国难，视死忽如归”的民族气节，正是无数牺牲的中华儿女的精神写照，正是他们救亡图存的坚强意志，共同谱写了一曲感天动地、气壮山河的英雄交响曲。

谢晋元奉命率领“八百壮士”坚守上海市四行仓库，留下了“泰山鸿毛之训，早已了然于胸”的文字；陈晓梅写下“国不保，家何能存？在此民族生死关头……以国家为主、民族至上”的家书；左权的“这一战争必然要持久下去，也只有持久才能获得抗战的胜利”的预言。峥嵘岁月里，国共两党涌现出了无数抗日英雄，他们的民族大义、报国之心浓缩在这部薄薄的《重读抗战家书》里。

人无法选择时代，但人可以选择自己的道路。赵一曼、彭雪枫、张自忠、谢晋元、戴安澜……在民族存亡之际义无反顾选择了尽忠报国、取义成仁，其言其行可歌可泣。一通通家书，经过岁月的侵蚀，洒满了亲人的泪花，而今读来依旧慷慨激越，依旧扣人心弦，那是用血用情写成的。那是一个永远不会远去的时代，那是一群永远不会远去的人们。

（《重读抗战家书》 中共中央宣传部宣传教育局编

2015 年 12 月第一版）

谢觉哉的儿女情

《谢觉哉家书》收录了延安五老之一谢觉哉自二十世纪二十年代至七十年代写给家人、友人和家乡干部的书信，共九十余通。谢觉哉（1884—1971），字焕南，别号觉哉，湖南宁乡人，1925 年参加中国共产党，著名的法学家和教育家，人民司法制度的奠基者。书信是谢觉哉生活年代的重要联系方式，尤其是他参加革命后，家书维系着他与亲人们的情感，互通音讯，寄托思念。革命者谢觉哉作为人夫人父，他的心田时时荡漾着儿女情长；作为游子，他也默默关注家乡的父老乡亲及社会发展，因此温情脉脉是他家书的核心，这种情感是人类生活中最为珍贵的。同时，家书中体现了谢觉哉作为共产党人的铁面无私的一面。

夫妻情是《谢觉哉家书》中的一大看点。在 1949 年前，一夫多妻制是中国历史上的独特而又正常的社会现象。谢觉哉与第一位夫人何敦秀是典型的传统婚姻，何氏出身于中医世家，父亲做过清朝官员，何氏粗通文墨，两人育有四男三女。参加革命后，谢觉哉辗转南北，与家里失去联系，但距离催生了深深的相思之情。1937 年春天，谢觉哉写给何敦秀一诗：“忆昔少年时，春出归必冬，蹉跎三十载，汝妪我已翁……音书久断绝，生死不可踪。累汝苦思念，暮暮复晨晨。累汝御强暴，一夕或数惊。”何敦秀在谢觉哉眼里是个“不平凡的女子”，大革命失败后，国民党地方武装组织保安团开展清剿行动，到谢家放火烧房，何敦秀独自一人在家与他们理论，把“丘八骇住”了。面对经常性的通缉、没收财产等强暴行为，何敦秀毫不畏惧，从容应对。这样一位贤德的妻子，自然深得谢觉哉的喜爱与尊重。1937 年 8 月，他填了《望江南》寄给何敦秀：“江南好，何日整归鞭。革命已成容我还，田园无恙赖妻贤，过过太平年。”即使他已与王定国成婚，他还渴望着十九年后，与何夫人欢度结婚六十周年——“重谐花烛”，重新拜堂行礼，他承诺着“国泰民安，我能够告老还乡，重温夫妻旧梦”。然而中华人民共和国成立后，一夫一妻的婚姻制度，使谢觉哉无法兑现诺言。诚如他与王定国所生之子谢飞说，“认识到时代的巨大变迁带给父亲的家庭生活的复杂境遇，才最终体会到父亲在处理家庭婚姻问题上显示的理智、温情与人性的光辉”。

谢觉哉对儿女的教育可谓温情与严厉并举。在他看来“共产党人是一种特殊的人，他不能多拿一个钱，他的生活不能比一般人高”。他一再向亲人们声明，在北京做部长，并不是当官，“要起得早来眠得晚，能多做事即心安。”基于这样的认识，无论对追随他步伐参加革命的谢放，还是在家乡从事教育的谢子谷，或是做其他行业的女儿，以及那些年长的孙辈，都要求他们做“有志气，能自立的人”，对他们的思想提出了更高的要求。1948 年 5 月，他在给谢放夫妇的信中说：“你正在武装思想，很好。这个武装很不容易到家。要心虚，好想，要常和小资习气作战，尤其要学会马列主义的思想方法。细读毛泽东选集就会懂得。”进入新时代，学习显得更为重要，他在肯定谢子谷办两个学校不易的同时，要求他“要看报纸，研究下革命道理”。儿孙辈人丁兴旺，家乡亲友众多，谢觉哉一概拒绝请托，告诫他们“行行出状元，一切事情，只要努力，用心做好，抛弃旧的不好的习惯，没有什么做不好”。谢家是当地的书香与耕读之家，但在谢觉哉看来，读书是为了“更加善于劳动生产”，打破了旧时代读书是人生唯一出路的想法。谢觉哉认为，职业无贵贱，能自食其力才是正道，即使做农民也很光荣，绝不能依靠父荫得到任何照顾。他对女儿冰茹说，无论做什么工作，“自己总要出力、用心才好”。

谢觉哉自幼接受传统文化教育，21 岁考上秀才，做过私塾，学中医，学商业，办报纸，后在不惑之年加入中国共产党，从此开始了半个世纪的长沙、洪湖、上海、江西苏区、延安等各个时期的革命生涯。作为一名老共产党员，他坚信马克思主义，严于律己，对孩子们政治上要求进步既感欣慰，又严格要求，说“入党不只是组织上批准你入党，而是要你自己总想行动像个具有共产主义品质好的人”。在土地改革、合作化、“大跃进”等不同时期，儿孙们遇到择业、生活、学习问题时，谢觉哉循循善诱，不搞特权，他对孩子们说，你们是革命家属，要认真学习和坚决拥护土地改革法，“帮助人民执行才是道理”。1960 年 9 月 26 日，他写信给正在哈尔滨军事工学院读书的儿子，告诫他：“你们现在是锻炼，锻炼身体、锻炼思想、锻炼学业。我们用锻炼这个词，好像矿石炼成铁、炼成钢……，是要经过烈火烧，锤子打的。这当然可以说是苦，但接着来的就是学得了本领，是甜，是高度的无限的甜。”在信中还以亲身经历的长征为例，辩证地说明物质与精神上的苦与甜的对立统一关系。有这样严厉的父辈，他的儿孙们在日后都靠自己的努力生活和工作。

故乡始终是谢觉哉朝思暮想的家园，1957 年、1960 年、1961 年，他三次回到家乡，见到阔别数十年的亲朋好友，见到了魂牵梦绕的青山绿水，并与当地年轻的基层干部建立通信联系，从中了解家乡面貌、社会实情和农民生活，提出了不少中肯的意见，尤其看到家乡森林树木遭到砍伐时忧心忡忡，认为这是“大蠢事”。这些与家乡干部的通信，既可以看出谢觉哉一贯重视调查研究、实事求是的工作作风，也读出了他对“浮夸风”“共产风”和破坏森林行为的无奈与愤恨之情。

亲情、友情、乡情，始终贯穿于《谢觉哉家书》，在这些情感的背后还有高度的党性原则和共产党人高尚的人格与情操。家书，温情如水；家书，严厉如铁。《谢觉哉家书》跨越半个世纪，反映了从晚清走来的知识分子寻找民族解放与独立的心路历程，尤其反映了谢觉哉对共产主义理想信念的坚定和对中国共产党的热爱，以及老一辈无产阶级革命家为人处事的温情、豁达、严谨和原则，处处闪烁着共产党员的人性光辉。

（《谢觉哉家书》 谢觉哉著　生活·读书·新知三联书店 2015 年第一版）

从前的家庭教育

我国自古以来重视家庭教育，以家谱宗谱等形式加强家族的内部管理与建设，尤其以家训作为教育子弟的箴言代代相传。家谱家训一度作为封建糟粕被彻底抛弃，而今人们越来越认识到家训对个人成长与家庭发展的重要性及其教育作用功能，家风家训再次出现在人们的生活中。明清时期苏州经济发达、商业繁荣、人文荟萃，产生了众多的谱牒文献，其中家谱、宗谱中的家训、家规之类作为家族人员的共同行为规范，蕴含了敬老扶幼、恤贫济弱、勤俭持家、读书上进、公正诚信等思想道德、家庭伦理、社会责任层面的内涵，促使后代修德行、习举业、走正道、求发展、行善事，铭记家训，传承优良的家风，光宗耀祖，确保家族兴盛不衰。历史上流传下来的家训中虽有不合时宜的迷信思想等内容，但绝大多数在当今社会仍有借鉴教育作用。

王卫平、李学如先生主编的《苏州家训选编》虽以“选编”为名，实则收录了苏州大市范围内 47 个家族的家训家规，整理、选编了阀阅之家、书香门第以及普通的耕读、商贾之户的家训，以不同层面不同时代的典型展示苏州各类家族的治家训示，可谓以选盖全，包罗万象。王卫平先生的代序《明清时期苏州家训研究》是一篇高水准的学术论文与提纲挈领式的导读，他从明清两代苏州家训兴盛的原因、形式、内容、特点及启示四个方面论述苏州家训的普遍性、丰厚性及其区域特色。家谱、宗谱是一个家族、宗族的历史，涵盖历代世系图、诰敕像赞、墓志铭、翰墨文章、义庄规条、家规家训等内容，其中家训家规是其中主要组成部分，明清苏州经济文化的高度发达为修谱提供了坚实的基础，也使修谱成为苏州各类民众的普遍需求。王卫平指出苏州家训以专著式、诗歌体、散文体、训诫体四种形式出现，而名称除常见的家训外，还有“家范、家诫、家书、家规、家语、家仪、贻谋、宗训、宗规、族规、家则、铭箴、格言”等，它们体现了家训因作者们家庭出身、文化背景、写作方法及训诫对象的不同而导致家训名目的多样性与内容的丰富性。然“诗书传家，情系科举”“强调治生，工商皆本”“严禁恶习，广积善德”仍然是不同门第家训的共同特性，王卫平得出如此结论，一语中的。

修身养性是各个家族家训的主题，“修身齐家治国平天下”是传统中国人追求的目标，修身是个体发展的基础，《苏州家训选编》涉及的吴中叶氏、海虞宋氏、洞庭东山沈氏、海虞禄园钱氏、南徐徐氏宗训等家训中都涉及提升个人品德情操等修身观，徐氏宗训指出：“孝、悌、忠、信、礼、义、廉、耻八条，皆正心修身之道”；沈氏则强调须通过“养心、正身、谨言、积德”四个方面才能提高修养、规范言行、积善修福；宋氏则指出人应有“道德之气”“豪杰之气”，不可有“卑鄙之气”“暴戾之气”，只有明晓四气，才能自辨其心，心正气平，才能以圣贤之心，行豪杰之事。与修身观一样，“重婚姻”也是《苏州家训选编》一书中出现频率很高的词，可见婚姻不仅是男女双方的人生大事，更是影响一个家族的要事，故纷纷以“重”“慎”字突出婚姻的特殊地位，并陈述如何进行婚配及其择偶标准。反观当下以房子、彩礼等物质条件作为婚姻的前提，情感与品德反而退而求其次，诸多家训中重人品轻物质的婚姻观值得今人借鉴。《吴县潘氏家训》明确提出“婚姻为人道之始，须择温良有家法及门第相称者议之”，不可以妄攀富贵豪门，贪图对方的嫁资，择婿首要看对方是否贤，不可向对方争聘礼；吴县宋氏同样强调“婚姻为夫妇之始”，嫁娶都要选择门当户对的“贤良仁厚之家”，以对方的德行为首要；除了家庭经济、社会地位相等外，庞氏等家训的婚姻观更为理性，认为“择妇择婿，须量吾家子女如何。吾子痴愚庸下，若娶美妇，岂但不和，或有他事；如吾女丑拙狠妒，若嫁美婿，卒为所弃”。

除以上所述家训中重视个人修身与家庭婚姻外，也把诸如“完国课”等遵纪守法的要求放到重要位置。以耕读传家的虞山史氏认为“小民一岁之政务，急公为第一”，故要“勤国课”；以商业起家的东山万氏主张“输纳钱粮为第一急务”；科名不盛的吴县徐氏则说“有田则有赋役，古今通例。勿飞寄以避役，勿捺征以驰赋……随田纳赋，无愆其期，随赋应役，无慢其令”。上述普通之家都将遵章纳税写入家训，而名门望族作为有身份有地位的群体更了解交纳税课与国与己的关系，常熟衣冠望族蒋溥家族要求子孙后代“早完官税”，清初太仓著名的“四王”之一王时敏告诫子孙“以早完国课为第一义”，虞山钱氏以“守法勿犯，诉讼勿预”“赋税勿欠，公捐勿吝”作为家训之一。时代在变，但遵纪守法、按章纳税乃是人们立足社会的根本之一，故家训中类似这样的信息处处可见。

“家训作为一种独特的道德规范，是家庭、社会道德传播和教育的特殊环节，也是中国传统道德建设中不可或缺的重要内容。”《苏州家训选编》中涉及个人品德修养、人际关系处理、戒除赌博恶习、避免与人诉讼、遵守规章纳税等内容实则是个体对家庭、社会、国家应尽的责任，这些家训对传承中华民族优秀的传统文化、弘扬社会主义核心价值观，促进家庭和睦以及社会和谐仍有现实意义。

（《苏州家训选编》 王卫平、李学如主编　苏州大学出版社 2016 年 10 月第一版）

书生领袖自逍遥

“花生米与豆干同嚼，大有火腿之滋味”，这是苏州才子金圣叹临刑前的幽默。这种文人风格的幽默，后继有人，书生领袖瞿秋白牺牲前写道：“中国的豆腐也是很好吃的东西，世界第一。”

这种幽默出自革命家之口，似乎让人大跌眼镜。

1921 年，中国共产党宣告成立，陈独秀、李大钊、毛泽东、周恩来、刘少奇……，一个个充满朝气而富有理想和追求的共产党人开始活跃在政治舞台上。众多的大家人物，在时代的激流中各领风骚，“数风流人物，还看今朝”，伟人的风采、诗人的激情和政治家的气魄全部释放在那些大气磅礴、慷慨豪迈的诗词里，激发过多少热血儿女的斗志和梦想。一个英雄的产生，固然有时代造就英雄的必然性，但更离不开英雄的人格魅力与文韬武略。百年岁月长河，群星闪烁，照耀宇宙，他们的英名永留史册。

与那些器宇轩昂的共和国领导们相比，书生气质的瞿秋白属于另类，显得有点格格不入，他更像一位多愁善感的文艺青年，文气而率真，热诚而纤弱，或许他更适合琴棋书画的旧式文人生活，畅游在诗词、小说、散文的文字世界里，或者拉拉琴，治治印。这样的生活，这样的世界，毕竟是官宦子弟瞿秋白年幼时便亲历过的，如果大家庭不发生变故，这种衣食无忧的绅士生活还会继续，但命运有时像只看不见的手，忽而将人抛向高峰，忽而将人抛向低谷，“历史的误会”就此产生。瞿秋白之母尝尽了世态炎凉，以结束自己的生命为代价，成全儿女们有个好归宿，瞿秋白强忍丧母之痛，孤独地走进了思潮急变的社会大学，及至跨出国门，耳闻目睹了苏联的新生活，从此，由记者转向共产主义战士，要做时代的“活泼稚儿”，被共产国际代表马林称为“这里最优秀的马克思主义者”。

如果瞿秋白不留下《多余的话》，我们无法知道这位中共早期领导人有着这样的痛苦，有着这样的彷徨，有着这样的无奈。他明知说出多余的话纯属多此一举，会产生种种误会乃至种下了祸根，却偏偏要说出来，瞿秋白的书生意气、文人心态由此可见一斑。但这位书生领袖始终保持传统文人的气节和共产党人的操守，这种气节与操守使他忠于自己的信仰，看重自己的人格。正因为有着这样一份忠贞的情感，1935 年 5 月，在被叛徒出卖之后，他毅然抱着必死的决心，拒绝说客，拒不投降，宁受牢狱之苦，等待生命终结的那一刻。他明白，那一刻，不用等得太久，他仿佛已看到刽子手高高举起的屠刀；那一刻，他“心上有不能自已的冲动和需要：说一说内心的话，彻底暴露内心的真相”，那个只有自己最清楚、最明白的真实世界。

我是个什么样的人？这个问题常常会困扰我们，有时候，往往台上这么说，台下那么做；人前是这样，人后是那样，谁有勇气说出真实的自我，谁有勇气坦白不为人知的另一面，那一面或许圣洁或许龌龊，一旦说出并非人们所希望看到听到的，必然会引起轩然大波。作为一个革命家，瞿秋白更明白说什么样的话才是符合政治需要的，才是符合自身形象的，同样我们也明白说出符合需要和形象的话语，有时难免要违背内心，难免要掺入虚假的成分。因此，解剖自己，坦陈心迹，应该是一件痛定思痛的事情，但对瞿秋白来说，揭穿自己的“假面具”，说出“最坦白的老实话”，是一件痛快的事情，他终究是个书生。在《多余的话》里，他敢于承认自己所犯的左倾盲动错误，敢于剖析以其性格、才能、学识难以担当领导之职的事实，这种实事求是、襟怀坦白的态度正是我们所倡导的，而他把十余年的政治生涯看成历史的误会，把人生的终结比作滑稽戏的落幕，则多少反映作为文人的复杂心态，以及他徘徊于政治和心灵之间的纠结，也反映了当时复杂的政治环境与残酷的政治斗争带给他的创伤与困惑。

不可否认，在国共两党对峙的特殊年代，《多余的话》会产生一些负面影响。在固定的思维模式和特定的政治环境下，昔日的战友们，包括他的亲密爱人都希望看到他以激昂的革命誓言告别人间，而不是略带有颓废和消沉的文人告白。基于当时语境下的政治伦理和人性理念，必然会误读《多余的话》，从而对瞿秋白产生误会，而今重读《多余的话》，更多了一份对烈士的敬重。

从瞿秋白自幼接受的家庭教育及其个人气质与喜好而言，他更适合从事文艺工作。他以晨报记者到苏联采访，共产主义的美好理想打动了他，梦想着解放受苦受难的劳苦大众，那些和他们瞿家兄妹一样陷于困境的人们，文弱书生的内心燃烧起了全部的激情和智慧。他能娴熟地使用俄语，在东方大学做过刘少奇、任弼时、罗亦农等人的老师，翻译、撰写了很多政论文章。他的《赤都心史》《俄乡纪程》两部著作的出版引起了新文学界的关注，书名犹如“一副对联”，茅盾想着这作者一定“风流潇洒”。是啊，这个浪漫主义色彩浓厚的书生，是党内极少数富有文学天赋的多才多艺的领导干部，在三十年代初期上海养病的几年创作、翻译了不少文学作品，指导了上海左联的工作。鲁迅十分器重瞿秋白的人品与才华，两人惺惺相惜，瞿秋白亲自编辑《鲁迅杂感选集》，并撰写序言，这篇序言成为鲁迅研究史上的丰碑，鲁迅则手书“人生得一知己足矣，斯世当以同怀视之”相赠。1936 年 5 月，在瞿秋白牺牲一年后，鲁迅编校出版了瞿秋白的译文集《海上述林》，寄托了他对知己、战友的深切缅怀。

当 1934 年 10 月红军长征的号角吹响之时，留在苏区的瞿秋白深知已看不到明天的太阳，尽管未来是那么的美好，他默默祝福生命的伴侣之华、可爱的女儿独伊和千千万万的同胞战友。

“眼底云烟过尽时，正我逍遥处。”罗达岭下，瞿秋白神态自若，盘腿坐在绿茵茵的草坪上，这是书生领袖留给人间的最后形象。白云呜咽，山峦低垂，此时的他一身黑衣白裤装束，黑得庄重，白得纯净，这黑白分明的世界，就如瞿秋白的写意人生。

（《多余的话》 瞿秋白著　江西教育出版社 2009 年 11 月第一版）

前尘若梦，紫罗兰花香如故

紫罗兰色的封面，印有紫罗兰花的腰封，这套典雅而端庄的《周瘦鹃文集》，无不体现了编者和出版者的良苦用心。

清末民初，一个很特别的历史时期，中西文化猛烈碰撞，政治体制急速嬗变，传统的伦理纲常受到时代激变带来的冲击，自由、开放、民主犹如一缕清风吹醒了懵懵懂懂的少男少女们。周瘦鹃适逢其时，接受新式的教育，沐浴自由的春风，在情窦初开的花季里结识了务本女校学生周吟萍，那个英文名叫 violet（紫罗兰），又长得如紫罗兰美丽的姑娘。鱼雁频传，郎情妾意，却因门第诸多因素，这场自由恋爱遭遇了女孩父母的反对，在似乎比较自由的世界并未获得自由恋爱的胜利。这场悲剧的结果使周瘦鹃异乎寻常地终生痴迷紫罗兰花；这场悲剧又催生了一位文学家，使之成为鸳鸯蝴蝶派的重要代表人物。

因为深深地爱恋心中的女神紫罗兰，从此周瘦鹃就将自己的书房命名为紫罗兰庵，以《紫罗兰》《紫兰花片》命名自己创办的杂志，以《紫兰牙》《紫兰小谱》命名自己的小品集，并以十年积蓄在故土苏州营造小园林紫兰小筑，以石垒成紫兰台，种满紫罗兰。他宣称“生平于花中，独爱紫罗兰”“吾知紫兰，紫兰当亦知吾也”，情到深处无怨尤。

《周瘦鹃文集》“小说卷”的最大看点之一是因个人感情受挫而创作的那些哀情小说。现实世界五彩缤纷，世俗生活中由爱生恨演变为惨剧的故事比比皆是，这些故事成为街头巷尾、报刊杂志争相传播的社会新闻。周瘦鹃理智地接受母亲的建议，娶妻成家，之后他把失恋之痛尽情宣泄在文字里，一篇篇言情哀怨小说顿时风靡十里洋场上海，引来无数男女粉丝，甚至一家两代人都被周式催泪弹击中，例如张爱玲与她的母亲、姑母。小说《真》《空墓》中的如兰、哀兰，不仅名字带兰，而且品貌若兰，她们都没能与意中人缔结前盟，《真》中的如兰与小鹤两情相悦，可惜如兰已由父母作主许配他人，婚后因惨遭车祸，容颜受损，被恶夫抛弃，而小鹤也在如兰婚后一年成家，他们的感情经历就是现实生活中作者与周吟萍的翻版。《空墓》中的亨利安芙林曾是哀兰托付终身的情人，他们因家庭变故暂时分离，哀兰因父亲的债主胁迫而出嫁。亨利安芙林与哀兰再度相遇之时正是海上灾难发生之时，在生死抉择之际，他把生的希望留给了哀兰夫妇，而自己沉入茫茫大海。《留声机片》里的男主人公情劫生对恋人至死不渝的痴情也有着作者的影子。江南烟雨多情，才子佳人薄命，他的《此恨绵绵无绝期》《恨不相逢未嫁时》《之子于归》等小说中的主人公多以哀怨执着的面目出现，多以泪尽人亡的悲剧收场。周瘦鹃以绮丽而细腻的文笔，刻画了一个个温和正派、至情至性的人物形象，反映他柔和善良的内心世界，寄寓了他刻骨铭心的一段恋情。正如他自己所言“我的那些如歌如泣的抒情作品中，始终贯穿着紫罗兰一条线，字里行间，往往隐藏着一个人的影子”。艺术创作来自生活，而高于生活，这些小说是周瘦鹃无力挽救命运的呻吟，是他强烈反对专制婚姻的呐喊。

《爱的供状》是周瘦鹃对紫罗兰海枯石烂心不变的告白书，是他们三十余年柏拉图之恋的实录。即使罗敷有夫、使君有妇，周瘦鹃依旧一往情深，因为用他的“心血眼泪做肥料”和“她的深情蜜意做土壤”培育的“爱的根荄”牢牢驻扎在彼此的心底。“吊梦歌离、愁红怨绿”，情天难补，恨海难填，周瘦鹃因思念紫罗兰而创作了《记得词》一百首。这些断断续续、如痴如醉的喃喃自语，缠绵悱恻，无数“泪花和墨织成诗”，它们是周瘦鹃将真爱进行到底的誓言。人到五十应知天命，似乎于世上一切应该大彻大悟，尤其是不会为儿女私情所困扰，但周瘦鹃无法释怀那份情，他向朋友们明确表示他和紫罗兰的感情是“春蚕到死丝方尽”，《爱的供状》成为他五十寿辰的纪念，真是“情深不讳痴”啊。

貌似文弱的周瘦鹃，不仅对恋人多情，对自己的祖国同样满怀深情，他的《亡国奴之日记》《卖国奴之日记》《亡国奴家里的燕子》等小说既嘲讽卖国者，又表达“耿耿此心，仍祖国心也”。正是这些抒发爱国情怀的小说和他翻译的欧美名家小说，提升了他在文学界的地位，也改变了人们对这个以擅长讲述风花雪月故事而闻名的作家的看法。鲁迅先生对周瘦鹃编译的《欧美名家短篇小说丛刊》给予很高评价，在教育部任职时给周瘦鹃颁发奖状。

周瘦鹃在文学创作上有紫罗兰情结，在盆景制作上更有紫罗兰情结，视盆景为好友为骨肉，达到不可一日无此君的地步，只为他“不想忏情，不想忘情，不想逃情”，其实“寄情于花木鱼鸟”恰恰是周瘦鹃忏情、忘情、逃情的最佳“寄情之法”，也是逃避痛苦、正视现实的无奈之举。当风和日丽之辰、月明星稀之夜，独坐楼台，案前供着一炉香、一瓶花、一盆树，园内徐徐飘来紫兰花香，仿佛伊人在旁，引起了他多少遐想，又激起了他多少诗情。此时，甜蜜与幸福充盈着周瘦鹃的心房。从小说到诗词，从刊物命名到盆景制作，紫罗兰是他的生命，是他的女神，是他精神的图腾，是至情至性男儿的全部人生意义。

“杂俎卷”虽然名为杂俎，却是周瘦鹃人生经历的大写真，从不少文字中我们可以读到他的成长背景、家庭生活、社会活动、笔墨生涯。特别那些反映文艺界的文章，涉及众多文艺人士的交游逸闻，充实和丰富了研究那个年代文坛的素材，而周瘦鹃的影剧评论、诗词剧本、时评杂感、园艺盆景佳作则体现了他创作领域的宽广和人生阅历的丰富。

前尘若梦，华年似水，紫罗兰花香如故。

（《周瘦鹃文集》 范伯群主编　文汇出版社
2011 年 1 月第一版）

傅斯年——从五四领袖到台大校长

1952年，台湾大学植物园内榕树遮天，龙柏苍劲，园内新建了一座十二根花岗岩罗马柱支撑的石亭，安放着台湾大学校长傅斯年的灵柩，“傅园”因此得名。高高擎起的“傅钟”上刻着傅斯年提出的台大校训“敦品、力学、爱国、爱人”。台大每节上下课，“傅钟”都会响起二十一声，只为傅斯年说过：“一天只有二十一小时，剩下三小时是用来沉思的。”

傅斯年，曾经被遗忘被雪藏的名字随着其论著的出版和相关人物传记的问世，越来越清晰地呈现在人们面前。作家岳南在充分占有文献史料和他人学术研究成果的基础上，以《陈寅恪与傅斯年》一书还原了历史人物的本来面貌。当我们的目光重新追寻到1919年五四运动爆发之时，仿佛看到担任游行总指挥的北大学生傅斯年肩扛“还我山东，还我青岛”的旗帜，慷慨激昂地痛斥卖国贼，火烧赵家楼。以往的历史教科书上鲜有傅斯年的事迹，这与毛泽东的社论《丢掉幻想，准备斗争》有关，老人家点了胡适、傅斯年、钱穆三人的名，把他们列为“被帝国主义及其走狗的中国反动政府”控制的“极少数人”。傅斯年成名极早，学生时代就备受胡适、黄侃、刘师培等教授们的青睐，五四运动更是把他和罗家伦推到学生领袖的位置，而此时的毛泽东籍籍无名，只是一名北大图书馆管理员而已。但世事变幻莫测，英雄何论出身，三十年后，当傅斯年蜗居弹丸之地台湾之时，毛泽东正指挥百万雄师过大江，一统多灾多难的中国。

岳南客观真实地描写了傅斯年从五四领袖到台大校长的人生历程，隆重介绍了他所创办的史语所对中国历史学、考古学、语言学、人类学等的贡献及其人格力量、学术成就。傅斯年是清朝开国状元傅以渐的后代，国学底子深厚，又于1919年赴欧洲留学，从英国爱丁堡大学、伦敦大学到德国柏林大学，涉猎广泛，既学习物理、化学和高等数学，又研究实验心理学、比较语言学等。北大的坚实基础、胡适的精心引导和欧洲的游学经历，养肥了傅斯年这只大“海龟”，造就了他非同寻常的学术思想、战略眼光。当他于1926年冬游回国内之时，就接到广州中山大学的聘书。他的胸中早有丘壑，在老校长蔡元培的支持下，于1928年在中山大学创办中央研究院历史语言研究所（以下简称史语所），目的“要科学的东方学正统在中国”。这不是一般意义上的研究机构，这是改变中国传统史学思想与治史方法的新世界，更是集中了陈寅恪、赵元仁、李济等一批当时文史领域精英的场所。他主张历史、语言的研究应当摆脱故纸堆的束缚，运用新材料，发现新问题，采取新方法，并用自然科学提供的一切方法、手段来整理现存的所有史料。他将其“上穷碧落下黄泉，动手动脚找材料”的观点付诸行动，反对主观臆断，主张“一分材料出一分货”，组织安阳殷墟发掘和甲骨文的研究整理，推动了中国考古学的发展和商代历史的研究；他将七千袋明清档案归入史语所，进行系统整理，促使明清史研究取得突破性进展。自归国到抗战爆发的十年，正是傅斯年个人学术成绩斐然的十年，他的《大东小东说》《夷夏东西说》《周东封与殷遗民》《考古学的新方法》等论著奠定了他史学家的地位。而史语所的辉煌成果及其在现代历史学上的地位，又证明其雷厉风行的办事能力、组织能力和对史学等众多领域的卓越贡献。

1949 年 1 月 20 日，傅斯年就任台大校长，他在一次演讲中引用哲学家斯宾诺莎的格言“我们贡献这个大学于宇宙的精神”，要求学生做到“敦品、力学、爱国、爱人”，台大经他打理成为台湾顶尖学府。于他，爱国是首要的任务，从五四运动所表现的爱国激情到抨击汪精卫等人的卖国行为；从上书蒋介石炮轰孔祥熙、宋子文的贪污腐败到代理北大校长期间清理开除周作人、容庚等伪北大教授，集中华儿女的气节、齐鲁汉子的豪爽、民主斗士的精神于一身。“千夫诺诺，不如一士谔谔”，胡适认为像傅斯年这样“做学问的人，在朋友当中也有，能够继续从事他某一方面工作的人，在朋友中也有；但是像他这样一个到处成为道义力量的人还没有”。他虽然脾气火爆，也温情脉脉，爱惜人才，抗战期间，他尽其所能照顾病中的林徽因、陈寅恪、梁思永等学界同仁。林徽因与史语所考古组得力干将的梁思永，本来就病弱，更因李庄恶劣的生活环境和疾病威胁着生命，高傲的傅斯年为此专门向中央研究院代院长朱家骅写信求助，称梁思成、梁思永皆为难得之贤士，“人品学问，皆中国之第一流人物”，希望政府给予抚恤。傅斯年并非“太太的客厅”里的嘉宾，却对林徽因推崇备至，称其才学“至少在谢冰心辈之上”。

傅斯年兼具学人和学界领袖的双重身份，时而徘徊在政界与学界之间，但始终以教书育人、学术研究为主业，他拒绝蒋介石拉他入阁的要求，而以无党无派的在野身份为社会的进步奔走呼号。他一生热衷做清贫的教书匠，离世前的几日还在赶写文章，期待用稿费换回棉布棉花，让夫人做棉裤御寒。赴台后他为友人题写“归骨于田横之岛”，竟一语成谶，1950 年 12 月 20 日他因脑溢血病逝于台湾。傅斯年之死惊动蒋介石，他亲自致祭，并书写“国失师表”的挽章，在其颁发的嘉奖令里对傅斯年的生平作了如下评价：“困学之勇，忧国之忠，嫉恶之严，信道之笃，允为学行并茂之全才，亦民主自由之斗士。”

岳南用一半篇幅为陈寅恪列传，陈寅恪与傅斯年均是出身名门的一代宗师，被傅斯年誉为三百年来读书人，可惜命运多舛，历经颠沛流离之苦，又遭“失明膑足”之痛，这个纯粹的学人因为战乱、病魔和政治运动的影响而未能尽情发挥其才学，于1969年10月在凄风苦雨中、在阵阵批斗声中长眠于岭南。

“五百年名世奇才，闳中肆外”，这是人们对傅斯年的评价。斯人已去，台大校园，傅钟声声，余音不绝，大师之后无大师。

（《陈寅恪与傅斯年》 岳南著 陕西师范大学出版社 2008年6月第一版）

书生胡适

青年导师胡适，开风气之先，以《中国哲学史大纲》（上）享誉学界，风头正健之时，却引来了北大同仁黄侃的嘲笑："昔日谢灵运为秘书监，今日胡适可谓著作监矣。"监者，太监也，《中国哲学史大纲》只有上半部没有下半部，胡适岂不成了太监？黄侃的刻薄是有来头的，他的得意子弟傅斯年改换门庭，惟胡适马首是瞻，强烈刺激了黄疯子的神经。胡适抢了自己的学生，又篡改中国哲学史，还鼓吹文学革命，糟蹋国学，离经叛道，简直一派胡言。

胡适一生，被人骂已成习惯。

自从1917年回国宣传他的主义与问题直至1961年在台湾过世，40多年的岁月里，骂声不断，从最初单纯学术思想、政治信仰上的分歧与争鸣到最后人格、学问、政治上的全盘否定，骂声最烈的莫过于二十世纪五十年代。可以说明的一件事因胡适而塑造了很多姓胡的艺术形象，如《闪闪的红星》的恶霸胡汉三、《林海雪原》中的土匪胡标、《沙家浜》中的胡传魁，一旦穿上胡氏马甲，就如贴上反动人物的标签。季羡林晚年忏悔八十年代在《为胡适说几句话》一文中连“先生”二字都没有勇气加上，可见胡适的“反面”人物色彩有多浓。毛泽东老人家曾在当年批胡时说，再过五十年为他平反吧。政治家果然高瞻远瞩，一语中的，如今海内外出现了胡适热，胡适一下子变成香饽饽。

《胡适书信集》《胡适日记》《胡适日记全编》《胡适全集》等胡适著作在大陆先后出版发行，唐德刚、周质平、江勇振、胡颂平等学者也推出一批研究胡适的论著，胡适之红，不亚于他年轻暴得大名之时。著名口述史专家唐德刚是进入胡适晚年生活的幸运儿，他翻译了《胡适口述自传》，并将他在为胡适作口述历史时期的交往细节和翻译自传时研究所得写成《胡适杂忆》；周质平则注重活跃在胡适周围的人群及其情感，出版了《胡适周围》《胡适的情缘与晚境》《不思量自难忘——胡适给韦莲司的信》，所有这些作品犹如广角镜，把胡适及其周围所发生的种种往事一网打尽。

哈佛大学博士江勇振的《舍我其谁：胡适》第一部《璞玉成璧》（1891—1917）被学界公认为是最权威最全面的胡适传记作品。按江博士的计划，他将胡适重要的历史时期划为五个部分，其余四部分将是他以后学术生涯的重头戏。在第一部分《璞玉成璧》里，江博士以胡适的书信、日记、《四十自述》等大量第一手资料，描写了“糜少年”胡适在绩溪乡村接受传统教育，后转至上海新学堂接受新思想，继而赴美留学拜在实验主义祖师爷杜威门下的人生历程。这是怎样的人生历程？土里土气的中国小子经过欧风美雨的洗礼，肚里装了七年洋墨水，摇身变为学识渊博的洋博士，充满期待启航归国，开始他学术、人生中最辉煌的十年。

江勇振引用英国柏林爵士的观点，认为胡适与托尔斯泰一样具备“狐狸才、刺猬心”。狐狸知道许多事情，却没有定力，所追求、探索的事物完全不相干，而刺猬只知道一件大事，中心思想是其思考、感觉事物的依据。以狐狸自视的胡适一生为声名所累，累及个人感情、累及学术事业。其实以其才学，在学术研究上会有更大的成就；以其魅力，在生活上可以找个如意伴侣。但，身处那个时代与那种家庭，他无法脱离政治专心学术，他无法拒绝母亲为他定的亲事。他曾在日记中反省，说自己好名，因为好名，把江冬秀娶进家门，孝顺了母亲，成全了对方，为自己博取“糟糠之妻不下堂”好名声。婚姻就如脚上穿的鞋子，好看与否是别人的感觉，舒服与否才是自己的感受，热衷于麻将的妻子与热衷于学问的丈夫之间，总是隔着一堵厚厚的墙。四十余年的共同生活，胡适夫妇养育了三个儿女，来来往往的家书中，除了儿女、家常外，仅偶尔诉说心语，但两人的思想相差甚远，感情普通得如左手握右手一般，不咸不淡。胡适在给友人的信中坦言：娶太太还是要娶受过高等教育的好，即使在持家方面没有普通家庭妇女能干，但至少对儿女的教育大有裨益，希望女儿不要像她母亲那样。

虽然一头钻进貌似和谐的婚姻，胡适的情感没有受到束缚，江勇振先生在《星星·月亮·太阳——胡适的情感世界》一书中把胡适比喻为太阳，太阳聚焦了很多星星和月亮，最深情最耀眼莫过于曹诚英和韦莲司，宛如两轮明月，终身心系太阳。纵观胡适一生，虽有着稳定的婚姻，情感生活并不枯燥，说不上波澜壮阔，至少也涟漪阵阵，除曹诚英的介入引起江冬秀的震怒外，红颜知己韦莲司默默伴随他的终生，胡、韦五十年的情谊，不思量，自难忘。

"新文化中旧道德的楷模，旧伦理中新思想的师表"，这是蒋介石为胡适撰写的挽联，是对胡适人生经历、学术思想、人格品德的客观评价，可谓入木三分。终其一生，胡适追求科学、民主、自由，其本质还是书生。

[《舍我其谁：胡适》(第一部) 江勇振著　新星出版社 2011年4月第一版]

不思量自难忘

世界上最难解的是感情，其难度远远超过哥德巴赫猜想。“问世间情为何物，直教人生死相许”，韦莲司、鲁桂珍以长达半个世纪的执着与深情，解答了爱情方程。

1921年6月，胡适为留美同学赵元任与杨步伟证婚，力劝他们在结婚证书上贴上四毛钱的印税票，以示婚姻的合法性。31岁的新郎赵元任与34岁的新娘杨步伟冲破家庭的阻力，退掉原有的婚约，结成连理枝。胡适羡慕着这段“人人都说的好姻缘”，但他当初没有赵元任反抗包办婚姻的勇气，洋博士娶了小脚太太的新闻，是民国初期震动学界的重磅炸弹，且作为胡适“立德”事业获得新旧两派的肯定，这是胡适始料未及的。

为面子也好，为母亲也好，内心渴望自由的胡适委屈自己，以牺牲终身幸福践行孝道，将自己的情感与婚姻作为中国旧礼教的祭品。“父母之命、媒妁之言”扼杀了多少年轻人的幸福，胡适深感其残酷，曾在一封给亲友的信中表示历来反对劝人娶妻。性格决定命运，比胡适年长十岁的鲁迅也遭遇了同样的命运，但他生性倔强，只将朱安当成母亲的礼物“束之高阁”，朱安们固然令人同情，但作为当事人的鲁迅、胡适何尝不值得同情？尤其是胡适身处新时代，却要遵循旧传统，其内心苦楚可想而知。性情温和的胡适算得上好丈夫，容忍老婆的麻将声声，容忍着老婆的河东狮吼，维持差距太大、情趣不谐的婚姻，但危机早已潜伏。胡适在杭州烟霞洞养病期间，与三嫂的同父异母妹妹曹诚英产生了恋情，急得江冬秀拿出菜刀，以两个儿子的生命相要挟，迫使“胆小君子”胡适打消离婚的念头。杭州西子湖畔，良辰美景奈何天，烟霞洞三月的“神仙生活”匆匆而过，却是他“一生最快活的日子”。作为妻子的江冬秀维护自己的权益无可厚非，但绝情的是在曹诚英打算开始新生活的时候，她向男方透露胡、曹的往事，致使对方取消婚约。可怜的曹诚英错爱上心仪的“糜先生”，只得以悲剧收场，孤独到老。

翻开胡适的历史，足令当下男人们嫉妒、艳羡万分，其学术成就无人能及，且人气太足，“我是胡适的朋友”一度成为口头禅，英俊的外表、满腹的经纶、绅士的风度、显赫的声誉以及特有的迷人的胡式微笑曾经迷倒多少才女美女。美国人韦莲司是胡适留美时认识的红颜知己，从1913年结交到1962年胡适离世，两人长达五十年的情谊都体现在双方用心保管的书信里。台湾学者周质平编译的《不思量自难忘——胡适给韦莲司的信》收集了175封胡适的书信、明信片。从这些书信中，我们可以看到韦莲司与胡适从友谊转为爱情，再升华为友情的情感历程。他们有欢乐有痛苦有惆怅，近半世纪的通信初以人生、思想、学识为主，转而关心对方的生活与情感，默默守望，“此事古难全，不应有恨”。韦莲司明知“使君有妇”，明知他们之间横亘“一堵高不可测的石墙”，但依旧一往情深，既然不能嫁给今生唯一想嫁的人，那么独身是最好的办法，这份至真至性的情感无法简单地以男女私情来描述。或许是爱屋及乌，受胡适之托，她照顾赴美读书的曹诚英与胡适的长子胡祖望，热情款待随胡适赴美的江冬秀。胡适离世后，她将保存的胡适书信、照片全部寄给江冬秀，只为这些信件有助于“重构他生命中的一些细节”。胡适、韦莲司无力改变命运，却有选择朋友的自由，或许这是他们一种无言的抗争吧。

南京女子鲁桂珍的深情不亚于韦莲司，这个药材商的女儿钟情生化专业，获得营养学博士学位，如果没有遇到约瑟·尼达姆，必然在营养学方面有所作为，但人生并不是按照计算机设计的程序前行。1937年，鲁桂珍在剑桥大学认识了导师多萝西的丈夫约瑟·尼达姆，两人的学术命运与人生轨迹就此改变。在一次下午茶的闲聊中引出了中国有无科技的争论，年轻气盛的鲁桂珍历数中国指南针、火药、印刷等科技成果对世界的贡献，引起了约瑟对中国的好奇，遂拜鲁桂珍为师学习中文。鲁桂珍不仅为他取了个响亮的中国名字——李约瑟，而且引导、激励、催生了他主持的皇皇巨著《中国科学技术史》，并一生追随李约瑟，成为中国科技史研究的专家。

1967 年夏天，在美国哥伦比亚大学工作的黄仁宇收到了李约瑟的信，邀请他参与《中国科学技术史》第七卷的编写。五年后黄仁宇携全家赴英，在剑桥大学凯思书院见识了李约瑟和鲁桂珍严于律己、一丝不苟的治学态度，称赞他们“读书写作处处认真”，此时李约瑟的妻子已患老年痴呆，全赖丈夫与鲁桂珍的悉心照顾。黄仁宇在《关系千万重》一书中回忆了与李约瑟、鲁桂珍的交往，表示“不能肯定地说没有她不会有《中国科学技术史》”，但他坚信“他们在学术上的合作，是他们爱情升华的表现。”鲁桂珍与李约瑟在婚后仅两年因哮喘病发作而辞世，这多少让人产生悲凉之感，但对他们而言，结婚只是形式。当李约瑟与黄仁宇闲谈学界同仁离婚再婚情事之时，李约瑟随口说每个人都在换伴侣，鲁桂珍立即申斥：什么每个人都在换，我们就没有。黄仁宇感叹他们相处数十年“敬慕之如家长，管制之如幼弟”，终使李约瑟“始终无邪”，专注于中国科学与文明的研究。五十余年的学术合作，五十余年的相互扶持，八十九岁的李约瑟在原配亡故两年后，迎娶八十五岁的鲁桂珍，耄耋之年修成正果，这是李约瑟对鲁桂珍最好的交待。

“衣带渐宽终不悔”，不思量自难忘，韦莲司与胡适聚少离多，相思与期待、抗争与无奈，那些穿越在大洋上空的鸿雁传递了五十年的深情牵挂，足以慰藉寂寞的身心。而鲁桂珍以书伴、旅伴的身份相随李约瑟左右，学术伙伴最终成为妻子，虽近黄昏，也璀璨绚烂。人生的吊诡在于人们有时无法按真实的意愿作出选择，珍藏在心灵深处那份情感随着岁月的积淀与侵蚀，越来越纯真无邪，越来越恬淡醇和，诚如韦莲司、鲁桂珍清澈透明而圣洁坚贞的情怀。

（《不思量自难忘——胡适给韦莲司的信》 周质平编译
安徽教育出版社　2001 年 8 月第一版）

终究是书生

1917年9月，风流倜傥、书生意气的留美博士胡适接受蔡元培先生的聘请，登上北大的讲台。胡老师一反传统，跳过三皇五帝，直接把学生们带到西周晚年，从周宣王讲起，硬生生把灿烂的五千年中华民族史拦截一半。

胡适侃侃而谈的中国哲学史，令学生们目瞪口呆，觉得假洋鬼子的言论大逆不道，暗地里策划赶走胡老师，让他回老家找小脚太太江冬秀去。讲台下有一个叫顾颉刚的哲学系学生却十分喜欢胡适“用实验主义的态度讲学问，处处出我意外，入我意中”，还拉着同宿舍的国文系学生傅斯年来听课。山东神童傅斯年听后说：“这个人书虽然读得不多，但他走的这条路是对的，你们不能闹。”傅斯年在校威望极高，一言九鼎，就这样，胡老师突出重围，在北大站稳脚跟。

《我的父亲顾颉刚》捎带了胡适险被北大学生驱逐的往事。顾潮根据父亲顾颉刚生前数千万字的遗稿，在了解其“经历、理想、奋斗、坎坷、成功、失败、欢乐、痛苦”的基础上，客观叙述了顾颉刚的家学渊源、情感生活、学术成就和坎坷命运。

确实，没有胡适的思想启蒙，就没有顾颉刚的《古史辨》；没有《古史辨》，也就不会有顾颉刚在史学界的地位。同样，没有顾颉刚的实践，也不会有胡适学术思想的光大。胡适与顾颉刚有师生关系和学术影响？留美时，陈衡哲赞同胡适文学革命的主张，成为他最早的一个女同志；回国后，在无数胡适的追随者中，顾颉刚无疑成为他最得意的门生。顾颉刚是胡适关于问题、主义、方法的积极响应者，和声和出了“层累地造成的中国古代史”观点，引发了史学界一次强烈的地震，以致展开了大辩论。赞成者说他“烛照千载之前，发前人之所未发”，反对者骂他“想入非非，任情臆造”。胡适力挺顾颉刚，在介绍爱徒的《古史辨》时说：“这是中国史学界的一部革命的书，又是一部讨论史学方法的书。此书可以解放人的思想，可以指示做学问的途径，可以提倡那‘深澈猛烈的真实’的精神。治历史的，想整理国故的人，想真实地做学问的人，都应该读这部有趣味的书。”

顾颉刚因为《古史辨》而成为当红的新锐史学家，声名鹊起，从原来北大助教一跃而为厦大研究教授，同时被林语堂招罗到厦大的还有鲁迅、周作人、孙伏园、沈兼士等人。顾颉刚，一个才出校门六年，年仅三十出头的年轻人，就成为比教授还高一级的人物，既震惊学界，又招致妒忌。同党、同乡、同年、同学、同宗等等历来是国人构建人脉关系的基础，不同阶层各有法子拉帮结派，形成自己的势力。二十世纪初，因教育背景不同形成英美派、法日派，其个人气质、思想观点迥异，但不可否认英美派之温和大度是好斗激烈的法日派所不及的。顾颉刚虽未出洋留学，却是英美派代表人物胡适的学生，天然的缝隙已存在，气场也不和谐，又夹着所谓“鲁迅抄袭盐谷温一案”的误解，没有本质上矛盾却存在“道不同、风不同”的顾颉刚与鲁迅，两度在厦门大学与中山大学“狭路相逢”，达到“有你就没我”的地步。鲁迅在日记、书信中以“鼻”“红鼻”“朱山根”“阴谋家”来代替顾颉刚，饱含讥讽蔑视之意。面对无法回避的冲突，顾颉刚“剧恨虚名招毒谤”，认为自己“性长于研究，他（鲁迅）性长于创作，各适其适，不相过问也”。顾颉刚何必介意鲁迅的冷嘲热讽，胡适、梁实秋、傅斯年、陈源等众多学者文人都被鲁迅抨击过。鲁迅过世后，苏雪林致信蔡元培、胡适，怒斥鲁迅是“玷辱士林之衣冠败类，二十五史儒林传所无之奸恶小人”。胡适严厉地批评她不该以人身攻击方式评价鲁迅，这是“旧文字的恶腔调，我们应该深诫”。

胡适的另一得意弟子傅斯年素有傅大炮之称，博学多识，学贯中西，办事干练，是学术界少有的天才领袖人物，1924 年 1 月—1926 年 10 月，傅斯年写下《与顾颉刚论古史书》，这封长达近三年的讨论学问的“雷人”书信，足以说明两人情谊之深。但他们终因创办史语所的思想立场不同而出现分歧，傅斯年以大炮语言挽留顾：“你若脱离中大，我便到处毁坏你，使得你无处可去”，顾颉刚个性倔强，岂肯俯首称臣，便对和事佬胡老师说：“我树的敌人可以分为两种，一种是妒忌我，一种是想征服我，这两种都是没法避免的，我不能求悦人而自暴自弃，迁就了别人的标准。我自己不愿意压迫别人，也不愿意别人压迫我。如果有人想要压迫，当然反抗。”从同窗密友演变为陌路，或许有“瑜亮情结”，但更因为“经历、志趣、性格之不同”，更有学术发展方向之异。

个性的形成与自身的家庭背景有着密切的联系。顾氏家族文风兴盛，被康熙皇帝誉为“江南第一读书人家”，即使家族已不似从前繁华和富足，科举制度也已废除，但父辈们依旧传承重教之风。文化不高的祖母曾对因大雨不想上学的顾颉刚说：“就是落铁，也得去。”这种家庭教育影响了他的人生道路和价值取向，顾颉刚最快乐最擅长的是做学问搞研究，却“不善处世，往往得罪了人而不自知”。然而家庭为顾颉刚播下的读书种子，在胡适的指引下开花结果，终成一代大师。这个大师一如乃师胡适先生，待人热诚宽容，对后学提携有加。顾颉刚的学生童书业在非常时代为自保，以一篇

《〈古史辨派〉的阶级本质》与顾颉刚划清界限，另一高足杨向奎此时也发表文章对“古史辨派”的学术思想进行批判，顾颉刚内心伤痛，却理解：“此是渠等应付思想改造时之自我批判耳，以彼辈与《古史辨》之关系太深，故不得不作过情之打击。”表现了其宽容和大度。顾老师惋惜爱徒童书业的早逝，不计前嫌，在晚年主持了童书业文集的编辑出版。

林语堂说：“做文人，而不准备成为文妓……要有点胆量，要独抒己见，不随波逐流，就是文人的身份。”林太乙在《我心中的父亲——林语堂》中认为父亲是个“存真保诚，有骨气，有识见，有操守”的文人。自由之思想、独立之精神，是历代知识分子心生向往之美事，但往往因政治环境的制约，做出违心之事。二十世纪五十年代初，全国各界一致声讨胡适的反动思想，曾经的故旧门生不得不参加一次次集体“洗澡”，口诛笔伐，批判胡适检讨自己，顾颉刚也与胡老师“一刀两断”。

1952 年 1 月 5 日，大洋彼岸，客居美国的胡适收到从香港朋友处寄来的有关大陆批判他的剪报，遂在当天的日记中写道：“颉刚说的是很老实的自白。”

顾颉刚，终究是一介书生。

（《我的父亲顾颉刚》 顾潮著　人民文学出版社 2010 年 3 月第一版）

翁同龢：从守旧到维新

1918 年 5 月 20 日下午，康有为一行乘坐藤轿到位于虞山白鸽峰的翁同龢墓前祭拜，他从袖中拿出“祭文一篇，跪诵一通，继之痛哭，旋由同往友人劝止”。这则新闻被刊登在常熟地方报《刍言日报》上。家世显赫的两朝帝师翁同龢从高居庙堂的人生顶峰走向削籍回乡的悲剧命运，一切皆因百日维新所致。1904 年，流亡海外的康南海获悉翁同龢逝世的消息后，立即写下哀词十四章，称“戊戌成为中国维新第一大变，翁公为中国维新第一导师”。

人们记住翁同龢，更多的是同情他晚年因支持光绪帝的变法而遭遇的致命打击，佩服他能够打破固有的封闭的传统的治国理念，与时俱进，有胆略在守旧与维新中进行抉择，尽管这个抉择给他带来了灭顶之灾。然而也因为这个抉择，一改他以往给官方、民间留下的持重平淡、安分守己、明哲保身的传统士大夫形象，成为审时度势、敢于担当、勇于变革的“维新导师”。维新变法的失败与翁同龢的悲剧色彩更显得清朝的没落，以至无法在数千年来未遇之大变局中寻找破解的方法与合适的位置，这也标志着爱新觉罗氏气数将尽。王忠良与沈潜合作撰写《翁同龢》，以传主翁同龢为中心，围绕他的父辈兄长、同僚子侄、学生幕僚等密切相关的人物对其思想行为、决策判断的影响，梳理了传主的成长背景、家庭教育、性格特征、从政理念，着重描述了晚清国际国内形势及决定传主人生起伏的国事家事，突出了传主贯穿一生的忠君爱国、清正廉洁的言行，尤其分析他从传统保守走向变法维新的外部背景和内心挣扎。《翁同龢》可贵之处在于，作者突破了传统的“以尊者讳”的束缚，宏观上理性审视晚清的世界格局，又以大量日记、书信、诗词等具体、真实、细致、隐秘的实证资料为依据，完整地勾勒传主在十九世纪末世界大变局中痛苦、彷徨、挣扎、嬗变的内心世界与人生轨迹图。

翁同龢作为官宦世家的子弟，自幼接受儒家政治思想与道德规范的教育，传统的四书五经、治国方略是这位资深帝师为小皇帝们传授的必修课。因此，教育或许是他最擅长的行业，他对外界的关注与认识有一定的局限，所思所行狃于成见。然而翁同龢所处的时代乱象丛生，外忧内患使得清政府没有片刻的清闲，尽管朝堂上有识之士开展的“师夷长技以自强”的洋务运动轰轰烈烈，但翁同龢似乎并不热心。作者大量引用翁同龢的日记，分析其因循守旧的心理状态和态度，如 1869 年对第一个跨出国门的使臣、《乘槎笔记》作者斌椿歌颂西方的言行称之为“甘为鬼奴耳”；1876年郭嵩焘出任英国公使前夕与其畅谈开煤矿、修铁路、办电信等经世抱负，翁在日记中写下“伸其妄辩，直是失心狂徒矣”的话。日记是一个人的真心独白，最能体现人们的思想与情感，作者从翁同龢日记及翁所看书籍、交往人物等方面，剖析他的保守思想及其变化。

东邻日本的挑衅刺激着大清帝国的神经，为了维护国家的尊严，翁同龢力主对日作战。只可惜武器装备远远优于日本的北洋水师不堪一击，洋务运动在甲午战争中未能通过毕业考，战败却惊醒了多少梦中人。作者认为“甲午战争后的翁同龢，思想大体上涵化了顺应时代发展潮流，追随社会变革步伐，由守旧趋于开新的走向”。清政府与日本签订《马关条约》的消息传到京城，康有为鼓动在京会试的1300多名举子联名上书，要求清廷：“下诏鼓天下之气，迁都定天下之本，练兵强天下之势，变法成天下之治”，康举子们激进的言论未必完全得到翁同龢的认同，但内心的触动还是十分明显的，他在日记中写道：“公论不可诬，人心不可失。”那些主张维新的青年才俊成为翁府的座上客，宋育仁、汤寿潜、陈炽、黄遵宪、谭嗣同、马建忠纷纷登场，翁同龢称赞谭嗣同“通洋务，高视阔步，世家子弟中桀骜者”。在华的西方人士也影响着他，英国公使欧格纳、传教士李提摩太、中国海关总税务司赫德，天津海关税务司德璀琳纷纷向他鼓吹中国只有变法自强才能改变被欺压的局面。大时代无法抗拒的外力扩展了翁同龢的视野，促使他痛定思痛，寻找救国强国的良方，而康有为的适时出现无疑加快了翁同龢的思想转变，维新变法拉开序幕，这序幕改变了翁同龢的人生走向，也动摇了他的学生光绪的皇帝宝座。

《翁同龢》通过传主从守旧走向维新的曲折一生，反映了鸦片战争以来清政府的腐朽没落。即使如传主为核心的维新派试图以变法力挽狂澜，收拾这个烂摊子，终究力不从心，敌不过以慈禧为首的后党势力，中国数千年的封建体制实在太深厚了。改革必然触动既得者的利益，无论是商鞅变法还是王安石变法，倡导者结局凄惨，翁同龢也不例外。

抑郁而终的翁同龢安睡在故乡的青山绿水间，而数代中国人强国富国的梦想还在延续。

（《翁同龢》 王忠良　沈潜著　江苏人民出版社
2013 年 6 月第一版）

“闲言碎语”话二周

同治十二年（1873）四月二十日，绍兴人周福清兴致勃勃到宁波拜访苏州人顾文彬，未料吃了闭门羹。时任宁绍道台的顾文彬在当天的日记里留下一笔：“绍兴庶吉士周福清来拜，未晤。”这与顾文彬对待周福清辛未科的同年张佩纶完全不同，他称赞张佩纶为“翩翩美少年”，临行还赠送程仪二十元。周福清于前年得中进士，获得仕途入场券，因其言语尖刻、个性较强，只做过七品知县官，还被两江总督沈葆桢以“办事颟顸”参掉。之后又因舞弊案入狱八年，他坎坷的人生经历影响了周氏家族的发展，某种程度上也影响了周树人、周作人的人生道路。时隔七十年的一九四三年四月，周福清的孙子周作人到苏州一游，称江南风物是他所熟悉的，到苏州犹如到故乡，“尤可快慰也”。周福清的日记被长孙鲁迅烧毁了，以致难以了解他当年见顾文彬的缘由及被拒见后的心理活动，否则黄恽先生或许可以从中找出逸闻趣事，《难兄难弟：周氏兄弟识小录》的故事或许会呈现另一种版本。

同胞兄弟周树人与周作人都是学问大家，都曾在民国文坛上叱咤风云，郁达夫评论他们“中国现代散文的成绩，以鲁迅周作人的最丰富最伟大”，“鲁迅的是辛辣干脆，全近讽刺；周作人的是湛然和蔼，出诸反语”。周氏两人的文风不同，隐含着个性迥然，且由于一个早逝，一个走上歧途，故长期以来他们给世人的印象截然不同，好比影视作品中的正反人物，鲁迅是铮铮铁骨的好汉英雄，流芳百世，周作人是卖身求荣的汉奸走狗，遗臭万年。周氏兄弟一红一黑，已然分明的色彩奠定了他们在历史上的地位，然红黑之外，尚有黄绿青白等其他色彩，他们的人生也决非红黑两色那么单调。鲁迅与周作人除了那些共知的道德文章、私人生活、社会活动外，究竟是怎样的人物呢？其实他们在诸多作品和同时代人的记述中留下很多痕迹，往往被人忽略而过。黄恽先生从那些文字中找出了他们不为人知的另一面，如：鲁迅与茅盾、谢六逸、林庚白、胡山源、徐懋庸等人关系好恶的真相；周作人来苏的原因及其对胡适的暗贬，张爱玲眼中的周作人等，这些文字成就了《难兄难弟：周氏兄弟识小录》一书。以《闲言周大》《碎语周二》两辑来说道周家兄弟的往事，实在是黄恽的拿手好戏。

掌故者，旧制旧例，也是汉代掌管礼乐制度等官员的官名，而今就是八卦的文雅表述。黄恽是喜欢“八卦”的，之前出版的《舞文詅痴》《钱杨摭拾：钱钟书、杨绛及其他》到2018年面世的《萧条异代》《难兄难弟：周氏兄弟识小录》都是他擅长的掌故文章。黄恽写大家人物不为人知的轶闻趣事，除满足普通人的“八卦”心理以博一乐之外，更有助于还原部分历史真相，有助于客观评价人物，也启发研究者善于从小处着手看世事变幻。鲁迅是中华民族的一面旗帜，他以文字唤醒沉睡的国人，影响了一代又一代知识分子，他与周作人都是响当当的人物，同时代撰写他们的文章不计其数，后世研究者更是多如牛毛，但要写好他们“实在是一种大冒险”。于是黄恽“另辟蹊径，开疆拓土”，不重复、有新意是他重点把握的原则。除了长期积累的周氏兄弟资料外，黄恽博览群书，小心求证，对事件的分析丝丝入扣，剥开层层“伪装”，将真相呈现出来——没有神化的鲁迅和没有妖魔化的周作人，“让他们在我的笔下回归到人与文的本身”，这就是黄恽独家烹制的“风味新奇的菜肴”。

周家经历变故后，鲁迅之母鲁瑞以强女人的姿态支撑门楣，精心培育儿子成才，但她的强势也造成了儿子婚姻的悲剧。朱安作为母亲的礼物，被鲁迅供着，眼泪干了，青春没了，最后成为“鲁迅的遗物”，孤零零地度过余生。有时想假如朱安入了鲁迅的法眼，那么也会如成千上万的旧式夫妇那样相敬如宾地生活，可惜鲁迅是嫌弃朱安的。黄恽从《知堂回想录》及周作人与友人的交谈中得出结论：朱安的“第二性特征的生理发育不全”，这也可能是鲁迅无法对其产生情愫的关键。作为守旧女子，尽管朱安无法把握自己的命运，但她懂得抓住机会，占领道德制高点，稳固在周家的地位，博取周母的同情与爱怜。作者同情鲁迅不幸的同时，对朱安甘愿以捆绑方式谋取自己的生存给予“鞭挞”。这场悲剧的始作俑者，实际上是周家的掌门人鲁瑞。鲁迅看透世态炎凉，以笔作刀，无情抨击社会种种丑恶现象，不愿将就自己的婚姻，彰显伟大与冷漠的同时，鲁迅也有普通男子平凡与狭窄的面目，与女学生闹酒，对与许广平交往的男士吃醋，禁止许广平外出社交与工作……或许这样的鲁迅才是食人间烟火的鲁迅。同样一直以散淡风格作文行事的周作人，落水之后却是“喜欢做官的”，中国官场就如一只大染缸，那么周作人已是一块在染缸浸染过的绍兴蓝印花布。黄恽如此闲言碎语，为我们写出了立体的丰满的周氏兄弟，他们的文学造诣或许难分伯仲，但人品终究还是有高下的。

掌故，不只是说说故事，考量作者的知识学养史识。《难兄难弟：周氏兄弟识小录》一书告诉我们，了解历史，研究人物，要用广角镜与显微镜，这样写出来的人物才可能最接近真实。

（《难兄难弟：周氏兄弟识小录》 黄恽著　东方出版社 2018 年 7 月第一版）

沪上谁人不识君

二十世纪上半叶，鸳鸯蝴蝶派代表人物之一平襟亚以作家、报人、律师、出版家等多种身份闻名上海滩，名噪一时，颇有沪上谁人不识君的气势。金晔在《平襟亚传》一书中着力描述了平襟亚从追寻梦想的乡村孩子成长为著名小说家、出版家、大律师的风雨历程，及其如何以非凡的毅力与才华闯出了一条充满荆棘和希望的成功道路。

晚清民国，社会动荡，战乱不止，人们生活不易，想取得成功更是难上加难，而出身常熟贫苦家庭的平襟亚的奋斗历史就是一部励志蓝本。“朝为田舍郎，暮登天子堂”。农耕社会，读书人一旦取得功名就有机会改变个人的命运，可惜平襟亚的父亲考运不佳，只能以乡村塾师的微薄所得维持生计，把希望全部寄托在儿子们的身上，即使无以举炊，依然诵读不辍，教授作文之法。然父母的早逝，时代的激变，平襟亚并没有如父亲所愿走科举道路，但读书的种子已然种下，写作的能力也初显端倪，且因寄人篱下生活的压抑，促使他思想早熟，意识到知识改变命运的重要性。他不甘于做一名学徒，毅然报考常熟乙种师范讲习所，成为家乡小学的穷校长，终因办学经费支绌而远走他乡，从而开启了人生另一条航线。走进上海滩的平襟亚，以笔为武器，以写作为生，渴望谋取体面的生活，幸运的是，他的《襟霞阁笔记》与三位成名作家奚燕子、闻野鹤、吴绮缘的小说一起被收入泰东图书局出版的笔记小说集《技击汇刊》。这册书并没有带来经济与社会的双重效益，但无疑增加了平襟亚的信心。于是，从组建襟霞阁图书馆编辑《江湖三十六侠客》到推出第一本畅销书《中国恶讼师》，从弄潮江南交易所到办报刊办书店，从小报笔战健将到创作成名小说《人海潮》，从日本宪兵队囚徒到沪上大律师，作者为我们徐徐展开了平襟亚数十年以文为生、跨界奋斗的人生画卷。通读这幅画卷，既感受到作者对史料裁剪的分寸感和对人物描写的纵深感，又感受到传主沉浮社会大染缸的辛酸，脱离牢笼的机智，转行学法的努力，开疆辟土的冲劲，审时度势的灵活，以及不与日伪合作的气节。

作者描写平襟亚的一生际遇，并没有面面俱到，而是详略得当，突出其人生路上的几个重要转折点，这些转折点涉及平襟亚事业的转型和家庭经济状况的改观，涉及上海沦陷时期一个爱国知识分子的高尚节操，涉及他与包天笑、吕碧城、张爱玲、陆小曼等人的矛盾，以及创办《妇女画报》《笑杂志》《武侠世界》等期刊的失败和创设中央书店的辉煌。平襟亚与落魄文人朱鸳雏、吴虞公成立三人卖文小组，呕心沥血出奇招编故事，这是平襟亚编书出书的起步阶段。他对上海文化行情与小市民心理进行一番研究，策划尺牍类书籍文案，让子虚乌有的苏州女子冯韵笙在报上刊登玉照及征婚消息，而他们从雪片似的求婚信中选取101通，不费吹灰之力编辑出版了长销不衰的《求婚尺牍》。他利用家乡讼师谢方樽的故事创作《中国恶讼师》，又请好友周瘦鹃、吴虞公等十人为其作序，求得名人效应，还在与《申报》齐名的《新闻报》上刊登卖书广告，所有这些精心策划为《中国恶讼师》的热卖提供了保障，二十五岁的平襟亚在十里洋场书写了一本书发家的传奇。他创办的大众化刊物《万象》以趣味性鼓舞人们以乐观精神度过上海孤岛时期的漫漫长夜，刊物继而又转向纯文学，云集大批新文学作家，成为独树一帜的爱国文学刊物。作者通过描述平襟亚的重要人生片段，告诫人们通往成功的道路从来就是崎岖不平的，没有捷径可走，人生没有免费的午餐，奋斗才是正道。

人无完人，金无足赤。以往我们撰写人物传记时往往有选择性地运用材料，加之“为尊者讳”的传统思想，尽可能体现人物的“高大全”形象，但金晔以客观的立场和丰富的原始资料，塑造、还原了真实的可信的平襟亚。作者并没有因为平襟亚日后的成功而为其涂脂抹粉，而是写出性格豪爽之外有狭窄一面的乡下人平襟亚；写出为摆脱困境而过于逐利的书商平襟亚；写出了以笔为刀嘲讽社会而又急公好义的文人平襟亚；写出了既讲原则又长袖善舞的“外交家”平襟亚，这才是一个具有“文人的头脑，白相人的手腕、交际家的应酬”的平襟亚。原生家庭的贫穷影响着平襟亚的价值取向，他一度唯利是图，正如作者所言，他“脑筋活络，想出了很多赚钱的办法，除了‘一折八扣’书，盗版、制伪都是襟亚的‘拿手好戏’。他为了赚钱不择手段，不能不说是他一生中的污点”。他以小报记者的犀利写了《伍大姐按摩得腻友》，讥笑出演《三堂会审》中苏三、王金龙、蓝袍、红袍的陆小曼、翁瑞午、江小鹈、徐志摩，严重伤害了陆小曼等人的声誉和情感，赢了官司的平襟亚多年后说自己“负疚于心”。他与包天笑、沈知方从相残到相知，化敌为友，尤其是被他称为奇人的沈知方指点迷津，促进了他事业的发展，彼此成就对方。每个人都在成长，都会犯错，可贵的是平襟亚意识到问题所在，并能自我反思，书中大量引用这方面的资料。

作为寒门子弟，平襟亚依靠一支笔改写了自己的人生，“集小说家、出版家、小报文人、律师、评弹作者于一身，这在现代文学史上是很少见的”。当周瘦鹃、徐枕亚们的那个时代渐行渐远时，平襟亚这个上海滩传奇人物在金晔的笔下复活了，从他的身上再现了那代文人的风采。

（《平襟亚传》 金晔著 东方出版中心
2017年2月第一版）

细节，并未删去

辛亥革命摧毁了长达数千年的封建王朝，迎来了一个思潮澎湃、才俊辈出、风卷云起的时代。民国时期，面对着新旧中西文化嬗变的抉择，也遭受军阀混战、外强入侵之痛，不同于以往任何朝代。直至1949年10月，当毛泽东宣告中华人民共和国成立时，意味着民国的终结。但历史并未中断，文脉还在延续，一些人的生命终结在民国，如鲁迅、瞿秋白、陶行知、萧红，一些人离开了祖国，如张道藩、张爱玲、胡适，而更多人的脚步从民国走进新中国。由旧时代到新时代，他们的人生际遇随之发生变化，不由自主地随着时代潮流的裹挟而前行。当尘埃落定之后，他们亮相于正史的册页之中。然而正面照之外，不同的侧像，则来自于研究者掌握史料的厚度及其研究的深度，唯有正面的、侧面的俱全，才能呈现一个人立体的完整的面貌。

《新文学史料》主编郭娟女士利用第一手资料，或近距离与名人们接触，解读梁启超、胡适、鲁迅、丁玲、萧红、韦君宜、胡风、牛汉、汪曾祺等文坛风云人物，从细微处着手，书写他们的另面人生与情感世界，描摹了《纸上民国》的众生相。文化泰斗鲁迅一向“直面惨淡的人生，敢于正视淋漓的鲜血”，以笔作刀，抨击时弊，揭露社会的丑恶与阴暗，无论是杂文还是《孔乙己》《祝福》《药》等小说，他的文字都充满战斗力。鲁迅是作者景仰的人物，《鲁迅的“小”》《鲁迅，这座神》《鲁迅，为什么我们总会想起你》《鲁迅公子，海婴先生》等均以鲁迅为主要叙述对象，另外在《我们的作文老师》《日记不秘》《细节，删去的》《写信，给什么人》等篇章中也关注鲁迅，着墨颇多。家道的中落、父亲的病痛、兄弟的反目、母亲的“礼物”促使鲁迅像个圣斗士，“与中国一切乌七八糟的事搏斗，留下烟火味的辛辣文章”，但在鲁迅与许广平的两地书及其日记中，“就不那么正经，玩闹起来”，两人之间甜蜜的肉麻称呼，“调情”的亲昵话语，对他人不加修饰的臧否，以及为日常生活的“算计”，展现了鲁迅的另一面——那个生动和真实的鲁迅。确实，走下神坛的鲁迅，是呐喊的鲁迅、彷徨的鲁迅，也是多情的恋人、“俯首甘为孺子牛”的父亲、母亲的孝子。出于某种需要，曾经无限拔高鲁迅，忽而又把鲁迅的一些文章从语文教科书中抽去，在作者看来，何止孩子们需要读一点鲁迅？当年，郁达夫听到鲁迅死讯后立即回到上海，并撰写《怀鲁迅》，他说：“没有伟大的人物出现的民族，是世界上最可怜的生物之群；有了伟大的人物，而不知拥护、爱戴、崇仰的国家，是没有希望的奴隶之邦。”无论你读，或不读，鲁迅都在那里。

许鞍华执导的《黄金时代》以民国时代为大背景，以萧红特立独行的人生道路、创作经历以及爱情故事为线索，聚焦了一群意气风发的热血青年，还原了一个充满自由理想、海阔天空的“黄金”时代。萧红深受鲁迅的关爱与器重，鲁迅曾预言她将超过丁玲比丁玲超过冰心还要快，《生死场》《呼兰河传》得到鲁迅、茅盾的褒奖。然而这个以写作为使命的富有才华的女性，半生尽遭白眼，纵有不甘身已死。作者详细分析了萧红与冰心、丁玲家庭背景的差异，孤苦无依、遇人不淑、身心纤弱的萧红的人生注定不会有寻常的结局。同时，作者肯定萧红的小说，“从文学品质看，她比冰心有力度，比丁玲纯粹，让张爱玲以冷冷的理性傲人吧，萧红有温暖的悲悯”。这是郭娟眼中的萧红，而与萧红产生交集的萧军、端木蕻良、骆宾基，他们心中必定都有一个萧红。尤其当众人责备端木蕻良时，他沉默以对，在萧红的忌日、清明写下一首首旧体诗词，喃喃自语：“魂逐呼兰河畔，天涯海角非远，银河夜夜相望。”

“问世间，情为何物？直教人生死相许”。《乱世情》揭开作家老舍与戏剧家赵清阁抗战时期的一段情缘。当老舍的夫人带着孩子万里寻夫时，赵清阁挥剑斩情思，退出这场“三角战争”。作者认为赵清阁“始终将爱情放置在诗与梦的境界”，当无法保证爱情的纯洁与美好时，她向老舍开了“断魂枪”，“各据一城，永不相见”，这是大家闺秀的作派。其实，他们的“双城记”还在继续，亲友为他们传递信息。赵清阁的小说《落叶无限愁》是有妇之夫教授与女画家的故事，但旁人怎么看都是她的自传体小说。老舍在世人面前留下《四世同堂》《茶馆》等作品和投湖自尽的悲凉，还有不为人知的永远放不下的对赵清阁的爱恋。

乱世情，不了情。陷于情网，为情所困的还有蒋碧微与张道藩、凌叔华与朱利安、张爱玲与胡兰成。凌叔华多才多艺、能文能画，与才子教授陈西滢喜结良缘。然而珞珈山上，东湖之畔，她与英国教师朱利安产生异国恋，“断绝婚外情而破镜重圆”，凌叔华选择了丈夫给出的第三条路。张爱玲与胡兰成彼此为才所吸引，所谓“惊才绝艳”，不少人以“上当”之类词语为张爱玲辩护时，《小团圆》终究泄露了她爱的痴狂，胡兰成化身“张招”“张牵”牢牢地占据着她的心房，作者说“不如不团圆”。“现世安稳，岁月静好”只是胡兰成开出的一张空头支票。赵清阁、凌叔华、张爱玲，她们在小说中隐身，说着他人的故事，和着自己的血泪。都不如颇有丈夫气概的蒋碧微在《我与道藩》一书中坦坦荡荡写着她的情事，那是何等爽快。女作家的作品及其感情纠葛，不能不说是民国的另一道风景。

文人本身及其作品无法超越现实与政治，两者往往纠缠不清，遍体鳞伤者不知其数。作者在《文人与政治的纠结》《“运动”变人形》《郭沫若的身后名》《韦君宜的道路》诸篇中客观地评价韦君宜、郭沫若、胡风、舒芜等人的心路历程。郭沫若默默承受两个儿子死于非命的惨痛，之后就是将儿子的日记放在案头，一字一句抄录，泪痕悲色的锥心之痛，鲜有人能知。

《纸上民国》的人物在郭娟笔下，一个个鲜活生动起来，他们有血有肉，他们的爱恨与悲喜，成功与失败，孤独与无助，都离不开时代，个体的力量终究是渺小的，尽管他们以各自的方式生存与抗争。留存于书信、日记与亲友心中的那些细节，使他们更接近真实的他们，也更具人性。民国，不只存在于纸上，就如那些大家人物。

（《纸上民国》 郭娟著 花城出版社 2015 年 11 月第一版）

怅望千秋一洒泪

《巨流河》与其说是齐邦媛的一本自传，不如说是一部二十世纪的悲壮史诗。“怅望千秋一洒泪”，梦里家园路迢迢。齐邦媛在台湾哑口海遥望大洋北面的巨流河，那是纸上故乡，那是歌声中的故乡，似烟雨迷雾，似海浪潮涌，终于抑制不住内心的冲动，打开紧紧关闭了一个甲子的历史闸门，细细道来八十余年的岁月惆怅。哈佛大学讲座教授王德威先生以“如此悲伤，如此愉悦，如此独特”评价此书，可谓一语中的。

父亲齐世英是齐邦媛用心描述的对象，是贯穿全书的重要人物。这个跟随郭松龄起兵反对张作霖穷兵黩武政策的留洋学生，曾因兵谏失败而浪迹天涯，却始终关心国家民族之命运；也曾经让在故园侍奉双亲、抚养儿女的妻子望断天涯路，在夕阳余晖中悄悄躲在牧草堆中哭泣，初春的芍药花上滴满了少妇的相思泪，但他还是妻子愿意下辈子嫁给的丈夫。在亡命岁月里，因缘际会，齐世英结交了近代中国史上的风云人物黄郛、蒋介石、陈立夫、陈果夫等国民党政府的要员，进而信奉三民主义，加入国民党。“九一八”事变后，齐世英义愤东北故土沦陷于日手，不顾安危潜回家乡了解抗日义勇军的情况，又说服教育部在北平成立国立中山中学，招收两千余名东北流亡学生。狼烟四起，朝不保夕，但他靠着“骨头又倔又硬”“不驯服的”东北人性格，带着中山学校的师生辗转北平、南京、武汉、湘乡、怀远、重庆，颠沛流离，备尝艰辛，只为国家为民族保存实力。国破山河在，他们深信“楚虽三户，亡秦必楚”，中国必胜。

女儿的笔下没有失败的英雄，只有温和洁净、爱国爱家的父亲，那个始终遥望东北方向的思乡老人。“葬我于高山之上兮，望我故乡；故乡不可见兮，永不能忘”，于右任的哀曲何尝不是齐世英的悲歌？齐世英坎坷曲折的命运何尝不是二十世纪迭经战乱而矢志不渝追求光明与理想的知识分子的人生缩影。以成败论英雄的观点正被越来越多浮出水面的历史真相所修正，对错不在今日之成败，而在于能经得起时间与历史的检验。

13 岁的小女孩齐邦媛跟随父母开始了弥漫战火硝烟的八年流亡岁月，目睹了母亲在生死线上的挣扎，目睹了妹妹这朵小花蕾的凋谢，目睹了身边亲友不屈不挠的抗日斗志和牺牲精神。即使苦难深重的日子，也珍藏着甜美温馨的回忆，一封封浅蓝色的航空信，自云端飞来，捎来张大飞兄长般的殷切问候与细致呵护，捎来了前线将士英勇抗击的故事，这些信函伴随着齐邦媛从懵懂女孩成长为窈窕淑女，见证了她在战火中成长的心灵路程。“十万青年十万军”，东北流亡学生张大飞是无数抗日青年的代表，有幸进入中山中学读书，有幸得到齐家妈妈慈母般的照顾，更有幸加入了陈纳德的飞虎队，从而实现“但使龙城飞将在，不教胡马度阴山”的报国誓言和灵魂的真正救赎。张大飞与齐邦媛之间有手足之情，还有朋友之谊，更有那种少男少女之间无法言说的脉脉温情，这份复杂的情感促使张大飞隐藏自己的情感，“埋葬”自我，以此来保护齐邦媛未来的身心安宁。当齐邦媛在南京看到“纪念张大飞殉国周年”条幅时，字字如“小刀剑般”刺入她的眼、刺入她的心；当半个世纪后她在紫金山航空烈士墓园，抚摸着刻有张大飞名字的黑色大理石墓碑时，那五月和煦的阳光洒在身上，当年张大飞温和的声音穿越时空回荡在耳旁，温馨之感令人心醉，仿佛他们不曾有过生离死别。这段纯真、圣洁、朦胧的情感，始终萦绕在她的心头，弥久愈深，弥久愈醇，就如那封早已遗失的绝笔信即使尘封六十多年后依然一字一句从心中从笔端流出。张大飞是齐邦媛用情叙述的人物，是安放在她心灵角落的圣徒，他“如同一朵昙花，在最黑暗的夜里绽放，迅速阖上，落地。那般灿烂洁净、那般无以言说的高贵”。

不言相思，写尽相思。

父亲的刚毅果敢影响了齐邦媛的理性思维，而母亲的多愁善感开启了她的文学细胞，老师们的言传身教则指引了她的学术道路。武大哲学系学生齐邦媛在基督教徒张大飞的影响下喜欢思索人生与灵魂问题，老师朱光潜却认为她没有“钻研哲学的慧根”，力劝她转入外文系，并自告奋勇当其指导老师，齐邦媛因此从哲学转向文学。多少年后，齐邦媛时时想起朱师的课，他以安徽腔英语讲授英诗，又常以中国古典诗词的意境、韵味来比照英诗，使学生更易接受消化，把他们引进一个神奇的西方文学世界。雪莱的“云雀之歌”、济慈的“夜莺颂”引领齐邦媛遨游在英国文学的殿堂里，云雀之欢愉、夜莺之沉郁分明就是梦想与现实的比照。战火遍地，危机四伏，老师们继续着传道解惑的社会责任，学生们保持着强烈的求知欲，朱师在一次讲解英诗时触动了对现实的悲愤之心，以致语带哽咽而含泪走出教室，那情景永远驻足在学生们的心头。师生们在逃避一次次轰炸中，坚持着教与学，朱光潜、钱穆、吴宓、袁昌英……齐邦媛笔下的老师，个个令人肃然起敬。抗战八年，无论大学还是中小学，始终坚持教书育人，这种在战火中重教的精神值得国人铭刻在心，值得历史浓笔书写，正是有了无数朱光潜的坚守，才有了无数齐邦媛的成材。

“佛曰：爱如一炬之火，万火引之，其火如故”这是当年吴宓老师指导齐邦媛做论文时的劝慰，这声音支撑了她一个甲子，这声音启发她在耄耋之年拿起手中的笔为父辈、为师尊，为曾经拥有的洁净美好的情感留下文字，这是曾经风云激荡而今渐行渐远的一个时代的回响。

（《巨流河》 齐邦媛著 生活·读书·新知三联出版社 2011 年 4 月第一版）

重拾民间的记忆

如果说二十四史是宴请宾客的主菜，那么流传于民间的野史笔记无疑是开胃小菜。作为大餐的正史以其准确性、严肃性、权威性受到学人们的青睐，但诸如契约文书、书信日记、账本抄件等流存于民间的文献资料同样因其真实性、原始性、生动性使专家学者刮目相看，对其历史价值、史料价值、研究价值推崇备至。复旦大学历史地理研究所教授王振忠博士历二十余年之久，无数次往返于上海与徽州，深入大山，将微薄的薪水投入民间文献的搜集、抢救之中，苦与乐都在其中，孜孜不倦的追求换来了丰硕的成果，佳作频频问世，终成徽学研究的大家之一。其新著《千山夕阳——王振忠论明清社会与文化》(以下简称为《千山夕阳》)，再次利用其收藏的民间文献生动展示了徽州人的商业活动、文化生活、情感世界及其他社会活动的场景。除此之外，此书对绍兴师爷与明清社会、《太平欢乐图》里的生活图景及其版本等也作了深入的研究、剖析和比较。

我们都知道官方档案和史志对民间的记载是有限

的，它们更多的是社会公共的记忆，缺少生动的细节、鲜活的故事，唯有民间文献才会复苏曾经多姿多彩的生活，才会使后人看到一幅幅更为丰富多彩、跌宕起伏、自然真实的历史画面。民间文献散存于社会，原为各个家族或家庭或个人所有，属于家庭档案的范畴。徽州文书等民间文献的大量涌现与徽州人的生存方式有关，徽州地处崇山峻岭，山多地少的自然环境严重制约了本土经济的发展，影响了徽州人的生存状态，如果“画地为牢”的话，他们只能梦游富足的江南鱼米之乡。但徽州人是聪明的，他们选择了走出大山、到处为商、四海为家的人生道路：走出了闭塞的故土，越过了大山的阻挡，眼前豁然开朗，于是走出了徽商这个闻名全国的十大商帮之一。经商的道路崎岖曲折，尔虞我诈的商场更如战场一样残酷，但他们凭着山里人吃苦耐劳的精神，在新天地里审时度势，抓住机遇，活跃了商贸，白花花的银子源源不断运往山里，一幢幢“粉墙黛瓦马头墙”的徽州民居耸立在青山绿水间。《管子·小匡》：“士农工商四民者，国之石民也。”虽为国之柱石，毕竟商为末流，其社会地位可想而知。因此有了强大的物质基础，就要寻找精神家园，对文化的渴求、对官场的膜拜，是多数徽商的梦想，于是徽州人经历了由商而士、由士而仕、由仕而贵的蜕变过程。苏州与徽州关系深厚，来自徽州的汪氏、潘氏、程氏历经数代人的奋斗均成为苏州的名门望族。

人们在经营事业和家庭的过程中形成了大量的档案资料，见证了徽州人做生意、过日子、入仕途的艰辛而辉煌的历程，它们是家族发展的实录、人情来往的账本、情感慰藉的良方、买卖交易的记录、维护权益的凭证，蕴含了丰富翔实的个人信息、商业信息、文化信息和社会信息。而千百年来，这些藏于民间的文献往往为正史所忽略，任其自生自灭。人们更多地从小说野史中粗略了解他们的生活常态，节俭、吝啬、能干、会算计、两头大诸如此类的词语似乎成了徽商的代名词。对苏州人来说，最熟悉的莫过于长篇评弹《钱笃召》中的徽商汪宣，此公在苏经营典当行，又看上了钱笃召之女，引起一场风波，最后也戴上红顶子。汪宣作为艺术形象，成了众多徽商在世俗社会中的缩影。《千山夕阳》以严谨而细致的笔墨描绘了徽州商人的发积起家、驰骋商海、练习武艺及以小说怡情折射社会的种种往事，还原了徽商的生活本真和百味人生。最具感染力的莫过于《鱼雁留痕——传统时代的情感档案》，行走四方的徽商，难得与老家的妻室相聚，因此“两头大”（即有两个妻子，在老家娶一个，在侨寓之地娶一个，不分大小）成为一种比较普遍的婚姻状态。王博士抄录的一封信函，异常生动地表现了徽州妇女的性格、机智、心态，当留守女士听到丈夫在外娶二房时，立马修书一封，怒斥道："如何大胆煳（胡）行？年纪有了四十，也须灭了火性，思前我待你恩情。如果有了此事，星夜赶到店中，骂一声'狐狸精贱人'，看你如何做人？……"含酸带怒，恩威并用，最后通牒回家日期，当然也不忘温情脉脉地叮嘱夫君"寒暑自宜保重"及归程舟中须注意之事项。这种流露夫妻之间的真情实感的喜怒哀乐的文字，想来官方档案中绝不会出现。尘封的旧事，已封尘了许久，却仍以其独特的魅力吸引着研究者，只因事真情真，客观地反映了不加修饰的个性化的世俗生活。

生活还在继续，历史还要书写。社会学、历史学的专家们开始聚焦现代社会的家庭档案，特别是有关书信、日记、账簿之类反映民众社会生活的文献资料。几所大学的学者与我联系，希望共同对目前保存完整的家庭档案进行开发研究，探索社会、历史研究的新领域。确实，这是一个非常有发展前景的研究课题，以苏州张寰和家庭为例，张氏家庭保留了大量的照片档案、家庭杂志《水》和年谱、族谱、书信、日记等宝贵的资料，上至十九世纪五十年代淮军将领张树声的历史事迹，下有二十一世纪新一代的稚童趣事，时间跨度150多年，涉及七代人，在围绕家事国事的图文中洋溢着血浓于水的亲情，蕴藏着深厚的人文情怀和一代代知识分子对国家、民族前途的关心，其史料价值、人文价值之高毋庸置疑，已引起海内外学者的关注。

民间文献只是史海一粟，但却是一座取之不竭的宝藏，有待于更多的王振忠去探索与发现，更有待于档案馆等公共文化机构深入民间，征集进馆，从而为更多的王振忠提供利用服务，最大程度地发挥民间文献的作用，为正史大餐增加新鲜的调料。

越过千山，梦里徽州，斜晖脉脉水悠悠。

（《千山夕阳——王振忠论明清社会与文化》 王振忠著
广西师范大学出版社　2009 年 4 月第一版）

话说《右铭方伯之官河北道叙》

2008年，恩师周少平先生生病住院前夕，将其收藏多年的《红楼梦》相关书籍和《右铭方伯之官河北道叙》相赠，说挂在书房。周师住院后，逐渐地转好，准备出院之际，突然出现并发症，就此告别我们。或许人对自己的大限有所察觉，才会有如此安排。这是我一直不解的。

《右铭方伯之官河北道叙》不是一篇普通的叙，是清代外交家郭嵩焘于清光绪六年（1880）送别陈宝箴赴任河北道时所作。这份已有130多年历史的珍贵档案品相完好，全文497个字，长40 cm，宽30 cm，左下角有“嵩焘”印钤，右上方、右下方各有一枚闲章。从清光绪六年至今，跨越了三个世纪，中国已走出积贫积弱的境地，步入了一个崭新的时代，实现了无数中国人渴望的民族富强的梦想。这篇叙文，没有客套的文字，表达了富有抱负却备受打击的郭嵩焘对陈宝箴的嘉勉和对国家时事的关切之情，也道出了为官者的素养。

郭嵩焘（1818—1891），字伯琛，号筠仙、云仙、筠轩，别号玉池山农、玉池老人，湖南湘阴城西人。道光十五年（1835），郭嵩焘成为秀才，两年后又中举，可谓年少得志。做了十年举人老爷，终于在道光二十七年（1847）得中二甲第三十九名进士，被选为翰林院庶吉士。人生道路往往因为某个偶然的因素而改变，此时的清朝刚被西方的洋枪洋炮打得晕头转向，又被乡村教师洪秀全搅得心力交瘁，郭嵩焘数次登门拜访丁忧在家的曾国藩，劝其组织团练，对付太平军。曾国藩组建湘勇之时，郭嵩焘出谋划策、募捐筹饷，成为其得力助手，颇受朝廷重用，而曾国藩、李鸿章、左宗棠一跃成为晚清重臣，自有他的功劳。反观郭嵩焘，由于他的个性耿直，宦海生涯几起几落。光绪三年（1877），他被任命为清政府驻英法公使，成为中国第一位驻外使节。游历海外，视野自然不同于只知在庙堂上“喳喳喳”的同事们，他主张搞洋务，将沿途见闻写入《使西纪程》，称赞西洋政治制度，提出中国内政应该效仿西方的建议，这无疑给堂堂天朝大国脸上抹黑，随他出洋的副手刘鸿锡暗中告状，朝野哗然，郭嵩焘外派一年即被召回国，不幸还被扣上“汉奸”的帽子。

一个是失意在家的前辈，一个是春风得意的后生，失意的郭嵩焘与得意的陈宝箴相差15岁，他们有着为国效力的共同理想，且都与曾国藩有缘。陈宝箴（1831—1900），字相真，号右铭，晚年自号四觉老人，祖籍江西义宁（今修水），“少负志节，诗文皆有法度”，同治元年（1862），陈宝箴前往安庆拜见曾国藩，其文才韬略、实干能力深得曾氏赏识，被誉为“海内奇士”。光绪六年（1880）春天，清政府经历两次鸦片战争、太平天国运动的重创，已是千疮百孔，急需恢复元气，于是光绪皇帝诏告天下，要求各地推荐有用之人。陈宝箴经多名大臣推荐，进入皇帝的视线，受命“分巡河北”，官拜河北道，兼河务、水利，“行治河堤数百里，任重而位尊，名高而眷深”。陈宝箴在湖南声望颇高，湘人得知他将远赴河北而依依不舍，赋闲故里的郭嵩焘以叙文相送，“君习湖南久其行也，心若有不自释，湖南之人亦怅然于君之将去，此也天下需才急矣，非独湖南之人为然，由河北以至天下皆然。”湖南固然需要陈宝箴，河北也需要，天下更需要这样的好官。

在这篇叙里，郭嵩焘首先阐述了“知仁勇”三者的关系，所谓“仁者不忧，知者不惑，勇者不惧”，这三者是一个人知识、能力、感情、意志的集中体现，是儒家自身修养的标准。三者中，仁是核心，知是知仁，勇是行仁，所谓“仁者必有勇，勇者必有仁”。郭嵩焘见识过西方文明与思想，但传统的儒家思想根深蒂固，推崇“知仁勇三者，天下之达德”，“学素修而行素豫也”。其次他回顾了与陈宝箴相识相知的过程，“吾始闻陈君右铭之贤，继而与之言，则所知多他人所不知，及历之事又见其渊然悱恻之发，求当于物而后已，其行之也。甚果以决，久之，而君所治事，群湖南之人信而服之，又久之，而承望君之名则亦莫不顺而从之。”因此他认为陈宝箴具备知仁勇三者条件，其言行、其心气均体现了光明磊落、刚正不阿的高贵品德。最后郭嵩焘认为当今世上人才奇缺，知者不多，仁且勇者更少，一个官员只要具备其中之一便能成为“良吏”，陈宝箴无疑是杰出之人才。郭嵩焘理解“湖南之人流连咏慕、旁皇太息于君之行”的心情，但他认为陈宝箴应以天下为重，责无旁贷地肩负更重要的使命。

行文至此，想到虽然时代不同，但为官之道还是有相似之处，比如为国家的繁荣昌盛、为民生福祉做个好官良吏的目标是一样的。

半世风流孽海花

苏州是状元之乡，但被人记住的状元并不多。在光绪皇帝眼里“才猷练达，学问优长”的洪钧是唯一出使四国的状元，也是唯一运用外国文献编撰《元史译文证补》的历史学者，但他的出名并非其才华与成就，却与侍妾赛金花有关，而始作俑者是常熟人曾朴。洪钧、赛金花分别穿上金雯青、傅彩云的马甲成为曾朴《孽海花》中的男女主角。曾朴的《孽海花》蜚声中外，以文学家名垂于世，奠定了他在中国文学史上的地位。

沈潜、肖逸然笔下的曾朴是个多情深情的男子。园林是最适宜花前月下谈情说爱的场所，曾朴与丁氏表姐情窦初开于曾氏虚廊园，双方父母默许他们的卿卿我我。看似一段佳缘却因少年曾朴的神智迷离和偷情放纵而夭折，表姐另抱琵琶，从此天涯海角。天不老，情难绝，从此思念与忏悔伴随着曾朴一生，表姐的影像挂在他的卧室朝夕相伴。1927 年，年届五旬的曾朴创作了自传体小说《鲁男子》，他借助小说将那段刻骨铭心的无以释怀的缱绻一世的恋情公诸于世，祭奠终将远去的青春，告慰地下的表姐。初恋使他懂得两情相悦之纯美，与汪珊圆的婚姻则令他深感家庭生活之幸福。汪珊圆系出名门，其父汪鸣銮与曾朴之父曾之撰是好友，门当户对，才子佳人的婚姻受到了亲友们的祝福与期待。然曾朴心系表姐，迫于父母的压力，强颜欢笑与汪珊圆成婚，新婚之夜狂饮醉酒，不入洞房。遭遇冷落的新娘若无其事，礼数周全，大家闺秀知书达理的品性感化了曾朴，毕竟他是个心底柔软的人。造化弄人，结婚十四个月后，汪珊圆产下一女，母女先后亡故。恩爱夫妇一旦长离，“我将安依”?《悼珊六首》是才子多情而哀痛的声音。曾朴又填了一阕《南乡子》，寄托他的怀念与惆怅：“昙形忒温柔，拚要从今不注眸。魂会追寻心会记，难丢。红烧冰绡冻不流。谁道此生休？也倚银灯伴我愁。你自伴侬侬伴你，悠悠。倒无离恨挂心头。”妻女之死使他心灰意冷又满腔悲痛，以致走进会试考场后，故意“墨污试卷”，自我终结“仕途”。为情所伤的曾朴把对亡妻的思念都化在了名为《雪昙梦》的传奇里，戏说着甄逋生与王镂冰夫妇的悲欢离合，渴望着与汪珊圆再续前盟。诚如作者所讲，“从开场到高潮，《雪昙梦》始终贯穿了作者对亡妻至深至切的缅怀之情”。风花雪月，你情我浓，都抵不过传统礼教与生老病死，离愁别恨奈何天。从《鲁男子》到《雪昙梦》，从初恋到发妻，曾朴深深地爱恋着她们，以文学方式祭奠她们，让她们在文字的世界里永恒。

作者通过曾朴的小说及其《病夫日记》来分析解剖曾朴与表姐的情感纠缠及悲剧产生的原因，以及与汪珊圆婚后生活从隔阂到和谐的转变根源，反映曾朴情感的丰沛而激越，细腻而敏感，以及其本质善良淳厚的特征。这种情感丰富的鲜明个性，加之旧时代文人的习气，注定曾朴的情感路上故事频现，如与续弦沈香生“感情起了裂纹，忽然迷恋张彩鸾……，遇到俞意珠，性情温柔而含忧愁性，有一种天然的融合”，白玫瑰与红玫瑰各有千秋，都令曾朴欢喜动情。曾朴平生得意的快事就是花八十两银子买的一个婢女——小凤仙，却阴差阳错与蔡锷走到一起，“间接推翻洪宪皇帝袁世凯”。生命中的相遇或者偶遇，都被曾朴珍视过善待过，且激发了他的创作冲动，丰富了创作题材。

作为世家子弟，自幼接受传统的“学而优则仕”的教育，曾朴应该走的是官道，光宗耀祖，但颇具孤傲狂放个性的曾朴注定志不在官场，他说：“男儿快意动千秋，何用毛锥换貂珥?”“君不见苍松古柏盘屈于云霄，安能局促泥涂日与荆枳比”。诚然曾朴也关心时局，支持维新变法，关心立宪，数度在宦海沉浮，但终究无缘政坛，诚如他自己所言：“我的做官，是我的意志吗?不过环境驱迫出来的几出要猴戏罢了，这是我生活里的几页苦闷史”。作者在充分掌握史料的基础上，比较全面地梳理了他的家世、情感、仕途、文学创作，尤其客观评价了传主的人生亮点及其在文化传播、文学创作与翻译方面的影响力与历史地位。曾朴逝世后，好友们纷纷撰写挽联，包天笑有“文章惊海内”之句，柳亚子则写“大笔果淋漓，野史一篇传孽海；老成又凋谢，文宗千古仰虞山”，词坛家、昆曲家吴梅的“平生事业鲁男子，半世风流孽海花”的挽联最引人注目，他们称道曾朴在文学上的贡献与成就。确实，文学是他一生的挚爱，是他实现灵魂归皈与精神救赎的利器。

曾朴在心理上与官场保持距离，但从少年时代就与官场中的亲朋好友交往频频，叔伯兄弟、闻掌故都被他描摹到《孽海花》这部划时代的小说中。《孽海花》描写社会动荡与文化嬗变中达官名人的价值取向，反映了以金雯青（洪钧）为代表的从陶醉天朝大国到睁眼看世界的心路历程与人生际遇。兼因由于描摹的上流社会人物对应着生活中的真人，成了轰动一时的小说。蔡元培称《孽海花》“最配合我的胃口了，它不但影射的人物轶事多，为从前小说所没有，就是可疑的故事，可笑的迷信，也都根据当时一种传说，并非作者捏造”。蔡元培的同乡鲁迅在《中国小说史略》中评价《孽海花》“结构工巧，文采斐然，则其所长也”。又将它与李伯元的《官场现形记》、吴趼人的《二十年目睹之怪现状》、刘谔的《老残游记》并称为晚清四大谴责小说。

同时曾朴致力于以雨果作品为主导的法国文学翻译工作，取得了不俗的成绩。张元济评论：“当年翻译外文，只有闽县林琴南的古文和常熟曾孟朴的白话，才能合乎理想要求”，商务印书馆开出了千字十六银洋的最高标准。翻译雨果的作品，使曾朴找到“一种政治理想、文学观念、精神气质上”的共振共鸣，尤其是浪漫主义的情怀，两人如出一辙。创作、翻译及创办《小说林》《真善美》杂志及真善美书店，曾朴沉醉在自己的文学天地里，培养了一大批作家，同时又密切关注新文化运动，鼓励胡适等后辈，中肯指出新文学的问题所在，胡适称他为“梦想改革中国文学的老文人”。

曾朴认为“真正的文学，是超时间的”。这也是经典之所以永远成为经典的缘故制。

士林的气节与牌坊

历史学家余英时的《方以智晚节考》一书并不是一般意义上的人物传记，他通过研究方以智在明朝灭亡后的生活与思想，“揭开当时遗民士大夫的精神世界一角，因为明、清的交替恰好是中国历史上一个天翻地覆的悲剧时代”。悲剧的时代必然催生悲剧的人物、演绎悲剧的故事，钱谦益、柳如是就是悲剧时代的悲剧人物的代表。陈寅恪呕心沥血十年为柳如是立贞节牌坊——《柳如是别传》，牌坊应该授予那些贞妇烈妇们，与集才情、美貌、侠义于一身的烟花女子无关，吴宓说老朋友此举绝非消遣无聊之作，是“藉以察出当时政治道德之真实情况，盖有深意存焉。”

悲剧时代的柳如是们俘获了才高八斗、风流倜傥的钱谦益们，上演了一场场情感大戏，围绕着儿女情长、诗酒酬唱、醉生梦死、民族大义、隐逸江湖等剧情达到高潮、跌入低谷，及至春水东流不复回。三百多年过去了，士姬们继续在简雄先生的《浮世的晚风》中复活，钱谦益、吴梅村、侯方域、冒辟疆、陈贞慧、方以智、孙临、茅元仪这些胸怀大志的男一号在艳遇与沉沦、气节与挣扎、隐逸与无奈中纠结，或郁郁不得志，或淡出江湖，或以死抗争，无一不以悲剧收场，这并不是他们原来的人生梦想。他们打做娃娃起就接受“修身齐家治国平天下”的教育，一心一意要货与帝王家，但是天崩地裂的时代没有给他们这样的机会，即使像钱谦益这样有功名的人，也因党争之祸虚度数十年光阴，在官场几进几出，稍不留神就差点被对手置于死地。才华横溢的钱谦益作为东林党领袖、江左三大家之一，其士林地位与文学成就得到朝野公认，却因抵制不住权力的诱惑，梦想“建功立业”，先依附南明后出仕清室，终被列入“贰臣”名册，官方与民间在其生前身后都给予了无情的批判。与钱谦益齐名的龚鼎孳、吴伟业分别以顾及爱妾顾媚、父母生死为由归顺了大清，至此江左三大家统统失掉了名节。与此同时，自崇祯十七年三月十九日明思宗自尽后，汉族士绅官吏纷纷“以死殉烈皇帝”，他们不作任何的反抗，以自杀作为最荣耀的归宿，从而被后人们贴上所谓千古忠臣的标签。余同元先生在《崇祯十七年》一书中说：“自原始儒家就开始精心编织的政治体制，君君臣臣，无可逾越，早已宿命般规定好了中国知识分子的悲剧人生”。

降或不降，偷生或者自杀，风流才子们都可以作出自己的选择，江左三大家选择了归顺清廷。归顺之后是痛苦，而官道依旧不顺，只有红豆山庄的生活还能给钱谦益带来苟且偷生中的一份安逸与舒畅，即使柳如是红杏出墙，钱谦益也大度地说男人们尚且无法守节，何必要求一个弱女子呢？钱谦益的一生充满悲剧，大明王朝并没有给予他充分施展才能的舞台，从大明王朝的打压到南明小朝廷的召唤，从归顺大清到反清复明，其间反复变化，固然有个人性格的弱点，更有长期压抑后发出的“货与帝王家”的心理需求，这是简雄的客观叙述。中国士林特别讲究名节，失节的士子们内心经受着怎样的折磨，吴梅的遗嘱表明了他的心迹：“吾一生遭际，万事忧危，无一时一境不历艰苦。死后敛以僧装，葬我邓尉、灵岩之侧。坟前立一圆石，题曰‘诗人梅村之墓’。勿起祠堂，勿起铭。”诗人是他的身份，更是他的本色人生。与康熙皇帝“合作愉快”的龚鼎孳不遗余力地善待士子、提携士子，其所作所为“传递的是易代士林无法言说的痛苦”。冒辟疆“失节”参加考试，悔青了肠子，室取“壮悔堂”，不到四十就郁郁而终。相比之下，陈慧贞、方以智、孙剑等士子们虽有江山易主后的痛苦，却少了钱谦益们失节后的自我谴责与内心煎熬。在那个时代要么归顺，要么逃逸，要么自杀，要么抵抗，任何一种方式都是残忍的，都是痛心的。

明朝的丧钟早已敲响，党同伐异，崇祯在位十七年用了五十相，如此频繁的人事变动透露了皇帝的“猜忌狂”。士子们的路在何方？他们徜徉在秦淮河畔，沉醉在温柔乡里，放浪形骸，恣意人生，暂时忘却名利场中的苦闷，这种方式也是中国历史上男性的另面生活。中国夫妇之道提倡相敬如宾、举案齐眉，如宾客般相处的夫妻多了礼仪少了浪漫，除了共同完成传宗接代的任务外，男人们从花花世界中寻找慰藉。畸形的中国社会培养了专职的才貌俱佳的姬们，空虚、失落、失意的才子们往往与她们一拍即合，诗酒唱和，情意绵绵，从薛涛、鱼玄机到柳如是、顾媚，才子们寻找红颜知己，名姬们寻找从良的机会。柳如是等来了钱谦益，董小宛追到了冒辟疆，葛嫩追随孙临誓死抗清，陈圆圆几易人手，卞玉京与吴梅村、李香与侯方域都有缘无分，……这些明末清初交际圈中的名角在《浮世的晚风》集体亮相。纵然她们的气节不让须眉，也只能嫁鸡随鸡；纵然她们才情出色，也只是男人们的陪衬，姬的特殊身份以及社会对女性的歧视，令她们的命运犹如大海中的一叶扁舟，一遇暴风骤雨，随时被汹涌的波涛吞没，其结局比男性更为悲惨。

简雄先生以丰富的史料为依据，以文学叙述的方式，结合当下的语言风格，还原晚明士林的思想、风向和生活场景，那段沉重的历史不可逆转，在舒缓的笔调中渐入佳境。《浮世的晚风》貌似一幕幕士姬们的情感戏，热热闹闹，却关乎着士子们的理想破灭与气节、名姬们的人生归宿与牌坊。

易代之际，生或死、士或姬，都不易，高墙里的自由盛宴昙花一现。

（《浮世的晚风》 简雄著　古吴轩出版社 2015 年 1 月第一版）

易代之际无路可逃

清光绪年间，住在苏州的沈秉成、李鸿裔、顾文彬、吴云等官员们退隐林泉，过着潇洒率性的生活，他们以真率会之名举行雅集，游园赏花、鉴别书画、吟诗作对，推盏换杯之间自然少不了风月场中的女子助兴。她们以侑觞、茗谈、文艺交流的方式活跃气氛，张之万戏赠名为双凤的美姬一联：“双手撩人春十笋，凤头勾客月如弯”，顾文彬嫌其俗气，改为“双手弹筝春十笋，凤头蹴鞠月初钩”；顾文彬为美姝蕙卿撰写嵌字联：“戏评花谱题红蕙，细拣箫材选绿卿”；盛康的侧室因为他另纳欢场女子而河东狮吼，搞得他颜面扫地……士绅们的文艺活动、冶游生活以及支付这些女子的出局费用都被顾文彬一一记在日记中。这些人物的“正史”中绝不会出现狎妓之类的风流韵事，但纯属私人的文字里留下了他们的另面形象。

日记是个体生活的实录，较之笔记之类更为可信，然笔记之类的作者如果不带个人好恶、以其亲历见闻来客观描述人物与事件，且有相关文献互为印证，那么笔记完全可以弥补正史记载之不足，且更为生动地呈现大历史背景下人物命运的跌宕起伏和庸常生活的细枝末节，使历史更具纵深度与横断面，更接近事实本真。日记、笔记之类如同一面哈哈镜，照射出社会与个体的多面形象，构成社会活动的完整内容，丰富了历史画面与个体印痕。简雄先生在研读七十余种明清笔记的基础上，详加考据，从中提取寇白门与朱国弼、杜韦与范允谦、李成梁与郝文姝、吕宫与蒋四娘等人物故事，继《浮世的晚风》后再次推出新著《浮世悲欢——明清笔记小说中的士林冶游生活》，借助浮世之际的悲欢离合描写各式人物的爱恨情仇与命运沉浮，易代之际的艰难抉择与醉生梦死，世风日下后的士林分化与价值取向，生动展示了明清士林冶游生活的真实图景，无情揭示了封建皇权下士林精神的日趋没落。

自古以来涌现无数烈女、节妇，她们作为传统优秀女性的代表载入史册，被后人铭记与颂扬，尽管她们的酸甜苦辣绝不是一座牌坊和一段文字所能概括的。与之相反的一群女性——娼妓，作为道统的批判对象，入不了主流社会，挣不来贞节牌坊，却获得主流社会及其边缘的士林阶层青睐，她们身边不乏追随者，也因文字因缘，不少美姬如贞节女子般名垂青史。世人熟知的秦淮八艳之外还有不少有名或无名的美姝在时人的文字里留下印记，或许她们没有柳如是、董小宛、陈圆圆那样显赫的声名，但她们的命运何其相似，绝大多数人以从良为人生最高目标。作为从事出卖色相或才艺的特殊人群，她们依附男人而“合法”存在了数千年，相互依存，各取所需；作为社会生活的一部分，她们并非孤立的群体，总是不由自主的被时代裹挟而淹没在岁月的尘埃里，但由于文人骚客的推波助澜，尚且遗留些许影子。西方一位哲人说过“存在的都是合理的”。这里暂且不用当下的道德评价体系讨论娼妓存在的合理性，先说说封建社会，其实这是一个知识结构单一、上升通道狭窄而导致文青过剩的时代，读书士子可以通过科举成功而封侯拜相，既可为官做文两不误，更可以成为诗词名家、学者史家，纵然成不了苏轼一辈的大家人物，他们用笔记录耳闻目睹或亲历之事，留下的诗文、笔记、小说汗牛充栋，士林冶游的故事得以流传。诚如简雄所言“名姬背后的推手是名士”，她们的成名得益于这些时代过剩的文青们。

简雄认为“明中叶以降，士林充分利用自己受教育的背景，通过著书立说、交游结社、清议雅集等形式，以及标新立异，张扬狂狷的做派，深刻影响了社会风气和社会变迁”。确实，士林通过他们的言行，试图掌控社会的话语权、文化的主导权，甚至左右朝堂的决策权，东林党等民间社团就是最好的例证。他们通过醉卧花丛的形式张扬个性，自我肯定，追求身心解放，寻求心理的慰藉与成功的满足，深刻影响着社会风尚。传统的“修身齐家治国平天下”思想像紧箍圈一样自小被套在读书人的头上，“学而优则仕”是他们不懈的终极目标，一旦“货与帝王家”既可以实现人生理想，又能进入主流社会，但现实是残酷的，历朝历代仅有少数人通过科举考试而进入官场。大多数读书人铩羽而归，十年寒窗付之东流，即使步入仕途，一不小心就遭罢免，甚至惹来杀生之祸。清代诗人沈德潜六十七岁得中进士，生前得到乾隆皇帝的恩宠，死后受文字狱牵连而遭到平坟的“待遇”。士子们失去上升空间，或开馆授徒，或做个幕僚，或悬壶济世，或热衷于书画艺术、文学创作，诗词笔记是他们的拿手好戏，英雄总有用武之地。中国自古文人有狎妓的陋习，女性是他们解忧消遣的尤物，是他们卖弄才情的对象，抑或成为他们的红颜知己，弥补家庭生活缺乏的情趣。他们讴歌中意的风尘美眉，宣传她们的才华，从她们身上折射出他们的另一种面相。

尽管娼妓这个营生并不光彩，但士林阶层或者显贵之家并没有完全轻视她们，有的甚至娶她们为妻妾，如保国公朱国弼迎娶寇白门，晚明名将李成梁纳郝文姝为妾，并视其为得力的秘书；有的在她们落难时想方设法营救，如才子袁枚为名妓金蕊和戴三而求助苏州、镇江地方官员；康熙年间发生陆元公纳妓为妾却被诬告强占人妻案件，富有浪漫情怀的苏州知府杨朝麟以一首格律诗作为判词，将诬告之人“枷号示众”；更有性灵派的袁中道为帮助新安少年纳妓为妾代写打动人心的书信……从《浮世悲欢》梳理的诸多事例中可以得知，风花雪月和红袖添香是士林冶游生活的重要内容，当道给予包容与“包庇”的态度。作为一个奇特的组合，士林与美姬本质上有一些相似之处，他们都想练就十八般武艺，一个渴望货与帝王家，一个千方百计获得“恩客”的青眼，因此他们相互依赖与欣赏，切磋文艺，并观照到彼此内在的脆弱。从康熙年间对士林雅集结社的宽容到乾隆年间文字狱的兴起，为远离庙堂避免危险，士林更热衷于无关大雅的风月，其规模甚至超过晚明，士林阶层的颓废与堕落可见一斑。然而在简雄笔下，清代欢场是前朝的翻版，但“文化品质大为下降，琴道、诗思少见踪影，名士悦倾城故事大减……可以看出明清五百年，社会周期性震荡的结果，并没有造成任何文化意义上的进步，而不过是历史的又一个轮回而已”。换言之，士与妓的文化品质没有提升，反而倒退。试想没有高品质的士林阶层，怎会出现高素养的风月场所？柳如是等前辈的书画、手札到了晚清依然受到士大夫们的追捧，她们的诗词作品更被时人收集刊印出版，而此时，柳如是那代人属于过去式，复社四公子已成为一种传说。

中国传统知识分子鲜有独立之精神、自由之思想，他们依附于封建皇权生存，以与其的远近亲疏作为衡量成功与否的标准，以“立德、立功、立言”严格要求自己，他们的眼光始终关注高高在上的庙堂，即使身在江湖，风月场是他们暂时逗留休憩与宣泄情感的驿站而已。一旦遇到朝代更迭，带给他们则是毁灭性打击，男人的气节与女人的贞操一样重要，始终作为评判黑白、是非的标准，降清的文学大家钱谦益终究没有逃脱被列为“贰臣”打入另册的结局，从这点讲失节的士林与失贞的美姬没有两样。数十年后，曾经高举反清复明大旗志士们的后代也如先人们那样，胸怀治国平天下的抱负，走上大清的考场，追逐“货与帝王家”的梦想，先人誓死抗清，后人则积极合作，与现实握手言欢。清初人们强烈反抗留发不留头的苛令，及至民国初年遗老们宁愿拖着“猪尾巴”似的辫子以示对大清的忠贞。不同的时空下，面对性质相同之事，人们已是截然不同的心态与选择，就如意义重大的“气节”两字也是有时间节点的。时间是最好的药剂，可以治疗一切伤痛。士子们在封建强权长期驯服之后，即使心有不甘，也只得以标新立异的方式行走江湖，以诗酒美姬聊以自慰，实现庙堂与江湖、士林与风月的和谐共存。

因此，对士林阶层来说，如果不能在庙堂立功，就在江湖立言。他们吟几首诗，填几阕词，著几篇文，手中有几个钱，无须书号，就可以刻印流传，显满腹才华，舒心中块垒，发失意之愁，抒家国情怀，寻个人兴趣，重要的是还能博得美名传千古。官场不得志的俞樾一生埋头著述，成为一代经学大家，留下传世之作《春在堂全集》。余怀是简雄关注与研究的重要人物，对其晚年隐居苏州的时间、地点、交游等作了翔实而细致的考证，《浮世悲欢》多处引用余怀所著《板桥杂记》的内容。余怀晚年十分看重自己作品的刊行，作者认为他隐居吴门，“以卖文为生，著述自娱”，设法出版，既有出于生计的考虑，也有“立言留世”的愿望。在“立德、立功、立言”三不朽的人生目标中，人们总要选择适合自己的一款。余怀无疑是士子们的缩影。

《浮世悲欢》以明清士林冶游生活为研究主题，呈现了光鲜的历史画卷背后的另一番景象：庙堂之外士林驰骋江湖的侠骨柔情和英雄气短，美姝倾城背后的自在洒脱和凄惨命运，封建强权之下与时代嬗变之际任何个体如蝼蚁般任人践踏而“无路可逃”。在盛世的边缘，即使“英雄多情”“风月侠骨”，他们“琴画诗酒”“娱乐至死”，终究“江湖水深”，在无可抗拒与揣测的时代激变面前，有的抗争而死，有的隐逸江湖，有的合作妥协，无论采取哪种方式，都是一种无法回避而又徒唤奈何的痛彻心扉的选择。美姬们多数以悲剧收场，士林也好不到哪里去，时光终究不能倒流，庙堂只有一个，而旗号一直周期性地更换，无法立功建业的士子们除了沉沦还是沉沦，而“士林精神的式微首先是因为政治的黑暗与堕落”，简雄如是评说。

金戈铁马，造就英雄；浮世年代，士林冶游，与美姝们合奏了人生交响曲，欢乐与痛苦，缠绵与绝情，刚烈与愤慨，侠骨与背叛、琴心与铜臭……它们真实地回响在逝去的时空里，是边缘人物发自内心的哀叹，是士林阶层无可奈何的绝唱。英雄气短，美人迟暮，黄土一抔，埋葬了所有的往事，唯有文字尚有余温，历史并没有走远，人间的悲欢从未落幕。

（《浮世悲欢——明清笔记小说中的士林冶游生活》 简雄著
中华书局　2018 年 8 月第一版）

第2辑（兰台书屋）

晚清苏州官绅生活图景

——读《过云楼日记》

顾文彬（1811—1889），过云楼主人，字蔚如，号子山、紫珊，晚号艮庵。道光二十一年进士，历任刑部主事、湖北汉阳知府、武昌盐法道、浙江宁绍台道，词坛名家。《过云楼日记》是顾文彬从同治九年到光绪十年（1870—1884）十五年间宦游生涯与归隐故里的实录，涉及家庭生活、社会交往、诗词创作、怡园修造、过云楼收藏、官场活动等情形。

一

中国素有礼仪之邦的美称，五四运动后，减少不少繁文缛节，1949年之后破四旧的活动又使不少传统项目随之消失，人际交往也更为简单，除了婚丧生子大事外，一般鲜有礼金的支出。但在顾文彬生活的年代，传统节日多，朋僚交往多，大至祭祀神灵先人，其中涉及不少礼仪礼节，尤其是礼金名目繁多，花样百出。

顾文彬自同治九年三月初一离开苏州，到闰十月二十日接到补授浙江宁绍台道员的官职，数月的等待总算有了结果，而且这是个肥缺。《南京条约》签订后，宁波作为开放城市，经济文化比较发达，离苏州又近，因此到那儿任职，顾文彬十分满意。

在北漂的九个多月里，顾文彬交游甚广，有达官贵人，有同乡同年，临别之时总得有所表示吧。按清代官场惯例，地方官员进京都要给京官别敬，别敬之意即离别时的赠送，实则也是一种贿赂的雅称。顾文彬的好友冯桂芬在《校邠庐抗议》中说："大小京官，莫不仰给于外官之别敬、炭敬、冰敬。"夏天送的礼金叫冰敬，冬天送的礼金称炭敬，这三敬在当时的官场是一种合法行为，低收入的京官靠此养活全家老小。人在江湖，不能免俗，顾文彬也按习俗到各官员处辞别，顺便奉送别敬，仅十一月十三日，他拜访了夏同善、沈桂芬等三十二位，送给二十五人别敬，但沈桂芬等四人"仍璧还"。第二天顾文彬又"往各处送别金"，共送朱茗笙等八人别敬，只有李鸿藻未收。另外顾文彬还送给十八位小军机每人别敬"十二金"。顾文彬离京辞行之时，共送了五十三人别敬，退回的仅七人，可见接收别敬属于正常之事，退回别敬或许要看彼此关系的疏近与交情的深浅，还要他们个人的性格及自律。

恭亲王奕䜣对下属管教甚严，当顾文彬到恭王府拜访时，恰巧恭亲王不在，接待他的是恭王府回事处穆尔庚额号。顾文彬照例拿出红包送给他，不料对方婉拒，说“近日王爷不准收此，得日到寓来取”。据之后的日记，这位门房似乎并没有去取红包，恭亲王的“反腐”力度还是蛮大的，虽然管不了整个朝廷的大小官吏，至少他的手下不敢造次。但顾文彬刚到浙江时，就送出“门包四十四两改为茶仪，文武巡捕菲敬八两……禀事房赏犒九两”。

别敬之外，节敬、水礼、贽仪、程仪、赆仪等礼金名称出现在日记中，贽仪是为表敬意所送的礼品，赆仪是送别时的礼品，程仪就是路费。古代上级、亲友要远门旅行，作为下级或亲友，送给他一笔程仪用作旅途花销。赠送礼金既体现了当时官场的陋习，但也反映了个人的品性。顾文彬经常以赠程仪的方式帮助别人，其日记中记载的最大的一笔程仪是九百元，老师之孙从四川到宁波，向顾文彬“求借千金，赠以程仪五百元”。有一位叫张的旧相识生活贫困，顾文彬经常赠送礼金。

除礼金外，他们互相赠送的礼品范围极广，有生活用品、食品、酒席，也有高雅的书画、古玩等。但一般收礼不照单全收，总要退回一部分，这也当时的一种礼节。同治十年二月，顾文彬就任宁绍台道，先到杭州拜会浙江拜会上司和同僚时都送礼，送给浙江巡抚杨昌濬“京货八色，配以尺头十二端，仅受缙绅、京靴”，“送午峰礼，受缙绅；送子垣礼，未受；送子颖，受绣货、缙绅、干果”。

第二年春节，顾文彬到杭州拜会上司，送给杨巡抚“礼八色，收五色”，这件五件礼品中除鱼肚四片外，其他都是名家字画作品：唐伯虎画屏四幅、金冬心的《梅花卷》、吴云刻《双钩虞恭公》一本及刘石庵、梁山舟字册各一本，这些字画放在当下都是稀世珍品。但有时所送名人字画有真迹有赝品，他在日记中写得一清二楚，如送给连绪斋将军的绢本米元章山水立轴、唐伯虎人物卷都是真迹，王烟客山水六页册、恽南田山水十二页册皆赝品。当时的读书人都有一定的书画知识与修养，所谓琴棋书画都要学习，为官者基本上以功名起家，因此对这些高雅之物具有一定的鉴赏水平，书画、拓片、古玩等也作为普通礼品出现在人际交往中。

人际交往中除了送实物外，在当时流行还送戏助乐，往往是生日居中多，平时请客也会有戏助兴。顾文彬是个昆剧爱好者，而与他交好的李鸿裔、吴云、盛康、潘季玉等人也好这一口。同治九年二月十六日，顾文彬与盛康、吴云等人借湖南会馆公局演大章班。大章班与大雅、洪福、全昆剧福合称苏州四大昆剧老班，他们在苏州活动时主要看大章班、大雅班的演出遇到亲朋好友生日，客人送台戏作为礼物，主人也会隔日请大家听戏还礼，例如顾氏的好朋友汪秉斋母亲生日，大家凑份子相送小戏班、清音等礼，第二天汪还席，送大章班两席。宁波也以昆剧为主要戏剧艺术，同治十年三月二十二日，为庆贺顾文彬生日，“幕友、帐房友送戏，辞之不获，传老庆丰班来演”，第三日顾文彬自己出钱，“仍请老庆丰班，还请幕友、帐友”。因此无论是在苏州，还是在宁波，看的戏主要是昆剧，这也说明昆剧在当时的地位。

二

顾文彬属于懂得生活情趣、懂得艺术欣赏的一代词家，作为过云楼的第一代主人，有关收藏字画、玉器、钱币的活动是日记的主要内容之一。尤其是他在同治九年到京城等待复起的十个月里，跑遍了琉璃厂的古玩店铺，成为博古斋、松竹斋、论古斋、德宝斋、润鉴斋等的常客，或观赏、或购买、或请他们代售，王时敏、王石谷、傅青主、文徵明、唐伯虎、仇英、沈周等名家的作品都是他收藏的目标，其中讨价还价、鉴别真伪、欣赏过程等细节都被一一记录下来。特别是当以低廉的价位获得珍品时，其心情无比舒畅，日记中出现了“狂喜”“快心”等字眼。顾文彬在同治九年五月二十八日记道：“与论古斋议定《宋拓定武兰卷》、王石谷《十万图册》，价银八十两。近日快心之事，除军机进单外，此事为最……平心而论，即石谷册已值此数，《兰亭卷》只算平空拾得，论此卷价值，即三百金不为贵也”。松筠庵的心泉和尚雅好收藏、精于鉴赏，两人交往颇多，经常相互观赏书画作品，鉴别真赝，当心泉看到顾文彬新得的这两件宝贝时连说“值三百金”。顾氏还将《兰亭卷》出示给登门拜访的翁同龢欣赏，未见翁氏的评价。京城十月，顾文彬收获丰厚，他隔三岔五光顾古玩字画店，精挑细选，反复鉴别，文徵明的《秋林闲眺图》、唐伯虎的《墨石菖蒲盆立轴》、沈周的《长江万里图卷》、王石谷题王鉴《碧云山海图》、金冬心的人物画册、董思翁的山水小册、明贤诗札四十家等大量名家字画、旧拓流向过云楼。

“物之得与不得，洵有一定，不可强求”，顾文彬的这句话道出了人与物的缘分。无论在京城还是在宁波，他不时因为“价昂”而放弃心仪的书画，从第一次见到心泉和尚所藏释永《真草千文墨迹卷》就惊为“奇宝”，后数次观赏，两人一度谈好价格 150 金，顾氏也拿回寓所，终因“客囊窘涩，舍之而出，忠心耿耿，未尝一日忘”。直至第二年他已就任宁绍台道，嘱咐在京城的女婿朱研生以当初议定之价，再向心泉求购。“窃叹历来见此卷者，岂无好而有力者，顾皆弃而弗收，迟之又久，而卒归于余，固由翰墨因缘亦有前定，究由真鉴虽逢，因循不决，如此奇珍，失之交臂。假使余出京后，此卷竟属他人，悔将何及，既自幸又自愧也。”日记中详细地记下了初见、欣赏、收藏释永《真草千文墨迹卷》的过程，作品真伪的疑惑与价位的问题始终困扰收藏家，最终人与物的缘分决定了千文卷的归宿。失之交臂的遗憾也时常在顾文彬的笔端流露，多数是书画商或者藏家的出价超过了他承受的能力范围。

收藏书画的过程是一个斗智斗勇的过程，拼眼力拼实力，但最怕拼到最后还是买到赝品，顾文彬日记中屡屡出现“亦疑为伪，可见真识之难”“审定书画之难如此，总不宜掉心轻心耳”“作伪者千奇百怪，稍不经意，即受其欺”“书画介乎疑似者便是伪作”这样的文字，感叹辨别真伪之难。就如翁同龢见到顾文彬出示《定武兰亭》时，在当天的日记中亦写道“不敢定也”。朋友送来秦淮名姬柳如是的《五柳高隐卷》和顾横波的《梅兰竹菊图》给他鉴赏，前者有钱谦益、袁枚的题跋，后者由龚芝麓题引首、吴梅村题七绝于卷尾，对方要价二十八金，顾文彬只肯出十二金。之所以没有成交，价格不是主要问题，就如顾文彬所说：“即二十八金亦不为贵。余因无可印证，未给灼然无疑，故姑舍是。”面对一幅作品，往往从纸张年代及生熟（有纸本、绢本、绫本之别）、印章新旧、作者生卒年份、笔迹、风格等几个方面进行考证，即使顾文彬小心求证，细细品鉴，也有上当的时候，他曾在京城以二十金的高价购买黄公望的作品，这是他唯一一次“在京出重价而误收伪迹”。从《过云楼日记》有关书画作品收藏的记录，可以发现收藏家除了需要财力支撑外，更重要的还须具备深厚的书画修养。顾文彬本身具有很高的艺术造诣与鉴赏能力，身边不乏志同道合者，及时提供各种名家书画信息，相互品鉴讨论，提供参考意见。更为幸运的是，顾文彬的三子顾承是当时著名的书画家与鉴赏家，涉猎广泛，眼光独到，经手不少精品。当顾文彬与朋友金保三都不能断定黄庭坚书刘明仲《墨竹赋卷》真伪时，就将此卷寄往苏州让顾承鉴别，结果“决为伪亦”，可以说过云楼是顾文彬顾承父子合力的产物，顾承过硬的鉴赏力确保了过云楼收藏的品质。

三

《过云楼日记》除了记载顾文彬的收藏活动外，还有大量诗词创作、士绅交游、公务处理、慈善活动等方面的内容，听枫山馆的吴云、耦园的沈秉成、留园的盛康、网师园的李鸿裔、曲园的俞樾、拙政园的张之万兄弟等人的名字时常出现在日记中，互动频繁，从中可以一窥晚清的官场文化、社会风情、经济状态及晚清同光年间苏州私家园林的崛起。尤其是官绅交游的信息尤为丰富，他们成立真率会，以真诚坦率为相处之道，以自家园林为活动场所，以书画鉴赏、诗文唱酬、品茗饮酒为主要内容，雅集频频，自娱自乐，俨然成为引领苏州文化导向的大家沙龙。

真率会之名源于宋朝。北宋年间，司马光与王安石因政见不同而分道扬镳，司马光罢官回到洛阳，与故交挚友成立真率会，在《真率铭》中说："吾斋之中，不尚虚礼。不迎客来，不送客去。宾主无间，坐列无序。真率为约，简素为具。有酒且酌，无酒且止。清琴一曲，好香一炷。闲谈古今，静习山水。不言是非，不论官事。行立坐卧，忘形适意。冷淡家风，林泉高致。道义之交，如斯而已……"由北宋到晚清，朝代数次更迭，皇帝换了无数，但吴门缙绅名士的风雅不减当年。光绪元年四月，顾文彬辞病回苏，颐养天年，与亲朋故交交往颇多，真率会作为一个雅集的名字时常出现在日记中。所谓大隐隐于市，他们在城市山林之中追逐高雅风流的生活，仿古人结社宴游，诗酒博弈，诚如顾文彬所述真率会的主旨："坐无杂宾，肴止五簋。位以齿序，酒随量饮。礼数不拘，弗流放诞。庄谐并作，弗涉讥弹。酒阑之后，继以品茗，各出法书名画，互相欣赏。"顾文彬与苏州同乡彭慰高、潘曾玮，与客居吴门的浙江归安人吴云、沈秉成，四川中江人李香严，江西建新人勒方锜，构成了真率会中的主力队伍，也是《吴郡真率会图》中的七位男主角。兹将其他六人介绍如下：

彭慰高（1811—1886）、字讷生，癸卯举人，盐运使衔，浙江候补知府。

潘曾玮（1811—1889,）字季玉，字香严，号养闲，布政使衔，记名道，潘世恩之子。

吴云（1881—1889），字少甫，号平斋，晚号退楼，又号愉庭，精于鉴赏，金石书画，无不涉猎，是清代书画家，官至苏州知府。

沈秉成（1823—1895）字仲复，自号耦园主人，进士出身，授编修，喜收藏，精诗词，官至苏淞太道、安徽巡抚、两江总督等要职。

李鸿裔（183—1885）字眉生，号香严，又号苏邻，举人出身，官至江苏按察使加布政使衔，官兵部主事。工诗文，精书法，临抚魏、晋碑铭，无不神形毕肖。

勒方锜（1816—1882），原名人璧，字悟九，号少仲，江西南昌人。清代词人、书法家。举人出身，翰林学士，官至江苏按察使、贵州巡抚、河东河道总督等职。

他们生活的时代照相技术还没有流传到中国，请画家“画照”是留住个人形象的最好方法，顾文彬非常热衷于请人画像，无论在苏州还是在宁波，他经常请画家为其与家人画照。光绪二年六月，他又请广东人林翰池画了两张“照片”，“画宗西法，用油漆画于洋布上，远望凹凸毕现，神态如生”，这幅所谓的画照就是一幅人物肖像油画。

如果说《真率铭》以文字的形式让后人了解了司马光们的真率会，那么吴中真率会则以画的形式定格了这段风雅往事。顾文彬在自编年谱中及日记中均有记载，光绪五年他与勒方锜、潘曾玮、吴云、沈仲复、李鸿裔、彭慰高诸同人“集真率会觞咏之叙，互相举行，倩胡岫云写照，各执一图”。《吴郡真率会图》就是顾文彬出面邀请胡岫云所画，再请著名画家任阜长补图。由于所画七人均为正面形象，略显呆板，于是他请任阜长补画三个“僮于坐隅，一摘阮，一抚琴，一吹笛”。由吴云、沈秉成、李鸿裔、潘遵祁等人题咏的《吴郡真率会图》（怡园藏卷）真实地表现了以上七老悠闲自在的神情与交游场景。

随着勒方锜、沈秉成重返官场及吴云等人先后谢世，真率会人员也有所变化，吸收了潘谱琴、潘遵祁、吴引之、吴语樵、任小园等新成员，这些人之前就与真率会成员来往密切。由于光绪八年八月爱子顾承的过世，及后来二孙、长孙相继病逝，顾文彬深受打击，其日记写得十分简单，没有真率会的记录。是他没有心情参加，还是没有举行活动，亦或他参加了没有记录，这成为一个谜，有待考证。直至光绪十年四月十二日，再次出现“七老真率会”雅集，到者顾文彬、彭慰高、潘遵祁、潘曾玮、蒋德馨、吴引之、吴语樵，“期而未至任小园”。

《过云楼日记》中除了真率会的活动外，顾文彬与盛宣怀之父盛康、张之万等也交往，诗酒唱酬、听戏博弈、鉴赏书画是他们的主要活动。

《过云楼日记》内容包罗万象，它不仅是一部反映作者文艺修养、兴趣爱好、宦海生涯的私人日记，更是研究晚清官场文化、社会风情的原始史料，全方位展示了晚清官绅交游的图景。

（《过云楼日记》 顾文彬著　文汇出版社
2015 年 4 月第一版）

解读《过云楼家书》的密码

由苏州市档案局（馆）和苏州市过云楼文化研究会点校的《过云楼家书》于2016年11月正式出版，此书收录了顾文彬北上京城候缺及出任宁绍台道期间写给儿子顾承的书信527通，起止年代为同治九年（1870）三月至光绪元年（1875）四月。过云楼第一代主人顾文彬生活在没有网络的年代，唯有以“见字如面”的方式传达有关牵挂家人、教育儿孙和买卖书画的情感与信息。由于顾文彬时为宁绍台道，故其家书中有不少涉及官场交往、处理政务、收缴关税及海关边防等内容，因此《过云楼家书》除研究官宦之家的家风家教、人情往来、民风习俗和过云楼收藏经过之外，还从另一个侧面了解晚清的政治、经济和社会生活。

一

苏州过云楼因庋藏名家书画、古籍善本而闻名天下，前几年又因《锦绣万花谷》等珍本拍出了2亿的天价，再次引起社会轰动。过云楼收藏并非一日之功，而是一个漫长的积累过程，要研究过云楼的历史文化，自然离不开《过云楼日记》《过云楼家书》等文献资料，尤其是顾文彬与顾承的来往信函，更是详细反映了他们收藏书画碑拓、名人手札等精品的全过程。《过云楼家书》形成之期，正是过云楼藏品日渐丰厚之时，有关书画的来源、价格、价值和鉴赏，以及买卖过程都有详细记述。

买卖书画是顾文彬父子信中讨论最多的问题，占了家书绝大部分篇幅，由此可见书画是顾文彬官宦生涯外的精神与物质支撑。顾文彬受其父顾春江的影响喜爱书画，且有过之而无不及。书画不仅能陶冶情操，而且通过买卖还能获利。一旦将书画经营作为重要行当来做，那么掌握书画市场的行情对藏家来说非常重要，以便用最合算的价格在最适当的时机买进卖出。顾文彬在京城候缺等待复起的十个月里，经常光顾博古斋、松竹斋、论古斋、德宝斋、润鉴斋等古玩店铺，及时将京城的书画价目、流行情况等告知顾承，以便作好买卖的准备。除北京、杭州、宁波等地方外，上海也是他特别关注的地方，同治十年八月的家信中罗列了上海金莲生、金兰生、郑朗亭、齐玉溪、楼氏等处书画的情况，要求顾承一一寻访。当时顾氏收藏书画的名声已传播在外，因此那些做古董生意的人和朋友们经常会主动向他们父子兜售或介绍书画，以致顾文彬在信中骄傲地对儿子说："我与汝既具空群之目，复为登高之呼，各处尤物不胫而走。"同样一件书画，一旦卖家得知过云楼有意收藏，其价格必然上涨，故而顾文彬在书信中经常关照顾承购买书画要"以速为妙""先抢到手，省得与人竞争"。当他得知上海齐玉溪要出售书画时，立即致函顾承，说齐家佳物必多，"山樵、石谷两册，世间稀有，切勿交臂失之，更恐为捷足者得去，如肯脱手，亟须取归。"顾文彬求物心切，但又怕别人得知他的想法后居奇待沽，便要求顾承想方设法，"先将物取归，以杜他人夺取之路"。顾文彬先用自身的艺术修养来判断书画的优劣、真伪及其价值，又用商人的精明手段来获得心爱之物。纵观过云楼书画买卖过程，可谓斗智斗勇的过程。当然这是在确保真品的情况下才能如此行事。来之不易的藏品自然需要妥善保存，但又不能拒绝朋友们的观赏要求，伤了感情，故顾文彬明确一般的书画作品，吴云、潘香严等朋辈可借去阅览，但特别珍贵的只能到家中欣赏。在他看来，书画既怕沾染油渍，又怕水运中出现危险，"一则油具之污可虞，二则据舷之夺可怕，皆当防备"。

有一段时间，顾承对书画的兴趣不如先前那么浓厚，顾文彬颇为伤感，劝导儿子："书画一道，汝已阑珊，我尚高兴，汝何不从我之兴，踊跃从事乎？"某种程度上，他们既是父子，更是书画同道，父亲的财力支撑与儿子的鼎力相助成就了过云楼的传奇。他们经常在书信中分享鉴定书画真伪之经验，顾文彬一度认为对书画真伪的评判凭第一感觉，在同治十年十一月十二日的信中向儿子介绍鉴赏书画要诀："我最佩服金兰坡之言，曰以乍展阅时，一眼望去为准。此最初一念，所谓是非之公心也。及至反复审视，往往有搜寻出来之好处，然此已是转念，未免有回护之意，而是非之公心淆矣。执此以论定书画，十得八九"。随着经验与教训的积累，凭第一印象断定书画真假的想法得以改变，而是认为"观古人遗迹，必须虚心细审，若自执己见，一望便决其真伪，必有失眼之处"。顾承长期浸淫书画，自言鉴定书画"眼光如电，一闪便知真伪"。顾文彬借顾承曾看走眼沈石田作品为例，教育儿子要谦虚谨慎，必须心细如丝，才能万无一失。鉴赏力也是书画艺术修养达到一定高度才会具备，而虚心细心审看才能避免买到赝品或者错过真迹。比如，顾文彬当初并不欣赏恽南田的一幅山水画，画上出有霉迹，画面没精气神，过后发现这是恽南田仿黄公望"陡壑密林图，山川浑厚，草木华滋，竟是出色之作，题字超逸，亦与芝山图相埒，几失交臂"。全面掌握书画行情，及时做出准确判断，讲究谈判技艺是顾氏父子得以将珍贵字画一网打尽的主要原因。

顾文彬在《过云楼书画记》中说“书画之于人，子瞻氏目为烟云过眼者也”。任何个体在人类在历史的长河中都是沧海一粟，何其渺小，书画之物确如过眼烟云，然人与物相比，物是永恒的，而人才是物的过客而已。从大处讲，顾文彬所言极是，书画于人也是一场终究要散去的盛宴，然正是他对书画的痴迷与渴求才有了江南名楼过云楼的崛起。顾氏父子拼眼力拼财力，四外搜罗书画，且不断将收藏的中下等书画出售，“推陈出新，新得之物必皆上驷”，换言之，以赢利所得购买档次更高的书画珍品，使过云楼收藏精益求精。“红尘四合，烟云相连”，缘于顾文彬的执着及其子孙们的努力，才打造出过云楼书画王国，才使一个多世纪后苏州博物馆举办了轰动书画界的《烟云四合——顾氏收藏展》。而顾文彬留下的一部《过云楼家书》则揭秘了一件件书画作品的前世今生及其与顾氏的缘分，从中也可以一窥顾氏父子高超的艺术修养、雄厚的财力保障、独到的眼界、精明的经营头脑和强烈的市场意识。

二

顾文彬除酷爱书画艺术、擅长诗词写字之外，十分懂得生活与处理家事，私密性的家书如实反映他的思想与情感活动。对家人的温情是《过云楼家书》的看点之一，顾文彬在书信中对家人嘘寒问暖，细致呵护，严格教育，呈现他为人夫为人长辈的体贴、慈爱、严厉的多面性。

首先对妻妾有情有义。原配浦夫人病亡之时，顾文彬正在湖北任上，得知浦氏及两个儿子过世的消息后，顾文彬难以接受。之后再未续弦，而是纳妾侍候生活，以示对浦夫人的尊重。当年顾文彬进京做官时，浦夫人一路相陪，之后他重返京城旧居时，触景生情，告诉顾承："惟念及汝母与蟾仲夫妇，未免又生伤感"。浦夫人过世多年后，他又请人为其画像，以志纪念。他先后纳蒋氏（早亡）、张氏和浦氏为侧室，由于担心浦氏阻止他北上之举，故同治九年三月初二黎明，"潜令张姬同行，托言儿辈送我登舟"，浦氏蒙在鼓里。但顾文彬心中放不下浦氏，再三叮嘱顾承多加劝慰，并要儿孙多关心浦氏的身体，说"伊腹中素有结块，大约肝气所凝，倘或举发，仍须延医调治"。之后多封家信中提到浦氏的零花钱、佣人使用与日常起居生活等方面的安排，不得不说顾文彬是个多情周到的丈夫。张氏婚后七年没有生育，望子心切，郁郁寡欢，顾文彬见此，主动提出将顾承的幼子作为张氏的嗣孙，让她亲自养育，解其忧愁。

其次对儿孙关爱有加。他与浦夫人、蒋氏、浦氏育有七子二女，除二子一女夭折后，其余都长大成人。与浦夫人所生的长子、次子皆亡于咸丰十年，故对儿子顾承备加疼爱，在信中时时关心他的身体状况，并对用药提出建议。这种疼爱还延续到对家中产妇身体保养及哺乳育儿的具体指导上，全然是个充满生活经验的和蔼可亲的长者。在同治十年五月十四日的一封家书中，关心顾承及其妻子朱氏，他说："天气炎炎，切勿出门，恐致受暑。汝媳分娩在即，诸须小心，从前产后多病，尤宜预防也。"之后又来信关照："天气酷暑，汝媳分娩在迩，务须格外小心，着凉固不可，触暑尤不可也。"同治十一年七月二十日，三孙麟诰（顾文彬次子廷熙的次子，在家族行三，俗称小三房）再次添丁，这个名为则忠的男婴是顾文彬的第二个曾孙，他得知消息欣喜万分，牵挂孙媳与曾孙的健康，在八月的家书中叮嘱："小三房产母、小孩谅俱平安，饮食寒暖，必须加意调护，乳如够吃，以自哺为妙，若用乳妪，安能如自家小心乎？"顾文彬这一支人丁单薄，其父育有两子，长兄文荣幼殇，只有顾文彬承继香火，而今儿子辈只剩下顾承一脉和年幼的八子顾煦，长子又没有后嗣，人丁兴旺是家族的希望所在，能够四世同堂、后继有人是顾文彬所梦寐以求的。

再次对孙女教育有方。顾文彬阅历丰富，深谙处事之道和人情世故，当钟爱的大孙女顾麟保（小名大麟）即将嫁给好友吴云之孙时，在同治十一年四月的家书交代顾承："大麟出阁在即，我不能当面告诫，汝代为宜示。大麟素性尚为驯顺，此后务当孝顺重闱，敬事夫子，持躬宜俭，作事宜勤，谨慎为先，言笑勿苟，……其姑传闻略有脾气，尤须加意侍奉，切勿稍有违拗。况生我等阀阅之家，一切规矩礼貌，偶有失错，便要受人指摘，被人谈论，非同小户人家子女，可以恕其无知也。两家虽对衡望宇，无事不必时常归宁，彼家新妇，只此一房，自应常依膝下也。此虽老生常谈，而为妇之道实不外乎此。"看似严格而絮叨的训示，实质上是顾文彬对孙女即将开启新生活的切实关爱与指点。这段一百三十多年前的有关为妇之道的"训诫"今日看来仍有一定道理，孝敬长辈、勤俭持家、谨言慎行、增进家庭和睦，是当下每位家庭成员都要学习与遵循的。顾文彬多次强调"家庭之间，和气致祥，乖气致戾"，所谓家和万事兴，家风家教影响人的一生，也影响到家庭的和谐与社会的稳定。

三

如果说对孙女的教育更多侧重于妇德，那么对孙子辈的教育则着眼于"学而优则仕"的传统之道了，孙子们是否有出息将涉及顾氏家族未来的发展走向。顾文彬长期在外做官，无法亲自教导孙子辈，故经常在家书中隔空训导一番，对他们提出具体要求。顾文彬对儿孙辈主要体现在三个方面。

一要他们立志向上。所谓志即人生的目标，有了目标就有了前进的方向与动力。同治十二年十一月十八日，当顾文彬得知孙子们结束考试后荒废功课，没有作文，严厉警告，说“肯用功否，全在自己立志，志愿上进，自然埋头用功。志甘下达，自然游荡虚度”。他认为一个人若一定要老师来监督，那么用功的程度亦是有限的，换言之，外因须通过内因才起作用，内因即是个人的志向，它决定人们的言行。顾文彬在信中要求孙子们即使老师没来授课，也要“按期作文、作诗、写字，终日安坐馆中，不准在外游荡，若不听我言，荒唐如故，即作为不肖论”。

二要他们走科举之路。他多次在家书中严正指出必须“以举业为正宗”“与其捐监，不如入泮，为正途也”。顾文彬令顾承聘请品行端正的老师授业，认为“品行比学问更关紧要”，要求新请的业师吴培卿“严立课程，勿因学生年纪已大，从宽优待”，并指示顾承延师要送“聘敬”，辞师则要送“辞敬”，礼节周全，切不可忽略，对老师的尊重体现了顾文彬的重教与为人的理念。他认为一个人想要发达，须要预备发达的本领才行，故他以一个过来人的经验总结读书的最佳年龄在二十岁左右，这是一个人学习的黄金时代，过了这个年龄段，即使再勤奋努力，收效也不大，事倍功半，他要求孙辈“趁此二三年中，埋头用功，一气呵成，始不负天付好时光也”。读书写字是最基本的功课，他对孙子们作文写字提出具体规定，按期作文，大题小题“相间而做”，书课以“小楷为重，小楷为应制之要”，考试要用小楷书写，是必须要学会写好的技能，而“大字乃应酬之具”，练好小字关系自己科举前途，写大字是为别人助兴而已，轻重悬殊已然清楚。至于读什么文章，他也作出了具体规定：“以听雨轩所选天崇、国初两种为主，时下墨卷只可略罩正宜书院课艺。校邠诸君与我同考时所刻一部，其中佳作甚多，买一部寄来，俟我选出数十篇，令孙辈读之，必有进益”。曾在一封家书中接连提问题，诸如孙辈们谁学得最快、老师上课情形、能否按期作文、有无提高等等，关切之情跃然纸上。从读书、作文、写字、请师等各个方面提出详细的规定和要求，目的希望孙辈一举成名，获得一官半职，提升顾氏的社会地位，增强家族实力。

三要他们“讲究书画”。顾文彬再三要顾承督促孙子们“举业之暇”学习鉴赏书画知识，不要蹉跎岁月，因为书画是门大学问。顾文彬父子合力开创过云楼的书画事业，而孙子则属于守成者，较他们父子有福。所谓创业容易守成难，如果不懂书画之道，那么孙子们则是有福不能享，更有可能败掉辛苦打拼来的家业。掌握了一定的书画知识，就有利于将来书画事业的发扬光大，他直言不讳：“孙辈讲究书画必须认真，因保守与散去皆用得着。而我家积蓄，此项亦是大宗。否则我现在之极意搜罗皆成虚设矣”。对顾文彬来讲，过云楼书画收藏既有怡情养性的考虑，更有积累资本扩张财富的目的。除了他与顾承精通书画鉴赏之外，孙辈们尚且缺少这方面的能力，故而“以此为虑”，经常询问孙辈们研究书画的进展，家书中经常出现“此事汝等视为缓图，我却视为急务也”“务与孙辈讲究书画，切勿视为缓图”诸如此类的话。当他的想法与顾承产生分歧时，心里烦闷，略带指责的口吻说：“孙辈讲究书画，我视为要图，汝等皆视为迂图。诲尔谆谆，听我藐藐，我未如之何。以后收罗字画，殊觉心灰兴索耳”。责备的语气可见一位父亲、祖父的委屈与无奈，他屡次告诫顾承切不可因为孩子们对书画知识“难于领会而置之”。早在同治九年三月，他就制定研习书画的“章程”，要求顾承每月举行六期讲座，“按箱挨次将字画每期取出十件，令四孙环侍，汝与讲说，先论其人，次论其书法、画理，再论其价值。四孙各立一册，将所讲十件详记于册，自书分执。行之一年，必皆成内行矣。此乃要事，切须依我行之”。当时麟祥、麟诰、麟韶、麟元四个孙子已经长大，分别为 21 岁、20 岁、20 岁、17 岁，处于学习的大好时光，然顾文彬的良好愿望并未完全付诸现实，致使他产生不满情绪，时常在信中发泄一番。其实作为家族实际掌门人的顾承身上的压力与责任巨大，他既要掌管大家庭的日常事务，又要执行父亲书画买卖的指令，还得操心典当、收租等其他生意，之后又建造怡园和过云楼，故不可能将顾文彬这个董事长的每一个决策执行到位，父子之间的摩擦在所难免的。苦口婆心教育孙辈，无非希望他们光宗耀祖，希望他们成材，传承过云楼的文脉与家族的事业。

《过云楼家书》内涵丰富，涉及家庭、社会、官场等方方面面，而书画是家书中的关键词，因此《过云楼家书》是顾文彬父子有关鉴赏书画的谈艺录和书画买卖的生意经，体现了顾氏极高的艺术鉴赏能力和晚清书画市场的走向，以及过云楼成为江南第一楼的过程。顾文彬处理家事、教育儿孙等方面的书信，则传递以和为贵、勤俭持家、立志上进、严禁赌博等思想，这种良好家风的倡导与传承也值得今人学习与借鉴。

（《过云楼家书》 顾文彬著　文汇出版社

2016 年 11 月第一版）

诗情系丹青

顾文彬在《过云楼书画录》中表达构建过云楼、收藏书画的目的“前有以娱吾亲，后有以益吾世世子孙之学。”正因为过云楼定位明确，故顾文彬在致儿子顾承的家书中再三强调对孙辈们开展书画教育的重要性，要求他以过云楼藏品为教材，每月定期为他们讲解书画知识与书画家背景等等，提升他们的书画鉴赏水平与艺术修养，为过云楼的传承与发展提供保障。其时顾文彬以词家闻名，著有《眉绿楼词》；顾承是一代书画鉴赏大师，在协助父亲收购历代名家书画的同时，经常绘制书画小品馈赠亲友。及至顾承之子顾麟士，经过祖、父两代人的培养，如乃祖所愿，嗜好书画艺术，以家藏书画精品为蓝本，钻研六法，成为清末民初画坛一位大家。顾麟士年轻时放弃举业，醉心绘事，留下大量作品，或临摹历代名家作品，或为亲朋好友作画，或目睹春花夏风而自由创作，且承袭古风，在作品上题诗，诗情画意合而为一，增强绘画作品艺术鉴赏的同时，体现了他的文化修养及个人性情。然而随着时代的变化，传统画道日渐衰微，顾麟士的四子顾则坚（公柔）不遗余力收集、整理顾麟士的题画诗，其三兄顾则扬、五弟顾则奂在顾则坚过世后进一步厘定，遂成《鹤庐画趣》一书。

古人绘画，临摹前人之作是其学习的基本方法，五代的巨然、董源，元代的王蒙、倪瓒、黄公望、吴镇、赵孟頫、高克恭，明代文徵明、唐寅、沈周、仇英，清代的王时敏、王鉴、王原祁、王翚、吴历、恽南田等名家名作启示了一代又一代后来者，他们在继承传统书画艺术的基础上，创新发展，形成各个时代的风格。顾麟士比一般画家拥有更为优渥的条件，过云楼丰富的书画藏品为其习艺提供便利，而他通过临摹名人名作，研究画理与技法，汲取养分，并运用于实践。阅读《鹤庐画趣》一书，获知顾麟士临摹了董源、赵大年、黄公望、王绂等三十余位不同时期著名画家的作品，并了解他对古人书画作品的喜好及其追求隐逸脱尘的精神世界。他对王蒙的作品情有独钟，是《鹤庐画趣》反映的或临摹或评论最多的一位画家，尤其对王蒙的《松山书屋》《秋山萧寺》《青弁隐居图》反复临摹和题诗。王蒙能诗善文，工于书法，尤擅画山水，受到外祖父赵孟頫影响，又以董源、巨然为宗，自成一格。《青卞隐居图》描绘王蒙故乡弁山苍茫景致，山上树木茂密苍郁，曲径迂回，飞瀑高悬；山下隐士行居其间，一派旷远而清幽的风光，表达了画家对自然景观与隐逸生活的热爱。明末清初书画大家董其昌评价《青弁隐居图》"为天下第一"，顾麟士的观点与董氏相似，"细数叔明画，莫如青弁图。"他称王蒙"笔墨之妙不待言"，故屡次"用其法而仿写之，愿后之览者，勿以形似求焉。"1927年，顾麟士再次临摹《青弁隐居图》，并题诗："暖翠与浮岚，闲岭一峰趣。不信有人家，白云最深处。"《松山书屋》呈现层峦叠翠，五松之阴，茅屋两楹，高人独坐其间，"摊书于几，焚香于鼎"的画面。《青弁隐居图》《松山书屋》的场景无不体现了顾麟士对寄情山水、超凡脱俗生活的向往。顾麟士多次临摹陆广的《渔隐图》、赵孟頫的《桃花源》，表达了他厌倦红尘、归隐山林的思想，与其临摹《青弁隐居图》《松山书屋》主旨相似。

通过解读顾麟士临摹古人画作的诗跋可以探求其绘画艺术的传承脉络，而《鹤庐画趣》收录了他馈赠亲友题画诗，可以了解他的朋友圈。顾麟士先后为曹元忠、章钰、刘世珩、朱古微、吴昌硕等人作画题诗，既有曹元忠、章钰等挚友的应酬之作，也有为吴昌硕、朱古微作的生日贺礼，他以诗画显露才艺并联络情谊。曹元忠与顾麟士同岁，精于版本及校雠学，远在京城为官的他经常在书信中与顾麟士探讨秘籍善本，对过云楼庋藏古籍多有建议。1917年孟冬，顾麟士应曹元忠之请，为其祖父、吴中名医曹维坤精心绘制《平远楼藏书图》。平远楼是曹维坤的藏书楼，故顾麟士在题诗中称道："乔木百年述祖德，藏书万卷诵清芬。校雠天禄今臣向，别录编成却羡君。”因为艳羡曹氏祖孙的藏书事业，顾麟士也对“宋槧元钞”充满兴趣，不惜重金收购。顾麟士五十二岁之时，周绶夫为其绘肖像画——《禅悦图》，曹元忠为之题五言诗，其中有“君乃游方外，倏然改故装。虎头金粟影，僧帽玉山堂”之句，顾氏自己补景并题诗，表露他皈依佛门之意，他过世后以僧服归葬。顾麟士先后为章钰、刘世珩、朱古微、吴昌硕等绘制《四当斋勘书图》《枕雷图》《彊村校词图》《南山苍翠之图》，也应叶希明之邀为李子昭的《怡园琴会图》题诗，所有这些反映了他与版本目录学、古琴、书画等不同领域人士的交往，间接证明了过云楼收藏之广及其个人的价值取向。

《鹤庐画趣》收录的题画诗只是顾麟士诗跋的一部分，诚如顾则坚所言“父亲题画诗跋，兴到即书，未尝存稿……题画诗跋决不止此。”即便如此，《鹤庐画趣》令后世看到一个画家的勤奋、执着与才华，以及透过诗意文字所展现的画家的心灵世界。

（《鹤庐画趣》 顾麟士著　文汇出版社　2019 年 10 月第一版）

残稿断笺中的读书之道

二十世纪八十年代读大学时，首先做好上课笔记，将老师授课的主要内容与观点记录下来；其次就是做好读书笔记，或摘录书中内容，或写上几句心得体会，这可能是传统的读书学习方法。读顾麟士的《读书随笔》及其附录《鹤庐藏书志残稿》时有种似曾相识的感觉，但两个相差一个世纪的人所读书不同，只是做笔记的方法有几分相似。由于缺少顾麟士的年谱、日记等相关文献，对其生平所好知之甚少，比如他到底读了多少书？所幸随着顾麟士《读书随笔》的编辑出版，我们对他读书与藏书有了粗浅的了解。

作为晚清民国时期的著名画家，顾麟士读书庞杂，但他的关注重点仍在历代画家及其轶闻趣事的著作方面，故他的读书笔记均为书画方面的内容。从《读书随笔》一书可以了解顾麟士先后阅读《明皇杂录》《西京杂记》《历代名画记》《金台纪闻》《宣和画谱》《列朝诗小传》《图画见闻志》《艺苑卮言》《画理》等近四十种书，他从这些书中将画家趣闻，及其画技画理画风一一摘录。《痴翁泼墨》《舞剑助画》《醒后画地》《登楼去梯》几则故事叙述史忠、吴道元、顾骏之、李怀衮作画时的别具一格、别出心裁。如将军裴旻请吴道元画天王寺壁，吴氏提出："闻将军善舞剑，愿作气以及助挥毫"。于是人间就有了"舞剑助画"的佳话。顾麟士还记录了《东坡书扇》故事，苏轼做钱塘县令时受理一起民事诉讼，一家扇铺被告拖欠钱款。扇铺老板向苏东坡诉苦：因天久雨且阴寒，扇子卖不出去，实在无力偿还欠款。苏轼当即让他取来二十把扇子，"随意作行草及枯木竹石"，人们"竟以千钱取一扇，所恃立尽"。一桩债务纠纷就这样被苏才子轻松化解。《薛媛写真寄夫》则是讲述才女薛媛以一幅写真和一首诗挽回丈夫的爱情故事；《同能不如独能》表现张南本等画家独树一帜的创新求索；《数年一幅》体现了王绂面对权贵屡屡索画行径的机智应对；《云峰堪为画范》《目师华山》均表达画家师法自然的创作原则。读罢这些画坛轶事，或会心一笑，或陷入沉思，或增长知识，且因此了解画家既有不断探索艺术的执着精神，又有率性自在的处世之道。过云楼庋藏的名家画作是顾麟士求艺道上的范本，当他通过阅读而记录被名画淹没的画家往事时，他们的形象顿时鲜活生动起来。

元代画家黄公望是顾麟士崇拜的画家，黄氏的作品多次被他临摹或仿，在学习借鉴中提升自身的艺术水平。黄公望作为一代名家，根据自己一生的绘画实践，写成《画理》这部绘画“教科书”，有画山水方法、绘画六艺、杂画要义、杂画要义、画花卉鱼鸟之法、毛色处理，以及颜料选择与处理等方面内容，具有实际指导意义。顾麟士像一位虔诚的信徒，抄录黄大师的金玉良言，成为《读书随笔》的重要组成部分。

《读书随笔》是顾麟士关于绘事方面的摘录。作为附录的《鹤庐藏书志残稿》则是他所藏古籍善本的摘要。过云楼在顾文彬、顾承父子时代以藏书画楼为主，兼收藏印章、碑拓、泉谱、古籍等，到顾麟士手上加大了秘籍孤本和乡邦文献的收藏。《鹤庐藏书志残稿》将元《古今杂剧》、宋《皇朝名臣续碑琬琰录》、宋《锦绣万花谷》等49种著作的作者、编纂年代、卷数、版本，以及流转情况、收藏印章等逐一记录，《皇朝名臣续碑琬琰录》《注咏史诗总一百五十首》《历代地理指掌图等》的名家题跋也被抄录于后。《注咏史诗总一百五十首》一度被礼士居收藏，黄丕烈在跋语中写下嘉庆六年收藏此书的全过程。著名藏书家鲍廷博花了二十年时间，遍访各地藏书家，为其所藏《皇朝名臣续碑琬琰录》补齐序目。顾麟士摘录的鉴藏印章，可以了解卢文弨的抱经堂、郑履准的凝云楼、毛晋的汲古阁、鲍廷博的知不足斋、金檀的文瑞楼、张燕昌的冰玉堂、汪士钟的艺芸书舍等藏书楼所藏珍本秘籍的流转。尤其值得一提的是明末清初藏书家、版本学家、校勘家季振宜，其藏书素有“富备甲天下”的美誉。过云楼收藏的《存复斋文集》《注咏史诗总一百五十首》《风雅遗音》《锦绣万花谷》曾是季振宜的珍藏。据民国二十年傅增湘在《国立北平图书馆馆刊》上公布的《顾鹤逸藏书目》记载，共有宋元明清刻本及精钞本539种，5000余册。傅氏自言“目录下漏注尚多”，由此推测过云楼的藏书“总量当在万卷以上”。

《读书随笔》及《鹤庐藏书志残稿》是顾麟士一生读书的缩写，是他了解前辈画家的笔记。纵然无法一窥顾麟士读书、绘画、收藏的全貌，但零散的文献可以弥补些许不足。顾麟士从晚清走到民国，但他的生活方式及精神追求基本上仍沿袭了传统文人士大夫的行为规范，故其治学方式也不例外，《读书随笔》是其丰富人生的雪泥鸿爪和读书之道。

（《读书随笔》 顾麟士著　文汇出版社　2018年10月第一版）

历史还在回响

近几年来，档案文化这个词屡屡被各级各类档案部门拿来说事，只为档案中所蕴含的历史文化信息及其本身所具有的真实性可靠性越来越得到人们的关注。档案人也从传统的闭门办馆到如今的开放档案，从被动利用档案到主动开发档案，以积极的姿态与面貌融入文化大发展大繁荣之中。2012 年，苏州市档案馆在《苏州日报》“老苏州”版面开辟“珍档解密”专栏，一周一期，至 2013 年，共刊登了八十五篇有关近现代苏州政治、经济、文化和社会生活等方面的文章，该栏目荣获江苏省 2012 年报纸副刊好作品专栏类二等奖。今年将这些稿件结集出版，因所写均为苏州历史上的旧事，又因发表在“老苏州”版面，故以《档案里的老苏州》作为书名。

2012 年 11 月，著名历史学家章开沅先生接受苏州记者采访时说：“现在中外学者，凡是研究中国近现代经济史的，都绕不过苏州市档案馆有关的商会和市民公社档案资料，这批珍贵资料，促成了一个学科的分支和一批学者的成长。”章先生对苏州商会及市民公社档案文献的学术研究价值评价很高，但这是大实话。苏州商会和市民公社档案都列为中国档案文献遗产名录，它所反映的近现代苏州经济发展、社会管理、商事活动等信息异常丰富，成为学者专家进行学术研究的宝藏。《档案里的老苏州》的作者们利用大量上述档案资料，撰写了一些老字号的创业史、维护权益的商标纠纷、商人们的抗捐税斗争、行业之间的抢生意风波、参加博览会活动、劳资纠纷、工人罢工等文章，这些文章构成了本书的重要内容。再跌宕起伏的故事都经不起时间这把杀猪刀的残忍肢解，幸而尘封的档案能真实再现鲜活的远去的故事、远去的人物，让后人重温近现代苏州工商界人士的进取精神及其恪守的商业文明，特别是在国弱民穷的情况下所表现的责任意识与爱国情操。清末民初，国人依旧在千年未遇之大变局中迷茫、沉思、探索，对商人们而言国门开放的结果是洋货充斥市场，洋货的品质与价格又占有绝对优势，加之多如牛毛的苛捐杂税，他们不得不在夹缝中求生存，在竞争中求发展。尽管如此，他们发展民族工业，提升产品质量，重视信誉与品牌效应，尽力占领市场。《“火柴大王”斗“洋火”》一文描述了鸿生火柴厂创办人、民族资本家刘鸿生改进生产技术、智斗洋商“洋火”的历史。五四运动以后，各界倡导国货的声音越来越急迫，鸿生火柴厂在1929年一份《提倡国货单》中以朴素直白的语言告诫同胞不要一时贪图洋货的便宜，使中国的火柴市场全部被外商占领，到最后“工友失业、地方不宁，你们有钱不能享福”。刘鸿生联合其他火柴厂成立火柴同业联合会，各厂共同议价，避免恶性竞争，一致对付实力雄厚的瑞典火柴商。与此同时，苏州商界成立中华国货展览会苏州分会，广泛发动商家，征集产品，展示苏州工商界的成果，提倡国货，表达了中国企业家发展、振兴民族工业的决心。

《档案里的老苏州》最具人文情怀与苏州色彩的是关于学校与人物的篇章。惠寒小学是东吴大学青年会设立的为寒门子弟免费提供教育的学校，东吴学子开设圣经、英文、汉语言、算术、地理、历史、音乐、绘画、簿记、公文写作等课程，教员自愿教、学生自愿学，双方“兴趣浓厚”。当时商界多以出钱的方式与组织方的主导地位开展公益活动，如募捐救济、挖井修桥等，学生们则运用所学知识传授给弱势人群，开办义务教育与培训已成为当时苏州各大、中、小学履行社会责任的表现方式。诚如《惠寒小学始末》作者所言：“我们期待新时期的国家义务教育越办越好，让教育公平惠及每一位寒门子弟”。《一张九十五年前的毕业照》则围绕一张珍藏三代的照片讲述了著名画家陶冷月之父陶云叔执着教育事业的往事。秀才出身的陶云叔自 1907 年起在苏州南区第二初等学校、第二国民学校、第一国民学校教书，集校长与各科教员于一身，教学得法，家长信任，屡获上级嘉奖，深得慕名前来观摩的教育界同仁好评，“教、管、练互相联络，……随时随地用种种劝导方法，使儿童自觉改过，法诚可取”。醉心于教育事业的陶秀才终于积劳成疾，在咯血数升后，仍然带病坚持工作，竟于1920年“以身殉学”。有关国立第二中学、振华女校、景海女子师范学校、东吴大学以及张治中捐修读书台、画家吴湖帆捐献家产、叶圣陶关注苏州征粮、余觉手迹等文章则彰显了苏州文化教育与人文历史的厚重绵长。基于此，一大批杰出人才成长于苏州，受教于苏州，最后走出苏州，走向世界。

官方正史、野史笔记、口述历史、民间传说以各自的形式讲故事说历史，读者们也以各自的立场与视角理解过往历史，历史可谓任人戏说、任人打扮。有关老苏州的书籍层出不穷，丰富多彩，但从第一手资料——档案中寻找近代苏州政治、经济、文化、社会发展脉络，以真实而生动的笔墨解读苏州百年风云一个个片段的当推《档案里的老苏州》。这是一群兰台守护人讲述的苏州故事，取材于泛黄的卷宗，展现了当年那些事那些人，它们并没有湮没，历史依然回响。回响着的历史，仍有那么多值得今人借鉴的经验、吸取的教训，历史警醒当下。

（《档案里的老苏州》 肖芃主编 古吴轩出版社 2014年7月第一版）

沧海明珠

一位领导曾对我说过这样的话："档案馆捧着一个金饭碗"。我明白他说的"金饭碗"并非物质的富足，而是历史的厚重，碗里装载的是岁月沧桑，是璀璨文化，是历史长河中散落的颗颗明珠，其价值无法以金银珠宝来衡量。守护着这个饭碗，自然会萌生了些许想法，特别是无意间看见泛黄的档案中浮现的一个个熟悉的名字之时，内心的激动与喜悦无以言说，冷静思考之余总想做一些有意义的事情。

梦想始于十年前，忙着日常繁琐的基础业务的同时，经常到散发着特殊气息的密封的库房查阅档案，试图摸清家底，理清历史脉络，寻找故人旧事，少年的火花、鲜活的思想、渐远的身影，那些雪泥鸿爪构成了独具魅力的文化版块，于是提出了编辑《名人少年时代作品选》《名人手迹选》《名人演讲选》《名人早期作品选》《名人相册》等名人系列作品的设想。而今《馆藏名人少年时代作品选》《馆藏名人手迹选》已公开出版发行，尤其是前者因挖掘了不少名人少年时代的文章，而引起各界的广泛关注，此书不仅被列为未成年人思想道德建设的读物，而且对研究二十世纪二三十年代的基础教育与名人成长史都有较高的参考价值。

文化是一个城市的灵魂，这已成为当下的共识。没有文化的经济发达必然会被冠以暴发户的名号，但文化不是挂在嘴上唱唱的，它静态于浩如烟海的档案典籍之中，又动态于人类不断的社会实践之中，在历史的长河中奔腾不息。苏州物产富饶，人文荟萃，名人无疑是苏州最闪亮的名片之一，他们是先进文化的创造者与传播者，更是城市形象的最佳代言人，世界因为他们而丰富精彩，故乡因他们而骄傲光彩。档案忠实地记录他们在苏州的履痕，或恢宏叙事，或细枝末节，那种爱国为民的情怀，那种追求人生理想的执着，那种博学多识的才华，倾倒后来者，更为家乡苏州增光添彩。感谢人类文明史上的创举——照相机的诞生，有了光与影的世界，就有了比文字更为生动与直观的记录，或黑白深沉，或色彩缤纷，定格了他们跌宕起伏、成绩斐然的沧桑岁月，他们如天际星月，照亮夜色中匆匆行走的路人，又如沧海明珠，闪烁于岁月银河之中，传递着人类文明的火把。

《馆藏苏州名人相册》是苏州市档案馆以名人为主线延续吴地文脉、记录苏州历史、弘扬优秀文化的又一尝试。它收录了苏州籍或者与苏州有密切联系的五十七位人物，他们奋战在科技、文教、艺术等各条战线，取得了令人瞩目的成就，在海内外有较高的知名度。选辑的八百余幅照片，全面反映了名人们的成长轨迹，涵盖家庭背景、学习工作、社会生活、个人成就等各个方面，辅以简洁扼要的名人简介，图文并茂，是一本具有档案文化特色的乡土教材。无论他们走得多远，无论他们的成就多么卓著，始终心系滋养他们身心成长的故土，多数人把档案资料留在了家乡档案馆，或许这也是反哺故乡的一种方式。桑梓之情永远是游子们终生难忘的，费孝通晚年数次返回苏州，查阅档案资料，从振华女学到东吴大学，苏州珍藏了太多美好的记忆，一张张旧影，一个个瞬间，聚焦了费孝通从婴儿到少年、从风华正茂的青年学子到誉满全球的社会学家的人生历程，二十六次访问江村，志在富民，情系故乡，江村寄托了他强国富民的毕生理念。

状元曾是苏州的特产，当状元这一时代符号逐渐远去之时，新一代的院士丰富了苏州的名人长廊，至今苏州籍院士达 108 位，居全国首位，本书仅收录了其中的 19 位。秀外慧中的何泽慧梳着两根又粗又黑的长辫子，颇有几分少女的俏丽，长辫子姑娘走进了清华园，与姐姐何怡贞、表姐王明贞一样选择了以男性为主导的物理专业，取得了媲美须眉们的成绩。何泽慧与约里奥·居里夫人的合影见证了这位“中国居里夫人”海外求学工作的经历，而与父母、兄弟姐妹的全家福则反映了一个何氏大家庭的和顺甜美，照片背后更有着感人肺腑的故事，何泽明曾代表兄弟姐妹捐出了苏州的房屋，何泽瑛代表兄弟姐妹捐出了珍贵文物，档案里流动着他们的爱国情操和奉献精神。

《馆藏苏州名人相册》自然少不了唐文治、叶圣陶、顾颉刚、俞平伯等文史大家，也少不了吴晓邦、谢孝思、费新我等艺术大师，因为有了他们，苏州的历史文化才会如此厚重绵长，才会如此光彩夺目。科学的进步、社会的发展更少不了张青莲、唐孝威、王淦昌、时钧等科技精英的贡献。名人文化的研究或许会成为推进苏州社会主义文化大繁荣大发展的一个重要课题，特别是文化世家的名人群现象更值得我们关注，苏州市档案馆的名人系列作品只是开了个头。

（《馆藏苏州名人相册》 苏州市档案馆编　山东画报出版社 2012年4月第一版）

风景这边独好

两百多年前，一幅气势恢宏而笔触细致的长卷——《姑苏繁华图》，徐徐呈现江南名城秀美的湖光山色、繁荣的商贸经济、多彩的社会风情、别致的城池乡村，活化了盛世苏州的风貌，苏州俨然已是除京城之外的一等城市，令世人叹为观止。走过2500多年的历史，苏州这座人间天堂依然活色生香，以深厚的历史文化作底色，秉承崇文重教的传统，培育了无数优秀儿女，从昔日的状元之乡华丽转身为当今的院士之乡。

由苏州市科协与苏州市档案局合作编辑出版的《苏州院士》收录了109位与苏州有密切关系的两院院士，他们中多数人为地道的苏州人，也有的籍贯并非苏州，却出生于苏州，或成长于苏州，或工作于苏州，苏州情缘使这些院士集体亮相于《苏州院士》，成就了苏州的光荣与梦想。《苏州院士》是一本具有地域特色与时代意义的普及教育读本，既以翔实的资料为依据，描写了院士们的勤奋好学、探索科学、热爱祖国、情系故土的人生经历与精神世界，又以大量丰富的图片定格了他们执着科研工作、教书育人以及与亲朋好友情感交融的瞬间，再现他们生活、学习、工作的场景，图文并茂，相得益彰，文字是了解人物的基础，图片延伸了文字阅读的内涵，使院士的形象更为直观而立体。《苏州院士》是一部介绍苏州院士的全景式实录，融真实性、史料性、趣味性于一体，也是一部值得向社会各界，特别是向青少年推介的乡土教材。

苏州院士之数位居全国榜首，这不是偶尔的现象，这与苏州历代的人文环境、重教传统、创新思维有关。一大批老院士出生于二十世纪初，这是一个饱经忧患与战乱的年代，也是催人奋进、人才辈出的年代。自鸦片战争之后，已远远落后于西方世界的中国外忧内患，积贫积弱，中日甲午一战更使东方泱泱大国颜面尽失。然而，任何事情都有两面性，一方面随着外国势力的渗透，教会学校也在苏州遍地开花，为传统教育输入了新鲜的血液与活力；另一方面，深受落后挨打之痛的有识之士意识到改革的重要性与必要性，从洋务运动到戊戌变法，从辛亥革命到五四运动，他们提出了实业救国、教育救国、科学救国等口号。在这样的时代语境下，不少文化世家子弟不再沿袭前辈们热衷的琴棋书画艺术，也不再探究经史子集中的学问，他们毅然选择了理工科，坚信科教能兴国，能使贫弱的祖国重振雄风。苏州名门望族王氏、潘氏、顾氏、宋氏、吴氏的后代们久经书香门风的熏陶，好学不倦、孜孜以求、发愤图强是他们的共同点，以至出现了兄弟院士、夫妻院士、叔侄院士、兄妹院士等院士群像。个体从不独立或凌驾于社会，院士们始终把个人的前途与国家的命运紧紧联系在一起，强国富民梦是他们毕生的追求，也是支撑他们无论身处何种境地，都能坚持科学研究与探索创新，从而在各自的领域取得了令人瞩目的成就，获得科技界最高的荣誉——院士。

国家的利益高于一切，祖国的需要就是他们追求的目标。当1937年抗战全面爆发之际，在海外读书的学子们难以平静，张青莲、黄文熙、张光斗、时钧都毅然回到灾难深重的祖国，在战火纷飞的年代发挥所长，为国效劳。水利水电专家张光斗放弃了美国哈佛大学攻读博士学位的全额奖学金，他说："国将不国，我心何安？"回国后，从建设小型水电站到黄河三门峡水利枢纽，从开设水工结构课到编写我国第一部水工结构教材，张光斗的一生献给中国的水利事业。当美国水电工程师力邀他赴美工作时，他说自己是中国人，理应为国为民效力。1949年新中国成立后，殷之文、李正名、郑国錩、陈华癸也同样放弃异国安定的生活环境和优越的科研条件，投身到建设新中国的洪流中。"文革"结束，百废待举，王淦昌、王大珩、杨嘉墀、陈芳允意识到中国与西方的差距，遂于1986年3月联名上书中央，提出《关于跟踪研究外国战略性高技术发展的建议》，促使了《高技术研究发展纲要》(即 863 计划) 的出台，选择了发展高技术的 7 个重点领域，中国从此站在了高科技竞争的起跑线。爱国之心、报国之志、强国之梦，是这代院士身上最闪亮最本色的光环，也是激励后来者前行的动力。

爱迪生曾说过："天才是百分之一的灵感，加上百分之九十九的汗水。"院士们之所以成材，固然得益于他们高于常人的天分，但勤奋钻研、勇于探索的精神和不屈不挠、永攀高峰的意志，无疑在他们的成长过程中起到关键的作用。1932 年出生的陆埮毕业于北大物理系，正当他大展宏图之时，一场又一场政治运动，让他整整荒废了二十年的光阴，除了在学校上些基础课外，他做过木匠、烧过锅炉，而科研工作反而成为业余，且转入"地下"。他和大学同学罗辽复、杨国琛以通信方式开展理论粒子物理的研究，三人通信超过三千通。即使在"文革"期间，他和罗辽复冒着极大的风险继续通信讨论，两人通信达二千余通。身处逆境，依然执着于科研事业，他信奉爱因斯坦的话："人的差异产生于业余时间，业余时间能成就一个人，也能毁灭一个人"。也正是这份执着，使陆埮成为中国天文学界一颗"奇异星"。被誉为"中国细羊毛之父"的刘守仁，长期从事绵羊育种和牧业工程科技研究，他自愿"到最艰苦的地方干最艰苦的工作”。在北国天山，他天天与羊打交道，经常忙碌在羊的产房内，却无暇到妻子的产房看一眼新生儿，甚至为了挽救刚产下的小羊羔的生命，将它们放入自己的被窝保暖，而他因此患上了难以根治的杆菌病。一分耕耘，一分收获，没有如此的无私奉献、忘我工作和不懈追求，中国的科技也就不会取得如此巨大的进步与辉煌。

院士，都是大师级的人物，代表他们所研究领域的某个时期的最高节点，但他们虚怀若谷，为人低调且谦和，对自己取得的成就轻描淡写，从不居功自傲。2004年11月，宋湛谦院士将所得的10万元林业科技贡献奖奖金，捐给中国林科院林化所，设立“宋湛谦奖学金”，他谦虚地说：“这不是我一个人的成绩，是集体的成果，奖金应该返还给集体”。确实，科研工作不是一个人的“战斗”，它需要领头羊的战略思考与聪明才智，但更需要发挥大家的集体智慧，集聚正能量，“两弹一星”等的成功凝结了不同学科不同层面所有科研人员的心血与汗水。肿瘤分子生物学家顾健人院士创建癌基因及相关基因国家重点实验室，并担任主任，他将自己比喻为交响乐团的指挥兼第一任小提琴手，指挥的最大作用是发挥乐队每一位艺术家的积极性，齐心合力才能演奏出最美妙的音乐，基于这种“人生当淡泊，追求无止境”的认识，顾健人成为我国癌相关基因和基因治疗研究的奠基人之一。院士们往往科研、教育两不误，注重人才梯队建设，甘为人梯，悉心育人，为科技的可持续发展提供人才保障。“娃娃教授”时钧院士一生从教，桃李天下，他的学生中有16人当选院士，这是他的荣耀，也是祖国的骄傲。笔者有幸与张青莲、何泽慧、吴培亨、冯端等大师交往过，感受到了他们身上谦和的优秀品质与非凡的人格魅力，这也是他们之所以取得成功的秘诀。

王志珍院士曾动情地说：“我自豪地告诉大家，苏州是我的故乡”。家乡是院士们永远牵挂在心头的温暖港湾，这里存储着所有难忘的记忆，有父母的关爱、老师的教诲，同伴的情谊，这里是他们放飞梦想的地方。2012年金秋十月，笔者拜访冯端院士，已届九旬的他乡音未改，依然记得小学的校歌：“沧浪亭北，故学宫旁，梧桐杨柳门墙……”想来当年的情景已深深印在他的脑海中，当年的歌声永远回响在他耳旁，只为那儿是他魂牵梦绕的家园。有“世界核研究女王”雅称的吴健雄身在海外，心怀桑梓，阔别祖国37年后，于1973年首次回国，受到周恩来总理的接见，之后又五次回到家乡，竭尽全力扶助家乡教育事业，培养人才，成立“纽约吴仲裔奖学金基金会”，为太仓浏河明德学校的硬件与软件建设出谋划策，注入资金，而今她长眠于其父当年手植的紫薇树下，紫薇花香依旧，必将启迪一代又一代年轻学子。除了吴健雄外，在男性主宰的高科技世界里，苏州的女性从不缺席，她们成功经营家庭与事业，何泽慧、李敏华、李依依、钱易、徐晓白、唐孝炎、沈倍奋、王志珍先后亮相，灿若星辰，构成了科技界一道靓丽的风景。

“希望在经济转型的新时期，苏州继续走在前列，愿我的故乡更美好。”张祖谦院士留下这样的题字，道出对明天苏州的期待。中国科学院纳米所、医工所相继落户苏州，某种程度上也是院士们对转型升级时期苏州的支持，处于高位发展的苏州需要高科技的支撑，需要高端人才的引进，更需要加强素质教育，为未来人才提供优质的基础教育。

行文至此，想起2005年作家徐城北在为《馆藏名人少年时代作品选》的序，他充分肯定苏州的文化内力及其创造出来的价值是其他城市无法相比的，但同时他写道：“苏州山水过于妩媚，苏州食品过于糯软，苏州缺乏锤炼性格的艰苦环境。我很希望苏州孩子成长到一定阶段，就有勇气走出苏州，到中原去，到北方去，到西部去，目的很简单，就是寻找和苏州的反差……应该争取早一些冲天而起，学一学庄子《逍遥游》中的大鹏，飞向大自然与人生的极致之处。”

院士们何尝不是一只只“飞向大自然与人生的极致之处”的大鹏！苏州的养分，师长的引导、国际的视野及自身的努力，成就了院士们的伟业，也成就了《苏州院士》的出版。有了《苏州院士》这部励志书，苏州的青少年或许更明确了前进的方向；有了这些引以为傲的院士，苏州在全国城市中独领风骚，风景这边独好。

（《苏州院士》 纪顺俊主编　文汇出版社
2013 年 9 月第一版）

谢孝思：清正长留人间

十多年前，我接到谢孝思先生之子、画家谢友苏的电话，谈到有关谢老档案捐赠的事情。当时我还不负责档案征集工作，于是便将同事的电话告诉他。我与友苏先生素未谋面，不知道他如何会有我的手机号码，这一直是个谜。多年后，我负责档案征集，自然而然与友苏先生有了联系，他出于对档案馆的信任，一次次把他手上珍藏的有关谢老的档案无偿捐赠给我们，除了感动就是感激了。2014 年，我馆和兄弟单位及谢友苏等多方共同谋划纪念谢孝思诞辰一百十周年的系列活动：一本书、一个展览、一个座谈会。2015 年 11 月，《清正长留》终于正式出版，相关的活动也如期举行。

谢孝思出生于贵阳，1946 年随国立社教学院迁到苏州，从此在第二故乡苏州生活了六十余年，人与城结下了“金玉良缘”，对苏州园林和古城的保护作出了重要的贡献。2008 年，苏州民进编辑出版的《一个人和一座城市——谢孝思和苏州文化》高度评价了他的百年人生及其对苏州文化传承的重要贡献。谢孝思是文化大家，先后出任市文化局长、市文联主席、市政协副主席、市人大副主任等公职，一生结交无数，因此人们从不同的角度描述其人品人格及其修复园林、抢救文物、保护古城等行为与精神。《清正长留》则从另一角角度来纪念谢孝思的一百十周年，让他自己“说话”，此书由其画作与年谱两大部分构成。画作以他的作品为主，以其夫人刘叔华的少量作品点缀其间，而年谱则在他自编年谱的基础上重新修订、补充。故而《清正长留》仿佛是一幅谢孝思先生留给我们的自画像，是一本值得人们细细研读的纪念册，从中也可以了解他如何走出贵州走到苏州，又如何和同伴们走上苏州园林与古城的保护之路的。因为有了他们的尽心尽力，才有了美轮美奂的古典园林，才有了今天的古城苏州。

作为一名画家，谢孝思留存于世的画作也不少。1999 年他与夫人精挑细选，将一百六十一件作品赠送给故乡贵阳，这些作品应该体现了他最高的艺术水准。原本想把其中部分作品收录到《清正长留》一书中，却因多种原因而使计划流产。目前书中收录了 118 幅书画作品，其中谢孝思的画 60 幅，书法 29 幅，刘叔华的画 27 幅，夫妇合作的 2 幅。刘叔华是吕凤子的弟子，也是画竹高手。吕凤子十分欣赏谢孝思的才华，曾称赞他的《中国画的涵义》一文为“中国画论的好文章”，并为谢孝思的《菊》《荷》《牡丹》《夹竹桃》四幅画题词，吕凤子的提携与教导提升了谢孝思的艺术水平和修养。吕凤子等人又是促成了谢孝思与刘叔华婚事的恩人，且为他们证婚，婚后夫妇志同道合，切磋艺术，相得益彰。《清正长留》一书中收录的1988年他们合作的一幅画作，远山近水，但以竹、石为主要元素，此图由刘叔华为主，谢孝思则补了石头和题词。除了画面给人清幽之感外，题词也格外有吸引力：绿竹漪漪，清溪汩汩，婉婉春风，幽鸟相逐。谢孝思的画作以松和梅为主，反映了画家对松、梅的偏爱。中国历来将松梅比喻人的品格：高洁、坚贞、刚正、清雅，梅竹之品性亦如谢老之品格。

中国知识分子素来有写日记、自撰年谱的习惯，记录的纯粹属于私人情怀。然而个体从不游离于时代之外，因此其所包含的基本上反映大时代和小我者两方面的内容。作为主政地方文化事业的谢孝思又是高寿之人，其年谱时间长达百余年，历经晚清、北洋政府、国民党政府和新中国四个历史时期，故年谱所载除个人经历、家事外，也反映了时代变迁、社会活动、城市发展、友朋交游等既共性又私密的信息。《清正长留》中的年谱部分，除文字外，配以七十余张的图片，既舒缓阅读带来的疲惫，又增加阅读的直观性，版式活泼灵动，令人赏心悦目。黄齐生是共产主义先驱、中共领导人、无产阶级革命家王若飞的舅舅，也是谢孝思年谱中出现较多的人物。1924年，黄齐生作为达德中学创办人之一从欧洲归来，与在此任教的谢孝思认识，并深受其器重，从此两人建立了二十多年共同追求光明的亦师亦友的关系。抗战爆发后，为支持黄齐生到延安实地考察，谢孝思将房子典当换来三百大洋，送给黄齐生作为路费。正是在黄齐生、王若飞的影响下，谢孝思一生追求着和平与民主，且决定了1949年他的人生抉择。年谱是个人的大事记和活动年表，可以一窥其成长历程、家庭生活、思想变化和人生追求。虽为民间记忆，但所记述的内容亦可补官方正史的不足。

如果因一个人，使一座城市有了别样的故事，那么人和城首先要有缘分。1935夏天，而立之年的谢孝思耗费三分之一家产，到上海、广东、广西游历，一路画画和写诗文，还募集图书。“在去上海时，便道游览苏州，五日盘桓，游览了沧浪亭、拙政园、狮子林、留园、怡园等名园”，称此行为其“平生一大快事”。这是他和苏州结缘的开端。1946年7月，他再次来到苏城，成为一个新苏州人，一个热爱苏州并视苏州为第二故乡的人。为保护苏州文物，他向市领导建议成立文管会；为保护苏州园林，他征求地方文化名流意见，成立园林整修委员会，修复留园、拙政园等名园；为保护苏绣艺术，他请来杨守玉、朱凤等刺绣名家，成立刺绣学校，为苏绣艺术的传承与发展作出贡献；为保护古城，他提出了

《紧急制止对苏州文物古迹和园林名胜的破坏》的提案，并撰写五条意见递交吴亮平、匡亚明等各级领导，为苏州城市的准确定位起了决定性的作用。尽管年谱的记载是纲目式的，缺少血与肉，但这些简洁的文字包含了谢老一代文化人对苏州的无限深情和不懈努力，值得一代代苏州人敬仰。

《清正长留》装帧设计清雅大方，内容看似简洁实则深厚，松梅品格，清正长留，一如谢老的写照，而那颗璀璨的谢孝思星，永远照耀宇宙，照亮苏州人前进的道路。

（《清正长留》 肖芃主编 文汇出版社
2015 年 11 月第一版）

小荷才露尖尖角

苏州作为著名的鱼米之乡，素有状元之乡、院士之乡的美誉，这得益于历来崇文重教的传统。据《苏州历代人物大辞典》记载，自唐以来苏州文武状元就达49人，“学而优则仕”是无数苏州读书人的梦想，是他们试图“治国平天下”的前提。鸦片战争之后，清政府被迫对外开放，教会势力进入中国，苏州出现了不同教派的外国传教士创办的小学、中学和大学，与当地的公立学校、私立学校三足鼎立，中西方文化的交融，使苏州的教育事业因此更上一个台阶，俨然成为东南文教之邦。以美国基督教监理会创办的东吴大学等教会学校、以汪懋祖创办的苏州中学等公立学校、以王谢长达创办的振华女校等私立女校，吸引国内知名学者来苏传道解惑，更吸引了全国各地的学子，一时苏州人才辈出，众多青年学子在苏州档案中留下了他们年少时的印痕。2004年，苏州市档案馆启动名人少年时代作品的收集、整理、点校工作，次年8月由书法家张充和题写书名的《馆藏名人少年时代作品选》正式出版，此书收录了何泽慧、钱锺书、张青莲、杨绛、朱雯等22人的诗词、小说、译作等不同载体的文章92篇。

南宋诗人杨万里有诗云:“小荷才露尖尖角,早有蜻蜓立上头”。这些才露“尖尖角”的学子们日后在国内乃至世界上都有一定的知名度,既有文学泰斗、科学精英,又有著名记者、革命志士,如法学家费青、社会学家费孝通兄弟,名记者彭子冈、月季夫人蒋恩钿等等,《馆藏名人少年时代作品选》为编写名人传记、开展爱国主义教育、研究校园文化等提供原始依据,受得到各界的高度赞誉。这些名人,地域不限于苏州,有胡绳等苏州籍人士,有朱雯等在苏州求学的外地人,但凡档案中有其作品者均予以收录。时光荏苒,一晃十多年过去了,我们在馆藏档案中又陆续发现女作家罗洪、青霉素之父樊庆笙、地下党员陆璀和蒋宪端等八人的少年之作,于是在增补的同时,删除原书之中的英文习作和研究理化方面的文章,侧重收录文学性、趣味性、思想性强的诗文,重新编辑出版《馆藏名人少年时代作品选》(增订本),共计100篇。

深藏于怀的苏州情结不时流露于青年学子们的笔端,即使外出求学依然念叨着苏州种种的好。著名法学家费青于1929年毕业于东吴大学法律学院,长期从事法学教学工作,著有《国际私法论》《法理学概要》《西方法律史》等,译有《法律哲学现状》。后离开苏州到上海读书的费青发表过《法律学院苏州本校同学会》一文，深情怀念苏州读书的日子“好似甜蜜的梦境一般”，文中他回忆苏州的古城碧野、方塔顶上的“猫头鹰窠”、百步街桥头的馄饨。对苏州美好的记忆，还在于曾经游过的各式园林，对这些园林费青有独特的感受与见解，他在《苏城园林一字评》一文中以“新、华、富、清、静、美、畅、幽、古、曲、小、破”十二个字评价公园、留园、狮子林、西园、鹤园、怡园、拙政园、蘧园、沧浪亭、惠荫园、半园、遂园，可谓精彩绝伦，一“字”中的。所幸九十多年前费青他们游玩过的这些园林除了遂园外都在，使我们能继续感受苏州园林作为世界文化遗产的魅力。吴进贤的《游留园记》、费孝通的《南园》、彭子冈的《虎丘纪游》处处流淌着作者们对苏州的热爱之情。

学校并非象牙塔，来自不同阶层的学子们关注社会，同情底层人民劳苦的生活，思考自己的人生之路。与东吴大学相邻的振华女校经过王谢长达、王季玉母女两代人的努力，成为闻名全国的女校，蔡元培、张一麐等大家人物都成为校董，何泽慧、杨绛、蒋恩钿、彭子冈、陆璀、蒋宪端等才华卓越的奇女子都从这里走向社会，奏响了她们的人生交响曲。杨绛作为世家女子，以一首《悯农诗》表达对农民的深深同情，“日出荷锄作，日暮归家中。间立柴门外，叙话数老翁。年年收成薄，无以度残冬。苦耕了一世，何岁免饥穷？鸟类一饮啄，较吾或犹丰。今年复明年，嗷嗷皆哀鸿。世事舟移壑，天道太不公”。出身太仓蒋氏名门的蒋恩钿撰写长诗《灾民泪》：“麦既无收禾又枯，食无米粒夜无被。忽又鼙鼓动地来，妇女潜藏男走避。骨肉分离无消息，呼天不应天如睡……”湖州姑娘陆璀创作热情颇高，她的《我们的级色——紫》《西园去》《苦雨》八篇散文、小说不仅文笔优美，而且思想性强，在《心铭随笔》中她提醒人们不要盲从，要独立思考；在《各地妇女职业调查·绪言》中她又提到职业关乎妇女解放的基本和先决条件。1932年陆璀从东吴大学转学到清华大学社会系，后积极投身“一二·九”运动，加入中国共产党，为民族的解放和独立奋斗终生。物理学家何泽慧写得一手好字，闲时画上几笔，还能吟诗作文，她的《游水乐洞》等文字体现了她的多才多艺。振华女校，顾名思义，以振兴中华为使命，培养了一批优秀的女性，女性关乎家庭，关乎教育，更关乎民族的进步，何泽慧等人就是振华女校的杰出代表。这些年轻的女孩在美丽的西花园编织自己的梦想，关心自身的学业与发展，而且把视角放到普通民众身上，放眼到民族的存亡上。

《馆藏名人少年时代作品选》（增订本）收录的作品大多发表在20世纪20年代末到抗战前夕，此时正值外忧内患之际，莘莘学子难以“两耳不闻窗外事”，在很多作品中表达了他们对祖国前途、人民命运的忧虑，其拳拳爱国之心跃然纸上。同时从这些作品中，可以看出当年这些学子的个人爱好及研究方向。经济学家吴大琨《国难声中别忘记我们的劣根性》一文中告诫人们在国难当头之际，要深刻反省自己，改掉身上的毛病，国家才有进步。出身于苏州彭氏望族的彭子冈在其论文《从秦妇吟说到文学的时代性》里，借古喻今，抨击政府的腐败和日寇的残忍，同情人民的无奈。蒋宪端发表的《国难中通信》，以书信方式讲述了1932年淞沪抗战给太仓带来的影响，表达了对未来“无家可归”的忧虑。蒋恩钿在《文学与革命》中认为：“水在日夜不息地流，文学在不断地演进，照彻了人世的影形，他们原在趋向艺术的宫门。我们该爱护着一切真的影形，我们要否认一切恶魔也在里面显视”。蒋恩钿、蒋宪端姑侄先后进入清华大学西洋文学系、物理系读书，大学毕业后她们一个从事教学与文学翻译，一个走上革命道路。费孝通的译作《为何中国没有科学和社会科学是些什么》让我们看到了费老年少时期对社会学研究的浓厚兴趣；奥运老人程金冠的《医诗》以诗也有病为立论，点评唐诗，全文妙趣横生；张青莲、朱雯的诗词则体现了他们深厚的古典文学修养，朱雯后来成为文学家、翻译家，而张青莲则成为中科院院士；钱锺书不仅撰写了《进化蠡见》，还翻译了英国著名作家和历史学家赫伯特·威尔斯作品中的一段《天择与演变》，反映了钱锺书良好的英文水平与生物知识；胡绳在《郭沫若与徐志摩》一文中评价郭、徐两位诗人不同的诗歌风格，认为郭沫若使诗得到充分解放，赋予了诗活跃的生命，而徐志摩给诗以新鲜的韵律，赋予音乐的特性，前者代表着力，后者代表着美。这些名人少年时期在苏州接受教育，而后飞向更广阔的天空，追逐人生梦想。正如彭子冈之子、作家徐城北所言，现在苏州的孩子更应该“学学庄子《逍遥游》中的大鹏，飞向大自然与人生的极致之处”。

再读《馆藏名人少年时代作品选》，依然能感受到那些充满青春活力的心跳与少年壮志的火花，并为他们的才华深深折服。尽管有些作品尚显稚嫩，且深深打上时代烙印，但字里行间表达了他们的爱国情怀与人生思索，体现了他们的文字功底与创作热情。

岁月不老，墨香依旧。

（《馆藏名人少年时代作品选》 钱斌主编 古吴轩出版社 2018 年 12 月第一版）

传道解惑有名师

《馆藏名人演讲作品选》终于正式出版，从世纪之初收集并整理部分馆藏名人演讲，至今已近二十年，如今“修成正果”。2017年民国时期苏州教育档案系列丛书被列为国家重点档案抢救与保护项目，和“十三五”江苏档案史料典籍整理与研究工程重点成果，这是其中一种，迄今已出版三种。教育发达与否是现代文明的标志之一，教育档案是我馆的特色档案之一，体现了苏州崇文重教的历史传统。因苏州历史文化的厚重、各级各类名校的涌现以及当时的教育工作者对演讲这一时髦形式的推崇，黄炎培、蔡元培、胡适、胡焕庸、汪懋祖、钱大钧、陶行知、赵元任等各界名流云集苏州，在苏州中学、振华女校、晏成中学等学校进行演讲。这些演讲既为苏州教育提供借鉴，又为学生拓展视野，且涉及人生观以及对国难当头时的人生道路选择的探讨。

学生就业和职业目的是蔡元培、黄炎培等教育家长期关注的课题，读书、工作、治家是每个学生的必经之路。20世纪20年代末，蔡元培随中华职业教育社的专家来苏州考察，他到苏州中学发表演说，指出学生在学校读书时“不可一刻放松，万事皆须自己细心考察”，避免踏上社会服务时各人所备知识与能力的不足。蔡先生还强调职业都是平等的，没有高低之分，人们在择业时不能过于专注报酬丰厚与否，而是应该考虑“是否对社会有益，是否与我性情相合”。蔡先生的“性情相合”观点与胡适的“择业当以自己的兴趣能力为主体”的演讲主旨不谋而合。胡适非常看好苏州的教育，其子就在苏州读书，故他多次到苏州中学、振华女校演讲。胡适坦率地对振华女校的学生们说，无论是中学毕业后继续深造，还是服务社会，对职业应当早日选定。“选职业，可从两方面考虑：一是社会的需要，二是自我的兴趣”，胡适认为社会职业千万种之多，故应以自己的兴趣与能力为首选。确实，有着兴趣与爱好，才会在工作中激发热情与才华，从而获得自我满足和人生价值肯定，并对社会产生积极的影响。

数千年的封建社会，女子一直处于受奴役与压迫的从属地位，“女子无才便是德”的封建传统思想紧紧束缚了国人的思想，阻碍了女性的发展。鸦片战争之后，传教士们在中国开设女校，除国文、英文、历史、算学等基础课外，着重学习《圣经》，人们称之为“尼姑教育”。自辛亥革命到北伐，又先后出现“妻子教育”“女士教育”，尽管如此，女性可以同男性一样享有上学读书的权利。苏州先后涌现出振华女校、景海女校、乐益女校、慧灵女中、苏州女子中学等著名女校，其中王谢长达是苏州女子教育的先驱者。她的女儿王季玉从美国学成归来，继承她的衣钵，引进西方教育理念，扩大学校规模，使振华女校成为江浙沪地区最著名的女校之一。王季玉在抗战前夕作了题为《女子教育的前途》演讲，指出当前中国女子教育的三个优点，即女子与男子教育机会均等、女校受到政府的重视并奖励、受教育的女性呈增长态势。王季玉也指出女子教育存在的问题，她向教育当局和学生们提出五个方面的建议和希望，指出“我们需要的教育是生产的、大众的、集体的、社会的、救民族的及非常时期的女子教育”。她特别强调女子教育在精神、纪律、体格、出路等方面的有机统一，“没有勤奋的精神，没有健全的体格，没有良好的纪律，就是有了高深的学识也是枉然。”教育家俞庆棠则从宏观的角度谈论《女子教育》，她认为首先要改进“中国学制系统”，才能改进女子教育；只有教育普及了，才能使女子教育“日上千尺”。著名教育家陶行知先生在一次演讲中也肯定女子教育的重要性，“一个国家文明之高下可以拿女子教育来决定。在重视女子教育的国家，这个国家必定是兴旺的”。他由衷称赞振华女校是“振兴女子教育最早的先锋。”在现代社会，一个国家的文明与进步离不开女子教育，而女子当将所学贡献于社会、服务于国家，这是杨杏佛、刘湛恩、施剑翘等人演讲中表达的主张。

20世纪30年代初，日寇对我国虎视眈眈，先后发生了九一八事变和一·二八淞沪抗战，爱国救国教育成为了名人们演讲中的主题。地理学家胡焕庸在苏州中学发表演讲，分析了东北的形势，提出要恢复、发展、解决东北的问题，必须靠全体中国人民的觉悟。因此他要求同学们“各守本分，各尽能事的去努力。”苏州士绅领袖张一麐强调在国难声中应该注重智仁勇教育，“仁者不忧，智者不惑，勇者不惧”，而达到知仁勇的训练须经过立志、修身、为学三个步骤，强调学生的人格、志向、能力等方面的养成。杨卫玉在苏州中学演讲时，要求学生们面对日寇暴行，要热心爱国，“不屈服、不依赖、不苟且、不畏葸，不萎靡，以养成大丈夫的气概，好男儿的身手”保家卫国，振兴中华民族于危难之际。

《馆藏名人演讲作品选》共收录了六十二位名家的九十六篇演讲，内容包罗万象，除上述学生职业选择、爱国教育等外，还有洪深、欧阳予倩关于戏剧、歌剧与艺术的内容，有赵元任关于学习国语和苏州话等语言的内容，有张士一、郑晓沧关于英语学习和记忆方法的内容，以及谈论青年心理问题等等。虽以演讲为名，实则反映了各界人士对教育和学生的关注以及他们各自研究领域的学养与见解，同样从一个侧面显示了苏州教育的影响力。

（《馆藏名人演讲作品选》 沈慧瑛主编 古吴轩出版社 2019 年 12 月第一版）

学校期刊有乾坤

封建时代苏州以状元众多而闻名全国，教育事业十分发达。清末推行新政，传统的私塾教育模式开始转型，新式学校应运而生，涌现了苏州中学、桃坞中学、景海女校等一批名校。为宣传学校的办学思想，搭建师生交流平台，丰富校园生活，苏州各级各类学校纷纷创办刊物，如东吴大学的《东吴月报》《老少年》、苏州中学的《苏中校刊》、乐益女中的《乐益文艺》等等，这些期刊均被《民国苏州学校期刊集萃》收录。通览全书，苏州学校期刊种类繁多，内容精彩纷呈，名家频频留痕，且时间跨度长，基本上反映了民国时期苏州教育的概貌与风尚。

《民国苏州学校期刊集萃》收录了东吴大学、苏州工业专科学校、慧灵女中、苏州成烈体育学校、吴县私立孤儿教养院等 28 所学校的 42 种刊物。据统计，截至 1949 年，苏州拥有各类学校 200 余所，期刊名目与数量多样。由于受馆藏教育档案完整性和刊物品相的限制，我们选择了部分刊物予以介绍，这并不能反映苏州学校期刊的全貌。即便如此，在选择期刊上，既考虑综合大学、专科学校、中小学等不同类别的学校，也兼顾公立、私立、教会等不同性质的学校，且选择了不同学校的年刊、月刊、季刊、纪念刊、毕业刊、级刊，尽可能使苏州学校期刊呈现多样性。以东吴大学为例，选择了《东吴年刊》《东吴学报》《东吴法科年刊》《东吴大学年刊》等七种，其中创刊于1906年的《东吴月报》一月一刊，开设《论说》《时事》《译丛》等栏目，既发表学者们对时事政治的观点，又介绍各学科知识和学习方法。振华女校先后创办《苏州振华女学校刊》《新声》《振华季刊》《秋日旅行丛刊》《振华三十年纪念刊》《振华壬申级毕业刊》等刊物，我们则选用了前三种。一般学校校刊是固定刊物，纪念刊则是特定纪念意义的临时刊物，毕业刊则属于同级学生的专刊。

内容丰富是《民国苏州学校期刊集萃》的一大特色。学校期刊既有各所学校个性化的内容，又有介绍学校概况、教职员以及发布当时教育政策法规等共性内容。胡适、蔡元培、黄炎培、陶行知、欧阳予倩、吴梅等大家人物纷纷到学校演讲，内容涉及时事政治、服务社会、学习方法、爱国救国、人生观等方面，旨在勉励学生以立志修身为根本，打好基础，开创自己的人生道路。费孝通、费青、张青莲、戴松恩、樊庆笙、钱锺书、杨绛、何泽慧、彭子冈等在校刊上留下了精彩的文字，展现了他们的学识才华。名师演讲创新为师者传道解惑的方法，提升了学校的知名度；学生的习作与活动则呈现他们放飞自我的良好状态，演讲和习作共同亮相于校刊上，唱响了师生交融的主旋律。刊发的校训、校歌、级训、级歌，作为学生励志教育的精简化与艺术化的双重表达方式，增强了学生的向心力，也成为学校期刊的共性内容。私立彭氏高等小学校由苏州名门望族彭氏家族创办，其校歌要求学生珍惜时间、努力向上，“毕业已非少，英材培植是素抱。摩楷人群位置高，努力从年小”。伯乐中学的校歌：“励节劬学兮，志气恢宏。秉天地之正兮，廓一己为大公。虽牺牲亦所不计兮，蕲国族之光荣。唯我烈士有此精神兮，宜慕迹而追踪。茂苑旧构兮，近接沧浪。擅地灵之美兮，容多士之跻跄。炼体魄而润智德兮，亦群育之是倡。唯我同学勉自奋起兮，成吴中之俊良。”歌词优美，热烈奔放，慷慨激昂，催人奋进，既有对烈士的缅怀、敬仰之情，又勉励学生以烈士为榜样，为国家民族而努力读书。

名家题辞是苏州学校期刊的另一特色，它们赋予校刊的厚重性与文化性。章太炎、于右任、张一麐、居正、汪懋祖、顾廷龙、李根源等名人纷纷为校刊题写刊名，或题辞。苏州美术专科学校的校刊初名为《沧浪美》，后改为《艺浪》，张一麐为美专成立十周年的《艺浪》纪念号题写“充实光辉，美而大之”。苏州工业专科学校开设土木科等实用型学科，培养工业生产人才。邵力子、居正、叶楚伧在抗战前夕分别为苏州工业专科学校毕业特刊题写：“工业救国”“善事利器，以裕民生”“如切如磋，如琢如磨”。他们由衷祝愿毕业生们能够运用所学科技知识与实用技术，造福于民，为国效力。曾担任过国民党政府主席的林森为萃英中学年刊题写：“乐育英才”。王宠惠、谭延闿、张一麐、吴敬恒分别为《东吴年刊》题写：“成绩斐然”“教思无穷”“群彦汪洋”“誉满江东”，这些政要名贤的题词显示了东吴大学的地位及其教育成果。振华女校成立三十年之际，纪念刊上翰墨飘香，于右任的“启秀崇实”、叶楚伧的“教著贤良”、王世杰的“女黉驰誉”、唐文治的“蕙兰秀发，桃李成行。精研艺术，金玉缥缃。炳炳麟麟，颂声载扬”等题辞无不称颂这所开风气之先的女校。名家们的题辞原件已无从寻觅，但期刊作为珍贵的档案文献留下了当年的踪迹。

广告作为收入可以弥补校刊出版经费的不足，学校期刊刊登两种广告：一为学校的招生广告，一为商业广告，后者体现了浓郁的时代特色。1929 年的《东吴学期刊》刊登了中国南洋兄弟烟草公司出产的白金龙香烟广告，一袭民国服饰的美女坐在椅子上，边上一罐香烟，广告词为“美人香草：美人可爱，香烟亦可爱，香烟为国货则尤可爱”。其他广告内容五花八门，有中国教育器械馆广告、商务印书馆广告、图书订购广告、上海荣昌火柴公司广告、沈炳记营造厂广告、电影海报等等，这些广告的用词和内容都有鲜明的时代特点。

由于民国时期苏州各类学校档案并不齐全完整，尤其缺失教学情况、校园旧影、对外交流、学习生涯等方面的文献。这些期刊正好弥补不足。《民国苏州学校期刊集萃》，可以令读者了解苏州学校的历史沿革、办学理念，教育教学、校园生活，以及前人为苏州教育事业所作的努力。历史从来不是割裂的，没有过去，便没有今天苏州教育的兴旺。

（《民国苏州学校期刊》 沈慧瑛主编　古吴轩出版社 2019 年 12 月第一版）

一个远征军战士的独白

日记是私人独白。读日记，如读人读史，可以读出世道变幻，读出一个人的经历、好恶及情感世界。由于普通人的日记不像名人日记那样隐含了出版示众的诉求，更具真实性，往往在直白的文字中流动着不加掩饰的喜怒哀乐。阅读张英霖先生的《一个远征军战士的从军日记》(以下简称《从军日记》)，重温抗战烽火年代青年学子报效祖国的光荣历史，领略了一个远征军战士的爱国情怀与精神世界。

《从军日记》始记于1945年6月21日印度雷多，终结于1946年8月9日南京浦口，是抗战结束的前夜及战后相对平稳的一个历史时期。出生于1925年的张英霖是山东平邑人，小学毕业那年正值抗战全面爆发，遂离家跟随流亡中学辗转河南、湖北、陕西，最后徒步到达四川。当日寇嚣张气焰日盛一日时，张英霖和同学们的爱国热情高涨，无法静下心来读书，适逢国民党将领徐思平动员学生从军，因为远征军急需招募有文化有知识的青年，掌握现代化的武器。1943年11月，张英霖如愿以偿，作为国立十八中五十名参军人员之一加入了远征军的行列，奔赴战场，入驻印度，接受汽车驾驶训练，参加反攻南宁的战役，运送军用物资与人员往返于云、贵、桂之间，虽然未与敌人面对面拼杀，但为保家卫国、抗击日寇而出生入死。通读《从军日记》，可以从一个侧面了解战争给中国带来的苦难。作者不惜笔墨记录了从印度回国途中见到的战争痕迹和中国抗日将士公墓的感怀。当车子经过一个叫南丹的地方时，见到两旁出现许多作战痕迹和日军遗弃的武器残件时，写道："八年尽是国军败退的消息，只有在这里见到日本鬼子溃败的现场，内心之兴奋难以言表"。经过野人山，作者缅怀着牺牲于此与勇敢穿越此的抗战将士，"当罗卓英将军率领的国军从这里向印度退却时，真不知困难到什么地步。这满山遍野的原始森林，是没有一点东西可以养活人的，也没有任何道路可以容许人们通过，然而国军却越过了这座无人迹的山地，英勇地到达了印度，开拓建成了中国驻印军的最早基地。"望着中国抗日将士公墓，作者的内心是悲痛的，他将纪念碑上的文字悉数记下。同时他感叹史迪威公路的来之不易，这条 1944 年由中国军队在滇西和缅北大反攻胜利后修通的自印度东北部雷多终至中国云南昆明的公路，在枪林弹雨中为中国抗日战场运送了 5 万多吨急需物资，被称为"抗日生命线"。它见证了中印两国人民的友谊和盟军的无私援助及中国人民的坚强不屈，作者在《从军日记》中感恩那些帮助中国的国际友人。

目睹了日寇的横行与中国人民的艰难反抗，作者深深感到“国欲强，绝非简单之事，必自尊、自重，方可自强也，余愿自勉之”。《从军日记》里始终流露对祖国的热爱与前途的担忧，“古老的祖国，你何时可以新起来，给我们黄脸上添些光彩呢?”自强的方式是多种多样的，而作者对知识的渴望始终贯穿于日记的始终，他说“手边没有书，也看不到报纸，这困苦比经济窘迫更令人难受”。他逮到机会就借书、买书、看书，《大公报》《学生》等报刊也是他关注的目标，莎翁剧本、《世界大战全史》《中国报业史》、克鲁泡特金的《我的自传》、张恨水的《似水流年》、老舍的《赶集》、郁达夫的《日记九种》等等都出现在日记中。他对作家及其作品颇有一番见地，评价老舍作品中的北京话“全都写真了”，认为老舍写东西就如木匠，随便一块料，“或锯或刨”几下子就成了佳作；而张恨水写言情小说就如织布，一年四季太拉杂，郁达夫的感情生活“多少有些浪漫过头，有点病态”，“文学巨人”则是他对茅盾的赞美。

因爱读书爱写作，故而作者的文字表达能力很强，以文学方式叙述是《从军日记》的一大特色。十八岁的张英霖先生投笔从戎，由于一向爱好文学，语文成绩优秀，曾有志要做个新闻记者，他观察景物细致入微，叙述流畅优美，没有一般日记的流水账风格，给读者带来美感。当得知要从印度回到祖国的消息时，他的笔端流出了这样的文字："看着漆黑的天，残缺的月亮从浓云里透出一些淡黄色的光，刚才落过的雨从帐篷上滴下来，一声接一声地给长夜添了些空寂"。这段看似平常的描述，把月亮的色彩、雨滴的声音和黑夜的静寂糅合在一起，有静的夜色、有动的雨滴，更隐含了作者归国前夕"说不出的焦急，也说不出的兴奋"那种复杂的心态。又如他亲近滇池时的一段描写："胸中积压的愁绪一下子都消散了，心胸开阔得像无际的大海，用什么去形容那波浪的奇伟呢？就像飞动的群峰，波浪似乎把远处的山峦摇动得像喝多了威士忌。……看到天上悠悠的白云，飘过蔚蓝色的天空，更有湖上如千万匹奔马般的波涛在伴奏。"类似这样的文字表达还有很多，不难看出作者的文字功底与文学修为。

《从军日记》内容较为丰富，国事、家事和个人的思想，无一巨细悉数记下，既揭示了抗日战争的残酷，也鞭挞了国民党政府的腐败，更表达对和平与民主的向往。作为中华民族抵抗外侮的青年学子代表，张英霖先生的《从军日记》作为民间记忆的一部分极具史料价值，将永远被档案馆珍藏。

（《一个远征军战士的从军日记》 张英霖著　文汇出版社 2015 年 10 月第一版）

片言只语诉衷肠

历史在岁月的流转中积淀为一幅书写家国情怀的长卷，国家的宏大叙事与民间的个体记忆融为一体，呈现历史的生动性与立体感。有国才有家，无数小家构成大国，家国不可分，犹如无数个体的记录终将成为民族记忆的一部分。一张照片，一通书信、一张证书、一个物件等赋予档案概念的民间珍藏，寄托着人们的念想与情思，并深深打上时代的烙印，与大时代深度融合，构成真实的生活蓝图与历史画卷。由上海文艺出版社出版的《如数家珍——档案里的家国情怀》是纪念改革开放四十年征文的结集，通过个人的触觉，描写家族、个人、社会的发展变迁及其风雨历程、丰硕成果。

亲情是人间最美好的情愫之一，也是作者们乐于以文字来表达的。父母对子女的养育与教诲，手足之间的友爱与相助，这些天然的朴素的情感伴随人们的一生，及至多少年后回想曾经温暖人心或指引方向的一言一行都能令人热泪盈眶，并激励后来者奋发图强，勇往直前。《一位老兵的初心》是董园园对塔山英雄团团长父亲的追思，“顾全大局，严守纪律，勇于牺牲，敢打必胜”的塔山精神不仅影响着父辈那代革命军人，更如春风化雨，转化为“懂得感恩”“直面责任”的家风，成为他们的行为准则。清明时节倍思亲，邝立新站在祖父的坟前，想起老人家爱说的：“多读点书总没错”。当初徘徊在工作与读研的十字路口时，祖父的话如当头棒喝，促使作者走出了家乡，走向了更广阔的天地，而祖父的黄铜水烟壶成为唯一的纪念品。《成长纪念册》是身为档案人的母亲送给儿子的图文并茂的礼物，记录着作者从出生伊始、牙牙学语到上学读书、驾校学车等故事，事无巨细中透露着浓浓的母爱。数十年后，当年的孩子以《十年一纪念》一文叙述幸福的时光，表达对母亲的感恩之情：“这是妈妈笔端流露的爱和支持。每每遇到挫折，我就爱读这些文字，它们总能令我再次奋进；一切顺利时，翻翻这些记录，被爱包围的我深深地感恩……”。《一纸家书　一世情长》是父亲对儿女的牵挂，也是女儿对父亲的怀念，如今成为珍贵的文献传承着优良的家风，“成为家庭成员间的精神纽带。”有关回忆家人、叙述亲情、讲述家风的文字往往能直抵人心，产生共鸣，只因优秀的家风家训是社会共同的道德基石。

时代的变迁，社会的发展时时影响着每家每户，尤其是改革开放四十年以来，人们的生活发生了翻天覆地的变化，共享着改革开放成果，幸福指数不断攀高。《遐思绵绵话巨变》《我家住遍六城门》《种田从此不纳粮》《从〈百年家事说开去〉》等文章，或从家族数代人的经历晒成就业绩，或从家庭住房的变化说火红日子，或从废除《农业税条例》分析农民今日种田不纳粮来之不易，或从革命前辈奋斗的历程来书写社会的进步。没有中国共产党的领导和老一辈革命志士的英勇奋斗，就没有新中国，更没有改革开放的好时代与当下的美好生活。陈延儒作为抗战老兵方队里的“百岁明星”，参加过 2015 年抗日战争胜利七十周年大阅兵，因其年龄最长，被安排在第一车、第一排、每一座接受检阅，一时成为“明星”。面对无上的荣耀，陈延儒说：“我从没有把自己当明星，我只为自己是中华人民共和国的战士而自豪”。遥想当年，他投笔从戎，逐渐从一名抗日战士成长为区委书记兼区长，面对家人被全部杀害的惨剧，他深知“不抗日就没有好日子过，不抗日就得当亡国奴”。战争是残酷的，战争磨炼了革命战士的意志，陈继儒说：“正是有我们这些敢于直面生命，敢于直面鲜血的战士的浴血奋战，嚣张的日本帝国主义像残叶一般，凋落在抗日的革命风暴中，我们的抗日战争才取得了伟大胜利。”当我们享受现代生活的舒适便利、宁静美好之时，我们当感恩前辈们的付出，感恩如今的新时代。

在建设新中国的过程中，无数的人们奉献了他们的青春，挥洒着他们的汗水。作者燕扬通过一张张旧影描述《父亲和他的防疫大队》，医学专业出身的父亲带领他的防疫大队奔走在祖国的西北大地，治愈疾病，培养当地卫生干部，建立卫生防疫点和地方卫生体系。藏在饭盒里的“回苏史”是小三线职工子弟的亲身经历与情感体验，父辈们离开生活生活条件相对优渥的苏州，听从祖国召唤，奔赴安徽大别山，组建淮河机械厂，燃烧激情，为工业发展发挥作用。

《如数家珍——档案里的家国情怀》的作者们以档案为依据，以片言只语表达深深的家国情怀，叙述家庭与个体的发展历程、工作经历、生命体验、情感交流，这是书写家春秋的原始素材，从一个侧面折射时代的变化与人们对美好生活的向往。

（《如数家珍——档案里的家国情怀》 沈慧瑛主编
上海文艺出版社　2020 年 5 月第一版）

清代苏州的“楼市”风景

随着住房制度的改革，近二十年苏州楼市从起步、发展、繁荣到今天的壮大，改变了古城面貌同时，也改善了人们的居住条件和生活状态，在地方 GDP 中房产经济占了不少的份额。那么，苏州过去有着怎样的楼市？人们又是如何进行房产、田地交易的？历经三年编辑出版的《苏州房地产契证图文集》以图文并茂的形式生动展示了历史上的苏州“楼市”，当然这个楼市不是现代意义上的楼市。

《苏州房地产契证图文集》收集了清代、民国及至中华人民共和国成立后的房产、田地交易契证、文书等 250 件，其中清代的契约文书、执照占大部分，达 170 件，最早的是形成于康熙二十一年（1682）房屋买卖契约文书。这只是苏州房产档案馆馆藏契证的一小部分，尽管很多房屋就如很多地名一样已不复存在，但它们折射了清代苏州“楼市”曾经的繁荣。通读《苏州房地产契证图文集》，发现无论买卖还是典当房地产，并不纯粹是当事双方的私人行为，政府对其监控与管理比较严格。首先清政府通过制定统一的专门的文本——契尾，来规范房产、田地交易市场，增加税收，充裕国库。买卖双方除签订买卖合同、签名画押外，还须填写契尾。契尾分两部分，第一部分是有关书写格式、遵章纳税等方面的固定内容，第二部分是双方交易房屋的信息，须加盖公章方能生效。清代统一契尾当在乾隆八年（1743）后，那年江南江苏等处承宣布政使请求朝廷恢复“契尾之旧例，以杜绝私征揑契”。这一意见得到户部及乾隆皇帝的一致赞同，决定：“凡有绅士军民置买田地房产洲荡，务令赍契到官，按照买价遵依定例完税”。户部要求布政使将契尾编号发给地方官，使其与买卖双方所签契约文书粘连在一起，填报田地房产位置、数量、成交价格、完税数目及卖主姓名等信息，加盖公章后交给买方保管。如果官员侵吞税银，一旦查出立即法办；如果百姓自印白契，不粘连契尾，贪減税银，那么按“漏税治罪，产业半没入官”。这种契尾格式延用到清末。除房屋买卖外，清政府对典当田地也征税，如雍正十年（1732）陆君俊立典房屋基地文契，后边粘着的江苏布政使颁发给唐某的典业契纸就由官府统一印制，标明170两的典价银，须交纳二两五钱五分的税。有清一代，房产买卖收取百分之三的税。

具有鲜明的苏州特色，每件交易的房屋信息都体现了苏州民居中的地域元素及其规模，多少反映了苏州人的生活状态。最大的一处房屋交易是乾隆二十年（1754）西花桥巷陈素修出售的宅院，共九进，“计门面厅堂、楼房上下书室、轩廊、厫房、角门、从屋、厨坑、后门共房81间，轩厢上下19间、廊坡过路24个，备弄大小3条，前门下岸照墙1座。”从中可以看出这是一座集生活、休闲、读书于一体的典型的苏式大院，而当时这样的大宅院交易不算少数，如道光二十年（1840），汪慎余将位于颜家巷的一所二落九进的房屋卖给鲍某，内有上下楼房65间，另有假山树木、天井夹弄等。苏式民居中除用于居住的楼房外，天井、备弄、砖井、坡厢、柴房、驳岸、照壁、女厅等名称时常出现在各种契约文书中，备弄是大庭院的“交通要道”，供佣人使用，而井是家家户户必备的“自来水”。看似简单的房产交易，为我们了解当时人们的居住环境、民宅风格及其生活设施提供了原始资料，有助于人们对清代苏州民居进行深入细致的研究。

契约是人们商品经济活动时形成的交易凭证，在西方由此衍生出自由平等守信的契约精神，但国人在重承诺、讲诚信方面的表现得差强人意。很多已经表明“割藤拔根”的房屋绝卖契约可以再次续订“绝卖”条款，卖主因此获得一些补偿。出现这种现象，可能是卖主手头拮据，也可能房产行情见涨，心里失去平衡，但他们提出的理由大多是“乏用无措”。康熙二十一年（1682），朱希淑曾将房屋绝兑给申某，但因经济困难，复请原中间人朱贤卿出面向申某商议，请其再付房价115两。申某十分痛快，答应对方要求，但提出从此“断藤无涉”，永无异言，双方立下“贴绝文契”。最夸张的数毛文充，他将阊门大越城内的祖遗房屋绝卖给邱某，后来又补贴“绝价”银80两，到雍正六年（1728）再以“原价未足”的理由要求邱某“加绝价银四十两”，保证从此再无异议。“绝卖”活动如此反复，可见人们虽订契约，却未养成西方人眼中的契约精神。

《苏州房地产契证图文集》貌似是一部苏州房地产交易的契约证图文集，实则内涵丰富，颇有多方面多领域的史料价值与研究价值。除以上所说的可以研究清政府的房地产政策、苏州民居的建筑风格外，还可以从房价、税收、货币单位的变化研究不同时期的苏州经济与社会生活。

（《苏州房地产契证图文集》 余同元、唐小祥主编

江苏人民出版社出版　2014年5月第一版）

触摸建筑的温度

苏州房地产档案馆继《苏州房地产契证图文集》后，又推出《苏州近代建筑考》，以1840年到1948年间建造的房屋为范围，以房产档案为依据，收集私家园林、教堂、官署、祠堂、学校等不同层面的建筑80例，研究苏州建筑艺术及其演变过程。较为全面地反映了苏州近代建筑从传统木结构建筑到西洋建筑，再到中西合璧建筑的发展历史。这一发展时期的房屋是古建筑中数量最多的建筑，占新中国成立前城区房屋近百分之八十五。《苏州近代建筑考》分园林、庭院、里弄、教堂寺庙、官署祠堂等七章，每篇正文介绍建筑风格、结构布局、工艺技艺、装饰寓意、花园植被等外，另设房屋考证、相关背景、相关人物的内容，延伸了建筑的历史与人文的内涵，糅合物质的建筑外壳和人物的灵魂内核，凸显苏州近代建筑的历史厚重感。

《苏州近代建筑考》体现了苏州近代建筑新旧并存、中西融合的多样性与丰富性。近代苏州虽不似明清时期那般显赫，但仍是闻名全国的人间天堂、园林城市、鱼米之乡，物产丰富，适宜生活，又因地理位置紧邻上海，交通便捷，故成为达官贵人们置业的首选之地。国民党政要吴忠信的吴家花园、蒋介石之子蒋纬国的丽夕阁、著名律师席裕昌的天香小筑、东山富商金锡之的春在楼以及叶楚伧、顾祝同、叶圣陶、严家淦等故居纷纷齐集苏城，由于这些社会贤达见过世面，视野开阔，他们或改造旧屋，或亲自督造，或自己设计，以致近代苏州建筑得以开风气之先，涌现了风格迥异的建筑。将苏州传统技艺发挥到极致的，莫过于东山春在楼，俗称雕花楼，整幢建筑“将砖雕、木雕、石雕和泥塑、彩绘、花窗、铺地等不同建筑工艺巧妙地融合在这一建筑群落中”，尽现了苏州香山帮工匠的高超技艺与金氏的丰厚财力。耗资 17 万银元，动用 250 多名工匠，历时五年时间建造的雕花楼已然是一件精雕细琢的体现工匠精神的工艺极品，已被列入全国文物保护单位。西风东渐，继承传统的同时，苏派建筑吸取西洋建筑艺术的养分，例如吴家花园既有欧式风情的西式建筑，又有保持苏式园林的湖石假山、花厅长廊、碧波亭子的花园，成为苏州为数不多的中西合璧的民国建筑。而东吴大学、萃英中学、桃坞中学等教会学校建筑，以及圣约翰堂、使徒堂等一批西式建筑则是西方宗教与文化渗透中国的产物，赋予了苏州建筑新概念。建筑风格代表了一个民族的审美情趣和地域特征，多样性建筑风格并存，折射了近代苏州开放、包容、创新的城市性格。

《苏州近代建筑考》具有较高的历史人文与艺术价值，体现历史的厚度与岁月的温度。建筑不仅是遮风挡雨的场所，更是人们的身心栖息所在，建筑也因其主人的参与赋予了灵魂。苏州名人宅院林立，彰显了苏州历史人文的深厚与独特的城市地位。民国时期，吴振声与其兄吴子深、吴秉彝，弟吴似兰是齐名于苏沪一带的画家，二十世纪二十年代吴家兄弟买下南起景德路北至西百花巷地段的十进旧房子，自行设计，请香山帮匠人姚琴记营造厂建造花园别墅，吴氏兄弟在此设立“娑罗花馆”“娑罗画社”，旨在“联系吴中艺术家，发扬国粹，切磋艺事”。“未厌居”是叶圣陶以多年笔耕所得营造的，既为侍奉母亲安享晚年，又在这里静心创作，然而抗战爆发后他不得不再次离开家乡。二十世纪八十年代叶圣陶的“未厌居”转身为苏州杂志社，成为文坛一段佳话。位于五卅路的金城新村是二十世纪三十年代中期建造的高档独栋别墅群，系金城银行高级职员住宅区，1949 年 4 月 27 日苏州解放，之后粟裕、张震率领解放军第三野战军驻扎于此，指挥解放上海战役。春在楼的木刻浮雕出于香山木雕艺人周云龙之手，为研究中国近、现代民间雕刻艺术传统、地方流派和技法难得的实证，其中成为国家物质文化遗产。建筑融工艺、人文、风格于一体，成为一个地区社会生活与审美的缩影。

《苏州近代建筑考》除文字介绍外，配以相关房屋照片、建筑平面图，以及反映房屋历史的契约文书档案，使全书文图相互佐证、相得益彰。编者们以严谨的治学态度考证每一幢房屋，围绕一个“考”字，追本溯源，通过实地走访和考查，深度分析房屋的建筑流派、风格、特点和工艺，解读近代苏州建筑文化。同时通过史料的梳理，研究房屋的前世今生和宅主更迭及其生平事迹，这种建筑实例和档案史料相结合的编写方法，无疑增加了《苏州近代建筑考》的真实性、权威性与生动性，彰显了它的史料价值与学术价值。此书的出版对研究近代苏州建筑文化及其社会变迁对建筑风格中的融合演变的影响，具有极其重要的参考作用。

建筑无言，承载岁月沧桑，记录社会变迁，传承建筑工艺，时光刻下的印痕与宅主留下的逸闻，让历史以另一种面貌复苏，让建筑恢复生命。《苏州近代建筑考》就是这样一部建筑史的画卷。

（《苏州近代建筑考》 唐小祥主编　苏州大学出版社 2016 年第一版）

旧闻中的历史碎片

新闻就是明天的历史，而历史则是昨天的新闻。当历史风云渐渐散去的时候，一张张旧报纸又激活了过去发生的新闻逸事，所谓旧闻新韵，其实历史从来过去，一直在进行。言子故里——常熟，历史文化底蕴深厚，思想活跃，自宣统二年以来创办了两百余种报刊。常熟市档案馆馆藏的“晚清、民国时期百种常熟地方报纸”入选第三批中国档案文献遗产名录，这也成为我市第三种入选中国档案文献遗产名录。2007 年常熟档案局出版了《常熟老报刊》，收录了 110 种老报刊，介绍出版人、报纸日期、内容及创刊号。一个县级城市保存了如此之多的老报纸，震惊档案界，此书出版后也在业界引起强烈反响。时隔七年，2015 年 1 月，常熟档案局再次推出《民国报纸——记忆常熟》，深度挖掘报纸的内容，收录了从 1910 年到 1949 年四十年间常熟地方出版的百余种老报纸上有关常熟地方政治、经济、社会、文化、民俗、时事、琐闻的各种报道、评论以及文艺作品，全方位展示了晚清至新中国成立前常熟的政治活动、社会生活、历史文化和市井百态。

《民国报纸记忆常熟》主要分为新闻、评论和文学三大部分，每部分内又设小类，如新闻部分设本邑要闻、国内时政、市乡通讯、社会新闻、奇闻趣事、议案文告等八小类，评论部分设刊词宣言、报刊社论、时事评说、民间杂谈四个部分，而文学部分则分旧体诗词、连载小说、散文新诗三小类。这种分类方法便于读者检索。新闻部分集中反映当年发生在国内和常熟的大事要事，评论部分则代表媒体人的立场与观点，文学部分以副刊的内容满足了当年文青们的需求。作为地方报纸，报名也体现了强烈的地域特色，多数冠以常熟两字，也有以海虞、虞、琴川等常熟别名命名，如《虞阳日报》《虞光》《海虞周报》《琴川日报》等；也有的报名体现了办报者的思想，如《鸣报》《自由报》《刍言报》《民言》《民气》等；《工商日报》《新工商报》《商情午报》《电报商情午刊》《商报》等为工商界服务；《大众报》《东进报》则是我党创办的。《民国报纸——记忆常熟》的分类也反映了一张报纸的形式和内容，而收集的日报、晚报、商报、画报、白话报、民报等各类报刊令人眼花缭乱，堪称是中国报业史的缩小版。

由于近代战乱频仍，又因各种运动的缘故，官方的档案与民间的记忆严重缺失，当年往事和人物基本以碎片化的方式呈现，很难完整准确。在这样的情况下，那些劫后余生的各种报纸提供了线索和有价值的内容，足以丰富常熟的记忆。创办于宣统二年（1910）五月八日的《虞阳周刊》是常熟第一份报纸，在第一辑新闻篇的“本邑要闻”收录了一篇《常昭城议事会庚戌年夏季常会议案》，提出了征集自治经费、征收荒地开筑公用房屋、设立医学研究所、禁止茶肆挑取秽水民主管理以重卫生、创设简易识字学塾、整顿善举等七个议案。这个议案反映晚清地方自治经费的贫乏，政府试图通过整理整理城厢废地建造房屋来赢利，充实自治经费。医药卫生也引起了当时人的重视，如成立医学研究所，目的是“精求医理慎重卫生”，对茶馆等场所的饮用水也严加管理，并派警察在水污染严重的地方值班，禁止茶馆在此挑水，如果违反规定，外以“一元以上、五元以下”的罚款。如果警察徇私舞弊，一并处罚。通过这条新闻报道，可以看出腐朽没落的清朝在地方管理上努力与时代合拍，并且也以公开的方式告知民众。

名人是媒体关注的重点，这类新闻往往能抓住读者的眼球，曾朴、宋氏三姐妹、康有为等成为记者争相报道的对象。1935 年 10 月 7 日《琴报》上刊登了《一代文宗万流景仰曾孟朴先生哀荣》，详细报道了 10 月 6 日曾朴追悼会实况：“昨日到会来宾，以文艺界、报界及各地名儒硕彦为多数，有上海市市长吴铁城代表、市公用局长徐佩璜、市教育局长潘公展（姚苏凤代）、严独鹤、包天笑、李浩然、周瘦鹃、范烟桥、徐蔚南、潘公弼、邵洵美、林微音、江小鹣，吴县张一麐、张一鹏……及苏沪各报记者五百余人”。通过这篇长达1200来字的报道，可以了解当时追悼会的全过程和名人云集的情况。当场赵景深、徐蔚南等人要求曾朴的家人保留他生前的起居房屋和书籍，仿照托尔斯泰、莎士比亚、雨果、歌德那样，建立纪念室，并请艺术家江小鹣为曾朴铸铜像。1934年5月19日的《电报商情午刊》则报道曾朴的私家园林——曾园对外开放收取门票的消息，由于曾府修葺旧有亭台楼阁，又增建“常有华观”四面厅供游客休息，故门票从钱百文涨至铜元六枚，并“特备点心，以应游客之需”。这则报道反映了私家园林并非私有独享、闭门谢客，还可以通过门票创收，满足普通人群的游园赏花之需。

共产党人石楚材之死、农民的集体暴动、迎接解放军的欢天喜地以及抗战时期的群情激愤、筹备第五慰安所等反映时局动乱、抗日战争、党派之争、迎接光明等新闻均在第一时间得到报道。《民国报纸记忆常熟》截取了当年报纸上的各种各类报道，留存了一个个历史片断，折射了常熟解放前四十年的政治、经济、社会、文化的发展变化，为研究新闻史、报业史、思想史提供了搜索引擎。

（《民国报纸记忆常熟》 顾志强主编　古吴轩出版社 2015年1月第一版）

档案里的春秋往事

守华是我的同行、文友、姐妹。年少时代，我们都梦想做一名图书馆管理员，稍长都改变初衷，一个想当一名记者，一个想成为作家。二十世纪八十年代初我们进入大学，她就读人大档案专业，而我则选择了复旦历史系，之后两人从事的工作都与档案有关，却与作家梦、记者梦渐行渐远。当守华不能成为一名“站在事件最前沿的做即时报道”的新闻记者时，她转身成为了一名“在一切烟消云散之后，抖落片纸只言的灰尘，为日后留下痕迹”的“历史记者”。

众所周知，档案文献是研究历史、解读历史的原始依据，是一切过往的记录，尘封了曾经鲜活的历史，尘封了曾经激荡的岁月尘封了曾经璀璨的文化。专家学者拥有的史料，就如大厨手中的食材，不同的食材烹制出不同的佳肴，不同的档案文献也将显现不同的历史面貌，拥有的越多离真相越近。档案工作者守护兰台，就是守望一份清苦寂寞而美丽多姿的事业，也因此比别人多了一个了解人类文明进程的机会。不少有心人从一件件泛黄的档案、一份份陈旧的文献中，捕捉到从时光深处传来的脚步声，并将记忆碎片拼凑成一幅久经岁月冲刷却依然清新鲜明的历史画卷。守华就是这样一位有心人，她以《中国档案》记者的身份南征北战，在似静非静、似无声胜有声的档案天地里探密、解密、揭密，抒写、讴歌了档案文献守护者的艰辛与执着，解读、剖析了珍贵档案里的传奇故事与过往云烟。耕耘数年，收获了《档案大揭秘：文化的真相》一书的问世。

《档案大揭秘：文化的真相》收录了《锦屏文书：昔日林区生活的原始生态文献》《水书：水族历史的奇异密码》《样式雷图档：皇家建筑的纸上博物馆》《孔府档案：历经磨难的私家文献》等18篇文章，揭示了皇家工程档案、百年病案、潮汕侨批、契约文书、私家文献等涵盖政治、经济、文化和社会生活方方面面的历史信息与文化真相。守华凭借档案工作者的优势，以记者的敏锐、史家的严谨，用老辣的文字，通过官方档案、民间收藏、私家文献等这些遗留在时光燧道里的珍贵档案，引领我们探索与发现历史长河中或跌宕起伏的激流或曲折缠绵的溪流，感受历史脉搏的跳动，还原那些功成名就、岁月印痕与生活百态。真实的历史、灿烂的文化宛如一盏盏明灯被她手中的妙笔点亮，让我们共同感到那一切仿佛就发生在昨日，它连结着今天的生活，照亮着走向明天的道路。诚如赵蘅女士在题名为《向点亮时光隧道的人们致敬》的序文中所言：“在那条悠远而漫长的时间隧道里，若隐若现地闪现着点点灯光，那是人类的记忆之灯”。

点点灯光，串起了中华民族五千年的文明史；点点记忆，承载了中华儿女勇于实践的辉煌史。侨批、样式雷图档、钱塘江桥工程档案、锦屏文书、水书等先后入选《中国档案文献遗产名录》，其中样式雷图档于2007年入选《世界文化遗产名录》。这些档案历尽天灾人祸得以留存，本身就是一个奇迹。奇迹的创造者正是一代一代守护人，他们有官方的，更有民间的。官方机构充分意识到抢救具有地域特色的档案文献遗产的重要性和紧迫性，他们克服经费少、人手少的困难，深入山林村寨，挨家挨户上门征集，如贵州锦屏县档案馆征集到从1715年到1950年间的“土地租赁、山林养护、调解纠纷、乡规民约”等契约文书；荔波县档案馆征集到被称为象形文字活化石的反映水族悠久历史的典籍——水书，还聘请水书先生破解这些天书上的密码。相比官方，档案的持有者则需要承担更多的压力，美国人玛丽面临着随时被查抄的风险，小心珍藏数十封来自红色中国的越洋家书；锦屏文书、水书、侨批被主人们东藏西藏，侥幸逃过了战乱年代与历次政治运动的浩劫；茅以升随身携带的钱塘江桥工程档案及副本经过十四年抗战、十年文革，工程副本安然回到浙江省档案馆。作者浓墨重彩地描写了档案守护者的心血与付出，他们的名字都应该铭记在“抢救中华文化历史瑰宝的功劳簿”上。

档案是先人们的馈赠。守护档案，就是守护人类文明，就是守护中华民族的文化之源、历史之本。档案固然记录了沉甸甸的家国历史，但它与民生、文化、社会息息相关。协和医院保留的近一个世纪的记录规范、内容全面的病历档案，不仅成为医护人员开展学术研究的重要素材，而且成为维护医患双方合法权益的有力佐证，更有社会学家利用病案研究近代中国社会的变迁。历代能工巧匠为社会进步与传承文明作出了不朽的贡献，但古籍档案中难觅他们的踪影，也缺乏对他们的技术与作品的记载，样式雷图档作为个案弥补了这一缺憾，呈现了建筑世家雷氏七代人高超的营造技艺与辉煌的业绩成果，它的出版俨然成为“皇家建筑的纸上博物馆”。抗战之初，第一座中国人自行设计、施工的铁路、公路两用现代化桥梁——钱塘江桥建成不久，就因战事逼近，被迫炸毁，大桥设计师茅以升以“不复原桥不丈夫”的壮志，利用精心保管的工程档案，于战后重建大桥，钱塘江桥工程档案与样式雷图档一样闪耀着中国人不断探索与实践的智慧之光。档案里的人文情怀、档案里的春秋故事、档案里的历史脉络，档案里的文化内涵，正被作者娓娓道来，震撼我们的心灵，启示我们在政治、经济、文化和各项社会事业飞速发展的当下，更要重视档案文献的抢救与保护及其开发利用。

貌似枯燥的档案，也流动着普通人的七情六欲。《数十封越洋家书：异国女子在中国的传奇》记录了美国姑娘格蕾丝在异国他乡四十年的风雨兼程。1932年，格蕾丝放弃喜爱的音乐专业，冲破宗教、种族及东西方文化的差异，与留美中国工程师刘茀祺喜结良缘，并“嫁夫随夫”来到中国。甜蜜幸福的日子匆匆而过，不幸遇上抗战内战、丈夫病亡和文革灾难，但凭着对丈夫的爱，她坚强地承受了生活与心理的双重压力，封尘了数十年的越洋家书透露了她当年的思想、生活、情感。《林洙：为了留住梁思成先生的学术》一文详细描写了梁思成的第二任妻子林洙三十年来呕心沥血收集、抄录、校对梁思成文稿的往事。1972年，梁思成过世后，林洙将全部的业余时间都花在《梁思成文集》《梁思成全集》《梁思成建筑画》的整理与编辑上，因为这份坚持和执着，“梁思成的学术思想与科学著作才得以全面、系统地传世”。

读罢《档案大揭秘：文化的真相》，深感中国档案文献遗产的厚重，深感档案创造者与守护者的伟大，深感作者的博学勤奋，深感档案工作大有可为。遥望窗外世界，滚滚红尘，人心浮躁，物欲横流，只叹功名利禄如云烟般聚散无常。再看兰台世界，只要耐得住寂寞、守得住清苦、坐得住冷板凳，静静地撩开档案的面纱，就会发现那里承载了人类文明的记忆，沉淀了历史文化的金沙，它们必将伴随文化大繁荣，引吭高歌于新时代。

（《档案大揭秘：文化的真相》 刘守华著
中国纺织出版社　2012 年 10 月第一版）

麦文果：抗战烽火中的白衣天使

鸦片战争后国门被迫打开，基督教会陆续派人来华传教，这与向来信奉佛教、道教的中国人产生抵触，影响最大的当推发生于同治九年（1870）的天津教案，此案令晚清重臣曾国藩名誉受损。长期以来我们接受这样的教育——西方传教士到中国传播“福音”是一种文化、思想侵略，在这样的语境下往往全盘否定基督会的有益作为，然而考查历史，不难发现，教会与当地民众产生矛盾的根本在于个别传教士的不良言行和中国民众对西方宗教的排斥所致。实际上，来华的传教士们无论传教、从医、执教大多遵纪守法，带来上帝概念的同时，传播了西方文明，对中国的文化教育、医疗卫生产生了深远的影响。

知道传教士麦文果其人始于两年前，因朋友编纂南通人民医院院史，来苏州“讨教”，一个叫麦文果的美国姑娘的故事吸引了我。之后同行朱江又利用海外珍贵的书信文献、报刊旧闻，撰写了《麦文果》一书，通读之余为麦文果的博爱和人道主义所感动。她和南京的魏特琳一样充分利用美国人的身份，救助了陷于抗日战火的中国人，朱江称之为“南通的魏特琳”。魏特琳是家喻户晓的人物，她看管的金陵女子文理学院成为南京大屠杀期间中国妇女的避难所，远在南通的麦文果虽不为人们熟悉，但她如魏特琳一般坚强、勇敢、善良、侠义，帮助受难的南通百姓。以过去的思维模式，出身于基督徒家庭的麦文果受过良好的教育，放着国外的好日子不过，偏要到落后的中国来，定然“居心叵测”，其实理由很简单，1935 年她来华前夕在美国《世界召唤》发表了《我为什么去中国》，文中说：“人不仅仅是恩惠的被动接受者，还应该是施予者，因为只有如上帝之子般行善，一个人才能完成升华”，之所以选择中国，是在了解到“四万万人口的国度的困境后……我们坚信，与上帝在一起，我们会解决这些现实问题”。正是怀着宗教信仰与执着，她来到南通基督医院从事护理，意想不到的战争使一个普通女子显得不再平凡，这种不平凡不普通全仗于她在南通四面楚歌之际不顾个人安危、救死扶伤的表现，她真正是一位上帝派来的天使。

《麦文果》共有十八章，从麦文果“到中国去”“来到南通”，“遭遇轰炸”“组织善后”，到“独自留守”、“救济难民”“目击暴行”“同舟共济”，直至 1939 年秋天离开南通。全书以麦文果为中心，辅以相关的南通背景介绍，详尽描写了麦文果战乱中不畏艰难救护、保护中国人并开展红十字会工作的事迹。写人物传记，拥有第一手的资料是关键，麦文果作为外籍人士在华的资料十分有限，幸而作者通过各种渠道查阅到当年麦文果发表在美国报刊上的文章及向上级、友人、同事所写的报告、书信，才得以深入了解这位异国女性在南通沦陷期间的果敢行为，且通过她的视角揭露了日寇在南通施暴的真相，以及战时南通各方人士的生存状态，或许这比受害方的审视更为客观公正。回到 1936 年的那个秋天，麦文果经过在北平一年的中文学习后南下，踌躇满志，成为南通基督医院的一员，但战火改写了她的历史。1937 年 11 月《世界召唤》发表了她的《轰炸南通》一文，那天在家做针线的麦文果眼见炮弹炸毁医院，迅速穿上护士服加入救援的行列，且忍着匆忙中受伤的腿痛，她看见“在二楼的屋顶，眼看着火焰离自己越来越近，一个无助的绑着石膏的小男孩蜷缩在楼顶绝望地啼哭，我让他跳下来，但他受了惊吓，根本就不能动弹了……我义无反顾地爬了上去，救下小男孩，如果不这样做，小孩的哭声将一直萦绕在我耳边，使我永远不能安睡”。时至 2005 年，当年的幸存者也回忆麦文果小姐冒险救下小男孩的情节，与麦文果的描述完全一致。美国驻华记者在《纽约时报》报道《轰炸导致美国在华医院病人和医生遇难》，称赞“麦文果还坚守在废墟之中，对受伤严重的中国员工进行护理”。当医院同仁疏散到庐山时，“我们和中国朋友都苦口婆心地劝她（麦文果）离开，怕她有危险，但她还是不愿走”。

因为麦文果的不愿走，才有了这部《麦文果》在南通的纪实作品。1937 年 8 月到 1939 年秋天是南通陷入敌手的黑暗时期，麦文果独自留守南通，通过一封封书信向外传递着日寇的侵略行径及她的艰难岁月与寂寞时光，小到肉体上忍受饥寒，大到精神上时时处于提防日寇骚扰的紧张状态，书信成了她沟通世界、放松心情的良方，由此也书写了一个天使在人间的故事。

（《麦文果》 朱江著　苏州大学出版社

2013 年 12 月第一版）

寻找周根根

1984年10月21日，《常熟市报》报道城郊乡宝岩村农民周关全家中保存的一件明正德元年（1506）“奉天诰命”的新闻引起社会广泛关注。这件“奉天诰命”来自常熟名门望族周氏，是明武宗朱厚照上台伊始颁发的，其内容为敕封工部主事周炯之父、浙江布政司右参政周木为中大夫，周炯之母为淑人。时光流转，世事沧桑，家藏诰命的周木后人周三大已沦落为农夫，并因家庭贫寒而将祖茔出售，因此与翁同龢结识，其子周根根更是成为翁氏削籍回乡后“最出力的坟客”，翁氏日记中时有记录，诰命上因此有了翁同龢及其侄孙翁斌孙的题跋。周根根，一个朴实的农民，其人生境遇如何，不得而知，但可以想像他如同大多数人一样生儿育女，勤劳耕作，在乡间终老一生。

历史永远超乎人们的想像，人的命运往往因为某个历史节点而改变原来的轨迹。当读到沈秋农先生的新著《铁蹄下的江南名城——常熟老人口述日军暴行》收录的《周龙兴：瓶庐毁灭罪昭彰》一文时，周根根的名字清晰地出现在眼前，他没能安享天年，而是死于日寇之手。倘若没有《铁蹄下的江南名城》一书，周根根便如同一棵小草被遗忘，古往今来宏大叙事背景下鲜有小人物的身影，帝王将相牢牢把握着话语权。关祖、关福、关全是周根根的三个儿子，周龙兴则是关福之子，他接受沈秋农先生的采访，详细回忆了1937年抗战军兴时的国难家仇。国民党八十八师指挥部驻扎在瓶隐庐，成为日寇攻击的目标，而周根根让妻儿逃难，独自看护瓶隐庐，结果惨遭杀害。无数周根根出现在《铁蹄下的江南名城》中，他们被动卷进突如其来的战争，死于非命，有冤无处申，消失在血雨腥风的时代，消失了近八十年，而今因一个人执着于抗战史的研究，这些冤死的“草民”与不堪的往事重见天日，还历史一个真相，还人们一个公道。

《铁蹄下的江南名城——常熟老人口述日军暴行》体现了作者沈秋农的历史担当与责任意识。抗战对于普通大众来说是毁灭性的灾难，并非那些热播的神剧，基于让人们真正了解这段历史，“作为曾经的史志工作者、宣传工作者、档案工作者，我有义务，更有责任将那段不堪回首的屈辱史、血泪史予以抢救和记录，并继续做好研究与宣传工作，发挥好历史教科书的作用”。这种高度的使命感促使沈秋农几十年来专注抗战题材，他不畏寒暑，不怕辛劳，四处收集素材，揭露日寇暴行罪恶，伸张正义，先后出版了《常熟·1937》《警钟长鸣——侵华日军常熟暴行口述档案》《日军常熟暴行录》，以铁的事实控诉日寇在常熟的暴行与常熟儿女的抗争，其中《日军常熟暴行录》是第一部对日军在常熟暴行所做的专题研究著作，可谓作者数十年抗战史研究的精品力作。警钟长鸣，唯有铭记中华民族屈辱的历史，才能团结一致实现中华民族伟大复兴的梦想。

2017年，广西师范大学出版社出版了《抗战老兵口述史》，通过二十四位老兵的口述当年经历，部分还原了台儿庄战役、桂林保卫战和远征军赴印缅作战的惨烈史实。《抗战老兵口述史》是作为战士身份勇敢而主动地投入到与日寇的战斗之中，而《铁蹄下的江南名城——常熟老人口述日军暴行》则是无数民众面对战争的被动的无奈的逃难与受辱，其中也不乏回忆抗日志士英勇斗争不怕牺牲的故事，这也是抗战时期中国人民遭受磨难的缩影。口述史越来越受到各界的重视，尤其是抗战口述史已处于抢救阶段，时代久远，亲历者也渐渐老去，很多真相已与当事人一起永远沉于地下。因此《铁蹄下的江南名城》是一部具有极高历史价值的常熟抗战口述史的最新成果，是沈秋农以一己之力采访遍及常熟城乡的一百零九位老人的口述档案，其时历经十五年之久，其中有二十多位老人已谢世，其珍贵性不言而喻。他们以朴实无华的语言描述当年的不幸遭遇：背井离乡、辗转逃难、惨遭杀戮、受尽侮辱，乃至妻离子散、家破人亡，这是常熟民众亲身经历的集体回忆，这是全国人民无法忘却的苦难历史，这是档案工作者孜孜以求挖掘的珍贵宝藏。沈秋农将这些个体的抗战回忆整理成文，完成了一部真实反映日寇侵华暴行的警示教材，正如清史专家戴逸先生所言："该书原汁原味记录了具体的历史场景，体现了真实性、权威性、鲜活性"。周龙兴讲述了翁同龢晚年生活的瓶隐庐被炸及国民政府抗战士兵牺牲的情景；国民政府外交官蒋恩铠的女儿蒋曼美则讲述三幢别墅被炸及妹妹病死的悲剧；瞿永沂回忆参加"江抗"父亲被日寇严刑拷打致死又被扔入硝镪水毁尸体灭迹的惨剧……多数老人家在回忆时哽咽不已，有的痛哭失声，这些口述故事与当年媒体报道及历史档案相对照，都可以找到与此相关联的历史事件，其真实性与史料性足可以完善、弥补纸质档案之不足，且因回忆者的亲历及情感加入，使历史有了深度、广度与温度，也让屈辱史的教育更为生动更为悲愤。

作家陈徒手先生为拙著《灯火阑珊处》作过这样的推介语："感谢作者为一座古城下了这么大的功夫，属于在历史时空所做的抢救性质的高难度作业"。我觉得这句话更适合沈秋农和他的《铁蹄下的江南名城》。

（《铁蹄下的江南名城》 沈秋农著　中国社会科学出版社 2017 年 10 月出版）

美的旅程

小说《红楼梦》里贾宝玉在梦境遇到一位乳名兼美的女子，兼美之名颇有深义，隐含她兼具黛玉与宝钗的优点。生活中凡人凡事要做到兼美实非容易，然而最近收到一本可以说是形式与内容兼美的书，即《留园印记》。

《留园印记》由苏州园林档案馆包兰执笔，2012年11月由江苏教育出版社出版，被业界评为2012年最美的书。此誉一点不为过，她确实很美，美得令人想急切阅读，一睹其庐山真面目；美得又令人不忍多翻看，怕损坏了她的容颜。《留园印记》实现了文本内在美与装帧外在美的高度统一，是融文字之美、图片之美、印章之美、设计之美于一体的欣赏留园之美的集大成者。

《留园印记》装帧设计之美体现了苏州文化的优雅特征。设计者匠心独运，采取中国传统的筒页与包背装，分别选用浅绿色、浅黄色、浅蓝色三种纸张体现“水木清华”“庭院深深”和“桃花源记”三个篇章的特色，分别代表留园中部的水园、东部的厅堂建筑、西部的山林野趣。介绍留园前世今生的“美石·名园”作为全书的开篇，而54幅表现了中国传统印章从拟稿、转印、刻印、拓边款、盖印等整套流程的图片，组成了“金石·印痕”篇，成为压轴戏，在印制时选用了厚实的牛皮纸，起到前后呼应的效果。《留园印记》既打破传统印刷用纸的方法，以色彩区分文本内容，又以传统文化符号表达园林文化与人文情怀，讲究的色调，柔软的手感，水墨画般的封面，整个装帧设计新颖别致。

《留园印记》文本结构之美体现了作者的慧心巧思。著名篆刻家亚农精心雕刻的朱红印章犹如一根丝线，串起一篇篇优美诗情的文字，串起一张张淡雅厚重的图片，作者如此巧妙而自然地将文字、印章、图片组合成留园交响曲，可谓天衣无缝，可谓别出心裁。“美石·名园”篇相当于引言，既提纲挈领，又行云流水，引领读者了解留园的前尘往事和今世荣光，且点出此书“用中国篆印来诠释苏州园林”，是“人类文化遗产与人类非物质文化遗产代表的珠联璧合”。一张张穿插在文本中的黑白照片，延伸文字阅读的视角，更形象直观地记录了留园巧夺天工的美妙景致与寓意深刻的人文情怀。被俞樾称为吴中名园的留园，在作者的笔下演绎成“水木清华”“庭院深深”和“桃花源记”三部曲，诗意的篇名，诗意的文字，构成了《留园印记》的重要内容，徐徐展现了留园的四时风光、花木扶苏、假山石峰，还有那从岁月深处走来的风云人物。“春路雨添花，花动一山春色。行到小溪深处，有黄鹂千百。飞云当面舞龙蛇，夭矫转空碧。醉卧古藤阴下，了不知南北。”这是宋代词人秦观的《好事近》，这也是“水木清华”的前奏，而“庭院深深”和“桃花源记”分别配以晏殊的《踏莎行》、黄庭坚的《水调歌头》。以名家名词作为章节内容的提要式的导读，增加了读者的好感与阅读的美感，令人发思古之幽情，穿越在历史现实之间，陶醉在美文美图之间，畅游在人文山水之间，渐入佳境，不知今夕是何年，不知不觉中，错将留园梦幻成自家的桃花源。

《留园印记》的文字之美体现了作者较高的文学修养。如果作者没有全面把握留园历史，没有高雅的审美情趣和深厚的文学修养，就不会有如诗如画的文字表述，更不会从一草一木、亭台楼阁、山水景观中散发作者的人生感悟与思索，那么《留园印记》只是仅凭装帧设计独特取胜而已。苏州园林是一幅文人山水画，移步换景，一景一画，作者身在景中，又置身景外；作者透视画面，又成画中之人；作者吟诵诗词，又转化为字字珠玑。西楼，在她的笔下便有了色彩有了感情有了思想有了生命：“是谁想到在墙上开洞门开花窗，于是就有了明明暗暗，开开合合、大大小小、虚虚实实……黑白之经典，古人早就懂得，并且在苏式园林里发挥到极致。永远是粉墙黛瓦，素雅简洁，对比分明。这样四季的花草此开彼合，红肥绿瘦，明黄暗紫，缤纷色彩在粉墙素壁上随意泼洒，成就天然的美丽画卷。光与影的交织，黑与白的对比，日与月的轮回，春与秋的更替。在西楼，时光仿佛太匆匆。”

匆匆的是岁月，匆匆的是我们的脚步。经常涉足园林，却经常走马观花，来去匆匆，很少静静品味，静静欣赏，而今在早春安谧的夜晚，静静拜读《留园印记》，沿着作者用文用图用章用心勾勒的线路，对留园作了一次深度旅游，对世界文化遗产作了一次深度解读，这是一次难忘的美的旅程。

（《留园印记》 包兰著　江苏凤凰教育出版社
2012 年 11 月第一版）

第3辑（吴地风情）

抖开“包袱”后的哭泣与笑声

二十世纪八十年代的机关单位，同事之间称呼不带职位，要么老张老李，要么小张小李，因此称呼父辈式的陆伦章先生为老陆，属于标准称呼。无论他的工作或者职务变化，及至声名鹊起，成为著名剧作家，对他的称呼三十年来一直没变，永远是老陆。剧作家老陆与邻居老陆，在我眼里是一位勤奋、执着、高产的文化人，也是一位朴素、普通而值得尊敬的长者。他写的滑稽戏噱头多，笑点多，经常出人不意抖出“包袱”，令人开怀大笑，笑后又陷入沉思，题材都紧扣时代脉搏，弘扬主旋律，讴歌真善美。我知道老陆是有故事的人，也断断续续看他抖开“包袱”说一点家族旧事，但更多的是听他说新近写的戏要如何修改，家中儿女生活工作如何、一年收入开支等家常琐事。

记得有一次到老陆家闲聊，他说身体不好，写戏太累，准备整理自己的人生经历，写写父母亲那代人。没想到他这么快就写好了《含泪的喜剧》这本书，也没想到我读着读着，眼泪不听话地哗哗落下，一次又一次。老陆抖开的这个包袱竟然如此沉重，沉重得让人怀疑老陆之前是不是一直戴着乐观开朗的“假面具”生活？喜剧是人类期待的圆满，无论达官贵人还是凡夫俗子，老陆的喜剧是喜中有悲，五味杂陈。《含泪的喜剧》是老陆坎坷曲折而奋发向上的人生，是他勤于笔耕而修炼得道的真经，是对慈母忍辱负重抚育他成长的回忆。笑声中含着悲戚，哭声中心怀希望，悲喜因时代、场景、人物的转换而发生重大变化。在经历了一次次玩笑式的经历或考验后，我曾写过一篇小说，感叹“人生如戏，戏如人生”。其实我经历的“戏码”，与老陆的相比根本不算什么。老陆也有过悲观的时候，但他不忘初心，苦苦地从社会已为他量身定“编”的剧本里挣扎出来，“演员”老陆就这样改写剧本，从山明水秀的家乡无锡南泉镇走出来，走出了他的精彩的另面人生。他一次次深入生活，观察社会，到派出所到校园到社会的各个角落，了解人生百态，编写他者的剧本，《快活的黄帽子》《顾家姆妈》《探亲公寓》《青春跑道》《快活的泥腿子》一部部滑稽戏、锡剧让苏州戏曲文化风生水起，更使苏州滑稽戏享誉全国。二十余部剧目和专著，三次荣获文化部“文华剧作奖”、三次荣获“中国戏剧奖·曹禺剧本奖”、五次获中宣部五个一工程奖，并获江苏省首届“紫金文化荣誉奖章”……看着这张厚重的成绩单，老陆的人生可以说是一部喜剧。

我们无法选择时代，正如无法选择谁做我们的父母。老陆原本过着衣食无忧的生活，只因父亲的离别，使其成为黑五类子女，家中沿街房屋全被没收，生活跌入困境。母亲拖着六个儿女艰难谋生，昔日门庭若市的陆家，瞬间门可罗雀，年幼的老陆知道了第一个成语就是世态炎凉。人人自危的年代，人性的光辉与幽暗并存，守寡的舅母和姨妈、奶爷带来贴心的温暖，点燃着陆家的希望，让幼小的心灵感受疼爱与怜惜。整天围着灶台转、缝缝补补的母亲在老陆的记忆中没有抱过、亲过他，但“只有在我懂事后，我才知道，那个没有亲过我，抱过我的母亲，才是世界上最爱我疼我的人”。母亲节衣缩食省下钱买煤油，使酷爱读书的儿子日日灯下夜读，丰盈内心；每每儿子下田干活还是上船罱河泥，母亲天天为他的胶鞋更换鞋垫；母亲精心计算时间，准备着热开水和饭菜，等候收工的儿子；母亲包容儿子偶尔不出工的小情绪，关切他的身体健康……在父亲缺席的成长年代，母爱如水如山，温柔而坚定有力。老陆在《下一个路口》篇章中写道：“如果在另一个世界我能找到妈妈，我一定会唱一首歌，那是我奋斗了一辈子，苦过累过之后最想唱的那首歌：‘世上只有妈妈好’，这首埋在心底的歌，让我时常在时间的遗址上，凭吊神伤，泪流满面”。“我会含笑迎向招魂幡：谢谢你来接应，我想妈妈了”。母亲点亮了那盏煤油灯，那盏灯给了老陆一个梦，伴着“一灯如豆”，他发表了《第一次灌溉》等作品，奠定了他以手中的笔书写人生的基础。而那个在他七岁时就离家的父亲，怀着三十八年的思念与离愁，回到老家，已是白发苍苍的他久久地坐在妻子的墓前，银杏树下，山风呜咽人无语，一个在里头，一个在外头，已是两重世界。淡笔写浓情，《我的父亲母亲》读来悲怆，难以自拔，夫妻、父子分别得太久。他们是那个时代悲剧的缩影，个人的力量是何其渺小，纵然老陆辗转把父亲找了回来，但再也唤不醒沉睡地下二十多年的母亲。

“人间草木深，我心桃花源”。人世间既有晴空万里的时刻，也有乌云密布气候，但只要“心中有善念、有梦想、有勇气，你眼睛里看到的便是处处草木丰美的桃花源”。老陆从 1962 年回乡务农到 1982 年成为国家干部，用了整整二十年，漫长而艰辛的跋涉，有痛苦有收获，更得“贵人”相助，人生得以进入更高的平台。所有的一切离不开他自身顽强的拼搏和心底梦想的支撑，离不开多年阅读的积累与思索，离不开深知底层疾苦的平民情怀。成功者背后是成功者数倍于常人的付出、汗水乃至委屈，完成一次次的自我救赎，老陆笑看云起，海阔天空。

老陆年已七十有四，见过阳光雨露，经过严寒风霜，他从容不迫回忆过往，达观地看待世界与苦难，在字里行间感念那些施以援手的亲人、朋友、领导，而对那些适时抖出“包袱”磨炼他意志的人也给予宽容。面对那么多荣誉，他谦虚地认为一部戏的成功是编剧、导演、演员、舞美、音乐等多方合作的结果。悲喜交加、泪眼蒙眬读完这本书，一时难以平静，为作者、为书中的故事，无论是他笔下的父母、友人、同道，还是剧中人物阿旦、阿德嫂。老陆的《含泪的喜剧》，真如作家范小青所说，是“一部难得的有温度有筋骨的优秀作品”。

（《含泪的喜剧》 陆伦章著　中国戏剧出版社
2017 年 7 月第一版）

一片冰心在苏城

苏州，曾是一个遥远的名字。还未上学的我从姐姐的课本上认了几个字，一有邮递员上门送信，就“鲜嘎嘎”抢着读信封上的字。一封封从上海寄来的信封上都写着苏州齐门外常熟某地，从此我明白除了常熟、上海、北京外，还有一个叫苏州的地方。

1986 年，我到苏城工作，虽然之前曾游过沧浪亭，走过观前街，但这个城市依然给我一种陌生的感觉，且与大学英语课文上介绍的美丽苏州有一定距离。慢慢地，我爱上了这座天堂城市的一草一木与温润清雅，发现她兼具大家闺秀的高贵典雅与小家碧玉的灵巧秀气，又有书生的儒雅内敛与斗士的英气勃发，这是与苏州厮守二十六年后的粗浅解读。当我阅读陆嘉明先生的《苏州美学映象》，才发现苏州在人们心坎上的位置与分量远远超过了我的认识，并为作者对苏州特有的感性抒怀、文化透视、理性思辨所感动。

《苏州美学映象》以赤子的情怀、美学的笔致与诗意的语言构勒了一幅人间天堂长卷，浓笔描绘了苏州的山水风光、园林胜景、老街古镇、水乡美食、吴歈雅韵，是作者对苏州全方位细致观察、用心研读、细细品鉴后的一部赞歌。谁不说俺家乡好，何况家乡是古往今来多少文人骚客称颂的人间乐土，陆嘉明先生凭借深厚的文学功底与美学修养，怀着“一分执著二分闲散”，漫游园林山水，独步老街小巷，徜徉其间，美不胜收，思绪万千，鉴赏苏州诗词与古城之美、园林之美、山水之美、水镇之美、街巷之美、吴韵之美等的篇章中，引经据典，旁征博引，由他人的诗眼引发自己的审美情趣，由眼前的景致激发对苏州的满腔深情，由衷赞赏苏州风物、讴歌苏州人文，称道苏州生活。其情真，其心痴，其言美，其思深，篇篇佳作呈现了作者才思喷涌的绚烂之美，更引领我们回眸了旧梦深处的淡淡烟云，领悟白发苏州的隽永深长。

“苏州好，城里半园亭。几片太湖堆崒嵂，一篙新涨接沙汀，山水自清灵”，这是清代词人沈朝初的《忆江南》。曾拥有一半城来一半园亭的苏州历经战乱历经朝代更迭已不复当年的模样，但园林依旧是苏州最亮丽的名片，陆嘉明先生展现了历史与美学的双重眼光。我无数次从寻常的小桥流水旁走过，穿梭在春色迷蒙的雨巷中，走进园林，欣赏那里的亭台楼阁、太湖峰石、清泉假山、曲径长廊，耳边传来的昆曲、评弹，仿佛成了眼前如诗画般美景的配乐。“虽由人作，宛如天开”的园林，是苏州永久珍藏的一幅融合生活旨趣与人文情怀的山水画，更是《苏州美学映象》厚重精彩的章节，是文人陆嘉明的理想王国，但她多了几分清贵气，多了几分书卷气，毕竟这里曾是大户人家的后花园。尽管如此，园林情结渗透到苏州人的骨髓，新房装修之时，人们喜欢运用园林元素点缀其间，家有小院的必定砌个水池，装扇漏窗，卵石铺地，竖起太湖石峰，自得自美之情不言而喻。

走出陆嘉明美轮美奂的园林世界，最熟悉最自在最亲近的莫过于纵横交叉的街巷，它们是苏州城最显眼的地标。每天穿街过巷，是我们走向自家小院、走向外部世界的路径，是孩子们结伴玩耍追逐的乐园。生于斯长于斯的苏州人，都保留着一条街一条巷的记忆，那里有童年的梦想、成长的烦恼、亲情的温馨，这些信息永远存储于心底，不必备份，不会遗失。如果说水是苏州城的血液，那么一条条曲折、狭长、幽深的小巷无疑是它的神经，吸引着苏州人的视角，指挥着苏州人的言行。苏州之幸，在于这些小街小巷并没有湮灭在城市建设的浪潮中，她们烙着“苏州”印痕，承载着岁月风霜和历史记忆，继续走向未来。

追随着陆嘉明的步伐，徘徊在千年古街——七里山塘，这里是大唐诗人白居易留给苏州的厚礼与念想，这里是曹雪芹笔下一等风流富贵之地，然而沧海桑田、白云苍狗，她全然没了徐扬《姑苏繁华图》的盛况。繁华过后，山塘街、平江路依旧清和宁静，一如苏州城淡雅淳厚、从容不迫的性格，诚如作者所说，象征着苏州人坚守的“一份艺术的精神，一份文化的底蕴，一份水巷的神韵”的生活信念。

走近苏州、亲近苏州、阅读苏州，内在美与外在美、古典美与现代美的完美结合，造就了“崇文、融和、创新、致远”的文化名城苏州，不禁令我们产生与陆嘉明相同的“王婆”自夸的心理，但自夸的背后是苏州积淀了两千五百年的历史文化，是苏州绵延不绝的古风吴韵，更是无数苏州儿女自信自爱的真情表白。著名的苏州女词人沈祖棻有诗云：“人生只合住吴城，片石丛花俱有情”，其实我们和沈祖棻一样钟情苏州、眷恋苏州，“一片冰心”在苏城。七里山塘虎丘塔、吴宫花草阊门柳、石湖晓月苏州戏、天平红枫太湖水，还有莼鲈之思、阳澄蟹味、碧螺茶香，哪样不牵动我们的眼、我们的心、我们的魂？

锦瑟华年，惟与苏城共度。

（《苏州美学映象》 陆嘉明著 古吴轩出版社出版 2008 年 1 月第一版）

邻家男生的烟雨世界

因工作认识啸峰，因文章了解啸峰。

相识时间不算长，但觉得已经认识很久很久，这种感觉或许来自于读他散文时产生的共鸣，还有他那邻家弟弟般憨厚的笑容与爽朗的笑声。啸峰是个不拘小节的大男生，平时说话大大咧咧，偶尔来两句惊人之语，达到娱乐大众娱乐自己的目的，与他交流绝对轻松愉快。在秋雨飘洒的季节，他的新著《苏州烟雨》陪伴我度过双休日，我仿佛穿过老街小巷，跟着他的脚步，去追寻人性之美、生活之趣、读书之乐。如果说人生是一条长长的河流，那么啸峰四十余年生涯中的一段曲径、一股激流，抑或一朵浪花全部浓缩在这烟雨迷蒙的文字里。

“言为心声，文如其人”。啸峰的文字是朴实无华的，讲述的故事是真切生动的，笔端流淌的情感却是细腻诚挚的，这些文字清晰地展示这个好学上进、善良宽厚的男生的成长片断和异常丰富的内心世界，以及他对人生的冷静思索和深刻的人文情怀。虽然采用白描手法，却给人色彩斑斓的感觉。“印象 · 老街”系列散文，围绕了作者童年在老宅里的生活经历，通过少年的视角还原了无数普通而精彩的生活场景，记录了物质贫乏年代人们的柴米生活与情感世界。张长兴的阳春面、外婆的油氽果玉、三珍斋的猪头肉、老耿头的大饼油条，那些儿童眼里的美味佳肴，同样诱惑得老街上的饮食男女将人类的聪明才智发挥到极致，“四两面二两二两地下”是外公的生活智慧，多些面可以多滋润家人的肠胃，当年老外公的嘱咐，小男生记忆犹新。然而物质的匮乏不等于情感的空白，吃喝拉撒之外，二舅等愣头青们热切关注着长妹和三婶婶家的小萍、小敏，姑娘们的一笑一颦、一言一行牵动着年轻的心。行走江湖的洪老老客串了一回“鸿儒”，铁树移入他家，王友吉换了照牌，古井里除了淤泥也掏不出外公的宝藏，老宅的秘密随着它的拆迁被外公永远尘封起来，老街疲惫了，曲终人散了，留给啸峰的是青涩与芳香的记忆，这记忆里有孩童的顽皮、长辈的关爱、邻里的故事、玩伴的友情，还有那些留在舌尖上的味道。

当舌蕾像花朵一样绽放时，就爆发出“舌尖上的笑声”。以前听北方同学议论南方人好吃会吃懂吃，这句话绝对是真理。啸峰的舌蕾也绝对健康与发达，他尽情享受美食，品尝南北风味，偶尔学学陆文夫笔下的美食家朱自冶大清早赶到面馆吃头汤面，更有趣的是他将感受的美食滋味转化为“品头论足”的文字，我想只有在江南烟雨中长大的人才有如此做派，也只有懂得生活的人才有如此情调。也许有人认为在温柔乡里躺得太久的苏州人，过于追求精致与舒适的生活，其实无论是对过去饮食的描述还是当下生活的实践，啸峰的文章虽然不自觉流露了对本土生活与文化的深深自恋，但自恋只是表象，实质是反映了他对生活的热爱和满足。他需要的并不是奢靡的豪宴大餐，一碗配胃口的葱油面或者一碗盖满烂糊白菜肉丝的白米饭足以让他心花怒放、通体舒畅。

生活如书，每天都是新的一页，有新的内容，等待我们静心、用心阅读。啸峰的世界是丰富充实的，工作、生活、读书齐头并进，偶尔还越洋游历开开眼界。书中自有颜如玉，书籍宛如一位绝代佳人俘虏了啸峰的心，这份恋情从儿童时代就萌芽，从《三国演义》连环画到中外文学名著，从历史典籍到当下流行的电子书，纷纷涌进了他的书房，与他结为终身伴侣，朝夕相伴，很多篇章是啸峰阅读“颜如玉”后的感触与思索。对啸峰而言阅读是快乐的，他在阅读中思索人生，在阅读中感悟生活，更在阅读中升华自己。诚如他所说：“忙碌工作之余，读书是调节的好办法”，即使人在旅途，必有一卷在手，滋养心田，陶冶情操，在增长知识的同时，人的视野日渐开阔，人的修养也不知不觉得以提升。一个人“爱书没理由”，正如一个人爱上另一个人却说不出爱的理由，那是真爱，这种爱坚不可摧，这种爱无时不在。秋天的北疆寒气逼人，白天的喀纳斯层林尽染，色彩缤纷，犹如一幅幅美丽的天然油画，夜晚的啸峰全身裹着毛毯，望着触手可及的北斗星辰，美滋滋地打开《狼图腾》，这星月当空、宁静似水、专心阅读的情景已构成一幅人间油画，名字就叫《夜读》。

当啸峰的视线移开书本，再次打量世界时，他怀着一颗感恩的心，感恩曾经在雪夜给予他帮助的出租车司机，感恩曾经给予他救命一脚的老於，感恩传授知识的老师以及影响他人生的外公……感恩的情愫化作一篇篇优美的文字。懂得感恩，“敬仰万物”“敬仰生命”，才会同情那个吹出优美而哀怨笛声的幽灵，才会发动捐款救助患白血病的同学，才会明白“物质的消散是不可抗拒的，但精神是永恒的”。一方水土一方人，江南的雨水终究催生了他的浪漫与多情，他痴痴地对“一滴水”行注目礼，喜欢在绵绵细雨的伴奏下摆弄文字，更是满腔慈爱关心女儿的成长，尽到为人父的责任，《路程六公里》是锻炼父女意志力的六公里，是陪伴女儿从青涩走向成熟的爱之路。陪伴女儿成长的路，不正是外公、母亲曾一路陪着他走过的路，陪者与被陪者，只是变换了角色，情感却一样深厚。

啸峰的朋友巴桥在《拿什么抵抗苏州烟雨》一文中说他们是相知十几年的朋友，但彼此之间从不谈文字。

有趣的是，我与啸峰一见面总以谈工作开始，以谈文字结束。谈文字的结果，是我喜欢上了邻家男生的《苏州烟雨》，这是在古城的老街小巷、朦胧烟雨中长大的一代人的集体记忆。

（《苏州烟雨》 王啸峰著　文汇出版社
2010 年 10 月第一版）

时光匆匆　弦歌声声

《时光弦歌》，书名吸引人，这是一位身上流淌齐鲁血脉的江南女子的独唱。《时光弦歌》也是一本既让女性读者产生共鸣、又让男性读者怦然心动的好书。

读《时光弦歌》，读出了一个女子爱意充盈的心灵世界。一个女人一旦做了母亲，儿女便是她的全部，母爱的光辉永远沐浴在儿女身上。《时光弦歌》的第一篇章《给沉默的孩子》以孩子为主旋律，表达了作者对新生命的礼赞，可贵的是作者既能像普通母亲那样关注女儿成长，更能以平等的姿态尊重女儿的内心，去了解她去呵护她。孩子的小手牵着母亲的大手，无疑是大自然最和谐最安然的音符，也是大自然最美丽最真实的景致。女儿是希望，是未来，而每个母亲也都有其难忘的孩童时代，作者对长年出海的父亲和领养她六年的阿公满怀深情，和父母那种血浓于水的情感或许是每个孩子都感受过的，但强势的母亲给予她的更多的是不屈不挠的意志，而父亲的温情与宠爱却是编织了小女孩所有的柔情世界。特别是那个与她无血缘关系的阿公待她如珍宝，当他们已无寄养关系时，这一老一少还彼此牵挂，阿公的那份爱是作者人生旅途中收到的最好礼物，令她用“今生和来世来怀想”，令她愿在来生做他永远的阿宝，因为被爱过，所以懂得爱。因为爱，笔下的父母双亲、老师同学、朋友恋人，都让读者感到温暖、熟悉，因为爱是人人能读懂人人需要的一种情一个字。诚如诗人长岛所说：“爱是姜彦在书中充分表达的主题，这个主题也贯彻了她所有书写的内容”，爱是《时光弦歌》的主旋律。

读《时光弦歌》，读出了一个女子自立自强的成长历程。外貌良好、学历过硬的人在就业时有一定优势，因为心灵美与真才实学的发现需要时日，而容貌与学历等皮相则令人一目了然。作者因“逃亡的青春”而缺少了一张名校学历这样有力的敲门砖，但作者日积月累了一大摞发表的作品与获奖的证书，它们同样是也是一块块金灿灿的敲门砖。《走过冬季》是作者的求职故事，“只要有一线希望，我就要付出十分的努力”，打破坚冰，挑战自我，走过严寒的冬季迎来温暖的春天，求职之路虽有小插曲，但她无疑是幸运的。幸运来自招人单位的慧眼，幸运更来自个人的努力，从此在维护公正公义的工作环境中，她如饥似渴，学习充电，自强不息，既勇往直前又脚踏实地，打拼属于自己的色彩斑斓而庄重肃穆的事业天地。在积累知识的同时，作者获得了各式各样社会认可的证书，满足了世俗的需要与工作的需要，但在校园中感受了独特的文化，这是作者用心后获得的收获。这种独特的体验有助于她的成长，形成一股正能量推动她前行。

读《时光弦歌》，读出了一个女子异常执着的追梦人生。作为一名女性，多数要操持柴米油盐的世俗生活，或许是自幼接受教育的缘故，或许是社会对女性的要求相对多些，通常女性对家庭的付出要比男性多很多。在职场，又不会因为是女性的身份而获得任何照顾，相反在男权社会，女性只有付出比男性更大的努力与辛苦才能获得相同的回报。因此在家庭与事业的双重压力下，很多有才华有梦想的女性逐渐失去自己的精神世界，沉迷于世事俗务之中不能自拔，所幸作者一如既往畅游其中，追逐文学梦。有师生之谊的黄宗英曾对梁晓声说“文学是人性之学，好的文学是好的人性之学”，此言精辟之极。作者手中的笔从未停止，从少年到中年，环境不同，乐章不同，内涵不同，但自由的思绪、人文的情怀、心底的梦想从未有丝毫的改变。可惜的是这个社会的物质日益丰裕，我们的精神世界却没有多少新内涵新发展，芸芸众生忙于逐利，几乎没有时间停下来听听自己的心声，问问自己要走向何方，文学快成为奢侈品了。文学是最佳的心灵鸡汤，丁晓原先生曾说如果“文学作为生活的一部分，我想我们的时代精神生态也许会更好”。

时光匆匆，弦歌声声。

时光在流逝中弹奏出动人悦耳乐符，时光在流逝中实现追梦人生。曾是文学青年的姜彦坚守梦想，追逐梦想，实现梦想，有梦想就有快乐，有梦想才能奏响时光弦歌。

（《时光弦歌》 姜彦著　长江文艺出版社
2013 年 4 月第一版）

一腔相思寄平江

平江路，就像一条走不完的街，一本读不完的书，一幅看不厌的画，一首念不尽的诗……纵然走过多遍平江路，每次都有新的发现与惊喜，人还未离开就会萌生下回独自或约两三好友再来逛的想法，或许这是一个稍有小资情调的苏州人的自恋。还有一个叫吕吉人的画家，往返平江路无数次，爱上了这里的小桥流水，爱上了这里的春夏秋冬，爱上了这里的粉墙黛瓦，因为爱便有了画不尽的古韵新风。五年的深情眷恋、驻足凝视、细细描摹，化为《平江新图——吕吉人作品集》。

顾名思义，《平江新图——吕吉人作品集》是一部个人画册，主要收录了吕吉人先生的四十幅平江作品和十二位女作家诠释的千面平江文字。因此，严格地讲这是一部以绘画作品为主以文字为辅的作品集。这本画册颠覆了传统书籍的概念，全书以三种颜色的纸作内容的区分，不同的色彩增添了书籍的活泼趣味，白色纸印有吕吉人先生的平江新图，牛皮纸为女作家笔下的平江，蓝色纸则为书名、目录、序和访谈。如果说《平江新图——吕吉人作品集》是一本会动的书，一点也不夸张。读者必须与书互动才能发现其中的奥妙，拆下书封，展开反面即是一幅平江图全景，其中标有蓝色部分就是吕吉人先生创作的实地背景，或者说原生态部分。白色的书页，必须“对门打开”，才会发现那四十幅平江新图。在电子书“驱逐”纸质书的时代，这样一本装帧奇特新颖、画面精微细腻、文字清新优美，集画家、作家、出版人三方智慧和朵云轩苏州艺术馆鼎力相助的图书，不得不说是个奇迹，值得爱平江爱书者珍藏。

吕吉人先生作为一个外乡人爱上苏州，不是无缘无故的。他说他的父亲早年在苏州工作过，就对苏州有了别样的情感，苏州的园林、美食、街巷早已迷住了他。五年前的暮春时节，正是烟雨朦胧、绿芜青苔、斜晖脉脉，景色撩人，从纽约归来的游子就此与平江路再度邂逅，于是“一屁股坐定平江路。归去来兮，一坐就是五年，寻遍了平江路的角角落落，看尽了平江路的活色生香，他的《平江春色浓》《夏·合欢花开了》《平江秋意》《平江雪》代表了平江路的四季风情。晨光、夕照、古桥、水巷、波光、老墙、花草、小狗、女子纷纷来到画中，构成了吕吉人眼中的平江，融合了陈旧斑驳的岁月沧桑和色彩斑斓的现代气息，使历史人文与市井生活、小资情调完美地结合在一起。外行如我，无法评论其画作，只觉得这样的工笔画平江，真实而内敛，熟悉而优雅，市井而贵气，让人欢喜和流连。苏州素有东方威尼斯之称，水是苏州的灵魂，也是吕吉人先生画作中最常出现的元素，诚如他所说："我对水是敏感的。在我的绘画作品中，最频繁也是最得心应手的题材，就是水。无数次，我描摹着中国的江南水乡，小河，河边的老屋、石板桥和小船……水波在夕阳下泛着如金的光泽，晨曦微露中弥漫的紫色的水雾。我觉得水是柔情的，充满着回忆、沉思和联想。所以我在国外画水的时候，是会思乡的。那涟漪在我的笔下荡漾开去的当口，我就想世界上的水一定是相通的"。因为父亲，因为苏州情结，更因为祖国的天然魅力，使旅居美国三十余年的吕吉人以画笔复活了一个个古老而鲜活的"君到姑苏见，人家尽枕河"的场景，彻彻底底做了一次深长深情深度的乡愁释放。这种浓得化不开的乡愁，是一位游子"含着热泪用笔精细地倾诉对故国的热爱、对母亲的呼唤"。著名美术评论家谢春彦说吕吉人先生的平江组图是"一幅幅临水而建、老墙斑驳的居民旧厝，枕河临波的拱桥凭栏，清水荡漾的倒影镜像，色调明丽，描绘细腻，逼真宛然。远看一体浑融，近察笔笔有致"。中国画的功底、西洋画的影响，使吕吉人先生的画作"调和古今，打通中西"，使他的平江新图更有魅力和新意。

不得不说，吕吉人先生的四十幅平江新图是全书的精华与看点，如果把它们连接起来的话，就是一幅浓缩了千年平江的“姑苏繁华图”。除此之外，同样吸引人的还有范小青、燕华君、潘敏、包兰等十二位女作家的文字。她们似乎在做一篇高考的命题作文，标题是平江路，但每人视角不同、表述方式不同、描绘对象不同，更因有作家们个人情怀、经历的差异，为我们展示了内涵丰富、外形多姿的立体平江图卷。燕华君的平江路是历史的诗意的随性的，可以看到名门望族们从《平江图》走出来，看到洪状元和赛金花的卿卿我我，可以自个儿在那儿“读书、品茗、焚香、弹琴，作为，不作为”。潘敏的平江路这边弦子琵琶声声，正在说“唐伯虎点秋香”的书，那边则传来昆曲《牡丹亭》里杜丽娘的心声：“良辰美景奈何天，赏心乐事谁家院”，戏曲博物馆是潘敏关注的，昆曲和评弹更是苏州人的最爱。而住在平江路附近的包兰曾经天天穿越那条普通之极的老街到拙政园上班，平江路就是一条她家门前的路，因此《一条叫做平江路的时光隧道》非常接地气，写她的行走、生活和交游，写她与周家阿婆的蛋饺、三味馆的菜肴、甜品店的老板娘、喝酒的文友们，还有随园那只叫肉圆的猫咪相遇。“那个下午，树好、花好、茶好”，作者仿佛就成了戴望舒笔下那个撑着雨纸伞从“悠长、悠长而又寂寥的”雨巷走出来的丁香一般的姑娘。

谢春彦说："你因平江，扣住光阴：平江依你，展出新图"。我们因为有《平江新图——吕吉人作品集》，就留住了心底眼前的历史平江，留住了风花雪月的古城天堂，无数游子的乡愁和相思就此释然。

（《平江新图——吕吉人作品集》 吕吉人著

江苏凤凰教育出版社　2016 年 1 月第一版）

在这个时空相遇

当年读完啸峰的《苏州烟雨》时，写了一篇《邻家男孩的烟雨世界》的读后感，觉得那些人那些事那么亲切和熟稔，宛如在听一个邻家弟弟唱“老三篇”。2013年读《吴门梦忆》之前，刚好读了2006年诺贝尔文学奖得主、土耳其作家奥尔罕·帕穆克的小说《纯真博物馆》，便觉得《吴门梦忆》也是他收藏的各种私人记忆，是属于他和一代苏州人的纯真博物馆。最近出版的《异乡故乡》既有苏州、吴门这些纯粹的家乡符号，又有了他乡的新气息，人性、人情、人生始终是重要的元素。从《苏州烟雨》《吴门梦忆》到《异乡故乡》，啸峰的三部曲从苏州记忆、江南烟雨、少年情怀穿越到异乡客地、宇宙时空，题材更为丰富，视野更为宽泛，角度更为多样，而对人生、人性和世界的拷问与思索似乎更为深刻。

《异乡故乡》分为家族记忆、市井生活、一路风景、运动思维、宇宙时空、情感杂记六辑。其中家族记忆、市井生活、情感杂记基本上延续了他《苏州烟雨》《吴门梦忆》的生活背景和春秋笔法，承载故乡亲人的全部情愫和记忆，这种记忆里有揭开伤疤与脱下伪装的疼痛、不堪，又有和亲人多年隔膜后的释怀与谅解，更有对自身的批评与鞭挞。写祖母，写得拘谨、克制而真实，祖孙之间有血缘的纽带，更有亲情的疏离，只有当失去之时，作者才冷静地回顾祖母从上海滩女学生沦为“乡下人”，又通过努力成为厂长的人生经历，才真切感到祖母是他“失散的亲人”及其经受的委屈和隐忍，给予他“无论生活多么艰辛，她仍不动声色地以自己的方式传递思想，生命不息，希望不止”的人生启示。写外婆则充满了感性与柔情，可以说为前两本书出现的外婆画了张全身照，外婆从小康之家的小姐成为四世同堂的太奶奶，外婆的一百年，正是岁月风云激荡、多变、苦难的一百年，深夜灯下一针一线做外发加工，长满冻疮的双手拿着篮子排队购年货的身影已深深刻在唯一的外孙心中。小人物的命运犹如大海中的浪花，随波逐流，时代淹没了他们的悲欢离合，战争及政权更迭改变了祖母与外婆的命运，也改变了家族的走向。那些曾经善意的谎言，被掩饰的真相，给作者带来迷茫与苦恼，但教会了作者人生已然这样，惟有做正直上进的人才是正道。父母无法选择孩子，孩子也同样无法选择父母，可以选择的是朋友、是终身伴侣。《香樟树》一文中没有浓烈的情感抒发与浪漫表白，空气中弥漫着香樟树的味道，字里行间洋溢着两个普通苏州青年对美好生活的向往和共筑爱巢的喜悦。场景仿佛回到二十年前，热恋中的情侣合骑一辆自行车，迎着风雨，穿过大街小巷的香樟树，相爱相伴驶向甜蜜的两人世界。通过一件金利来T恤衫、一顿有节制的西餐等细节描写，写出另一半的温良贤惠，写出了作者的情深意长，所谓淡笔写浓情。这是啸峰最擅长的，情感的克制与内敛，体现在文字的叙述之中，平淡又细腻，给予读者更大的想象空间与回味。无论是祖母还是外婆，无论是妻子还是女儿，无论是二姐还是石强，也无论作者对描写对象倾注情感的多少，他们就如我们生活中常见的亲朋好友，伴着他们的喜怒哀乐行走在他们的人生路上。

然而此书有关“宇宙时空”方面的文章也吸引笔者，虽然对文科生来说这是个深奥的问题。那天看着书稿，突发奇想，想知道三十年前的那个时空自己在干什么。于是随手从书橱里拿出一本日记本，是1985年的，封面为菊花图案，内容则从6月到南大实习开始记起。6月19日到28日的那段日记，较为详细记录了笔者从上海十六铺码头上船，经过二十二个小时才到达南京，以及到南京实习、向中学同学借书、与他们聊天、回上海途径无锡时到太湖游玩等琐事。面对白纸黑字，我只隐约记得一些，大部分早已忘却，三十年的时空不仅老了容颜，还淡了记忆，留存于大脑中的都是零散的和有选择性的，可以说时间和人事都碎片化了。由此想到每个人逝去的时空，就是由无数个碎片构成，有的或许借助详细的文字记载和旁人的补充、自己的回忆可以重新拼图，有的则完全消失在岁月的深处，一片模糊，再多的文字也无法激活当年的情景。正如霍金做再多的实验，也无法让“未来人”回到现在的时空，与之对话；而《星际穿越》也屡屡重复英国诗人狄兰·托马斯的那句诗：“不要温和地走进那个良夜”，男主人公与女儿分隔在不同的维度。当然这只是科幻电影。然而现实世界中，不同的时空注定了不同的结局，“不要温和地走进那个良夜”的译者巫宁坤当年正在美国读英美文学博士，1951 年应燕京大学之邀提前中断学业回国任教，之后以右派的身份苟延残喘，个人命运全然改写。世界上没有假如，没有后悔，选择了这个时空，就选择了这个时空的人生之路，巫宁坤在这条路上留下了“一滴泪”。过去的未必清晰，未来的不可把握，因此不管作者如何好奇暗物质、M 理论诸如此类宇宙、时空、维度等高深问题，最后他还是回归现实世界，明白“我们内心的平和、狂躁、恐惧等等，都扭曲着宇宙的本来面目”，而人类优秀的品质莫过于“心灵有多宽广，宇宙就有多深邃”。

在这个时空，啸峰与祖母、外婆、妻子、女儿、二姐、小雄等人相遇，成了亲人、邻居，成了他在他乡思念故乡的一股暖流，成了他回望过去时空的一面镜子，折射了他在成长之路、运动之路和文学之路上的艰辛跋涉与努力奋进。“我思故我在”，不断的思索与回忆，转化为糅合个人有关哲学、科学、宗教等人生观世界观的文字，成就了一篇篇小说化的散文，其独特的创作风格也引起了文学界的关注，也取得了不俗的成绩。在这个时空，我与啸峰相逢，成了文友，随着他流动的笔触，走进了他经历的另外一个时空，更深入透视了他的世界。有了过去的时空，造就了现在的我们，而未来的我们正从现在起步，啸峰一如既往地怀着乡愁进行湖边跑步、文学创作，走向更加璀璨的未来时空。

（《异乡故乡》王啸峰著　文汇出版社　2016 年 6 月第一版）

采菊东篱下

2018岁暮，收到朱赓苏先生的新著《续草斋拾草》，有些惊讶，因为对朱赓苏这个名字既有点熟悉，又有几分陌生，熟悉的是，曾在苏州报刊上读过他的文章，陌生的是，似乎与他没有任何交集，但他怎么会寄书与我呢？直到读了他夹在书中的信函，才恍然大悟。原来他是恩师周少平先生（名穗成，以字行）的弟子，从这个角度和彼此的年龄讲，我应当称他一声师兄，且我们在十多年前有过一面之缘。一生坎坷的周老师学识渊博，待人至诚，尤其喜欢指点好学的年轻人，朱赓苏有幸得到他的教诲。二十世纪七十年代末下乡知青朱赓苏回到苏州，成为餐饮服务行业水灶（俗称老虎灶）的一员，空闲时间都花在阅读《史记》《隋书》等历史典籍上，以此弥补特殊年代被耽搁的学习时光。不久，朱赓苏经亲戚介绍结识周老师，经常登门求教，开始太平天国史的学习与研究。

1969年3月，朱赓苏以“六八届”初中毕业生的身份“上山下乡”，先到苏北黄海农场，再到大中农场，历经十年的劳动锻炼，于1979年2月回到苏州。名义上的初中生，实际只读了一年初中，但并不妨碍他对知识的渴望，对陶渊明“采菊东篱下，悠然见南山”的向往。尽管他谦虚地说没有按照周老师所希望的沿着太平天国史的研究方向前进，但读书给人以无限的力量与美好的梦想，读书与写作成为他日后生活的主旋律。四十年的岁月，他从青年步入老年，而书越读越多，文章越写越多，日积月累发表了400多篇。这些他称之为“豆腐干”的文章分别刊登于《太平天国史研究通讯》《新民晚报》《苏州日报》《姑苏晚报》等报刊，而今在家人地帮助和支持下，从中挑选部分，结集出版《续草斋拾草》。假若周老师地下有知，一定会为他感到骄傲的。《续草斋拾草》分“草斋杂谈”(一、二)“草斋读书”“关爱孩子”“童年与亲情”“农场岁月”“苏城内外”等篇章，可以说是这是一部反映他个人成长历史、读书写作经历及其对社会的思考和生活的热爱的“心灵史”。

“草斋杂谈”一、二均收录以针砭时弊为主的杂文，涉及社会诚信建设、企业经营、迷信陋习、贪腐醉驾、庸俗娱乐等内容，从社会上出现的各种弊端为切入口，发表独特的观点。《张扬性格还是传播文化》一文，抨击莫文蔚演唱会宣传幅横用语“性感”“火辣”等字样的行为，纯属为了票房收入而涂抹庸俗词语对社会风气的危害，指出歌星抑或影视明星应当承担传播精神文明和文化艺术的责任。写于十年前的《有感于醉酒丢官》一文，针对大吃大喝、醉酒滋事等现象，指出应当在制度上严格禁止公款吃喝，并“应该有个明白的规矩为加以约束”。朱赓荪洞察社会对公务人员公款吃喝的诟病，故开出良方，而今各地党政机关严格执行党中央的八项规定，公务人员醉酒滋事的现象基本得到遏制。《管理不要等到“事”后》一文以文庙古玩市场突然整顿为例，指出市场管理贵在平时常抓不懈，而不能在出事后才去治理。一篇篇短小精悍的杂文，鞭挞企业经理热衷舞步而玩忽职守的行径，讽刺了娱乐节目把肉麻当有趣的现象、揭露了大阳澄湖大闸蟹防伪标志的真相，表达朱赓荪作为公民的社会责任意识与读书人的良知。

朱赓荪初中未毕业就遇到“文革”，而后下乡插队，故对知识的渴求，对读书的兴趣始终萦绕于心，借书买书，如饥似渴地阅读，成为他回城后业余生活的全部内容。读书写作，投稿退稿，在不懈的努力中终于见到刊于报端的铅字，其喜悦的心情不言而喻。读书在增长知识、开阔视野的同时，并指引他如何为人处事。他在《读书与做人》一文中强调“读书就是求知，读书就是问学”，读书使人产生一种打破砂锅问到底的毅力和精神，做“不受人惑的人”。他分享自身读书与做人的感悟：“平平静静去读书是正经，平平淡淡做人是至理。读书能于平静中去读，自能寻觅到理想的真谛；做人要于平淡处去求，才能体验到做人的真趣”。续草斋主人因有了谢国桢、陈从周、钱穆、郑逸梅、邓云乡等名师著作陪伴，其灵魂与心灵得以洗涤，其眼界与胸襟得以拓宽，促使他不敢有“须臾的散漫和怠惰”。因为读书，他的生活平淡而宁静，他的人生充实而有目标，他撰写了《对洪秀全广州应考年份的考察》等有关太平天国史研究的文章，撰写了阅读《红岩》《红与黑》《须静斋云烟过眼录》等读后感。真所谓开卷有益，给人启迪。

朱赓荪出身于二十世纪五十年代一个普通工人家庭，家境比较贫困，温饱都成问题，这是当下年轻人无法想象的。《童年的老屋》《童年尴尬往事摭忆》《儿时记忆——打棋子》《凉鞋》等文章既有对童年游戏的快乐回忆，更有因经济拮据而带来的尴尬往事的回忆。对一双补了再补的塑料凉鞋的记述，写的不仅是艰难岁月获得凉鞋时的欢快，更有作者对母亲的绵绵思念，“回想母亲在灯下炉旁为顽皮的我纳鞋、补鞋时那幅专注的神情和慈祥的面容”，还有母亲做的“酒浸鸡”和父亲品尝时的开怀模样，令作者至今回想起来“热泪盈眶”。生活就是一部百科全书，让你懂得世情冷暖，让你懂得感恩。《至味鲞炖肉》一文体现了殷实富足的姨父姨母对亲戚晚辈的疼爱之情，而《回忆周穗成先生》则写满了作者当年在周少平老师指点下研习太平天国史的经过，不善言辞的朱赓荪以淡笔写浓情，以文字寄托了对亲人与恩师的思念与感恩。

绩草斋是周老师为朱赓荪书房起的名字，也是他藏书读书写作的天地。这方狭窄的自由天地，是他劳作一天后修身养性的宁静港湾，是他天马行空的思索之处，也是他最为珍视的“风水宝地”，在这里耕耘和收获，于是便有《续草斋拾草》。相信不久的将来，还会看到续草斋的作品。在这里可以“采菊”，可以“悠然见南山”，或许文字是对人生最好的注解吧。

（《续草斋拾草》 朱赓荪著　古吴轩出版社

2018 年 5 月第一版）

风雅没事儿

《沁园春·雪》是一代伟人毛泽东所作，气势磅礴，豪情万丈，“……江山如此多娇，引无数英雄竞折腰。惜秦皇汉武，略输文采；唐宗宋祖，稍逊风骚。一代天骄，成吉思汗，只识弯弓射大雕。俱往矣，数风流人物，还看今朝。”纵观中华文明史，多少风流人物在历史的长河里独领风骚，开创一番伟业，书写了传世的华章。普通之辈想“风流”“风骚”，除了具有足够的修炼外，更要有天赋才行。风流、风骚均为溢美好词，风流指风采特异、才华出众；风骚取自《诗经》和楚辞《离骚》，风雅则源于《诗经》，均指诗文，前者又指俊俏，后者有风流儒雅之意，而今随着时代和语境的变化，风流与风骚成为举止轻佻、道德堕落的代名词，唯有风雅一词独秀。

通读《过云楼日记》，见识了晚清士绅们的交游和生活，他们做诗填词，赏画写字，品鉴古玩，偶尔三五知己品茗饮酒，吟风弄月一番，顾文彬、沈秉成等就这样在姑苏城内演奏着风流、风骚、风雅三部曲，于是就有了《吴中真率会图》及其诗文传世。生活在当下的人们如果依旧“风流”“风骚”，那么必然有事，而风雅一回绝对没事，且令他人艳羡不已。苏州拥有得天独厚的自然和人文资源，经济发达，历来崇文重教，热衷风雅的不在少数。比如踏春探梅，不仅活动筋骨，愉悦双目，还能陶冶性情，王稼句、周晨等携一批同道寻春光福，探梅香雪海，相约以文字纪念雅集，数年后推出这部古雅而新颖的《梅事儿》。参加探梅雅集的有书法家、文史专家、作家、画家、出版人，他们围绕梅花做文章，有抒写梅花韵事的，讲解梅花盆景养护的，评说梅子实用价值的，追寻历代画梅高士的，辑录梅花诗文和梅花图谱的，还有全面梳理光福梅花历史的序文《千倾湖光万树梅》。不离“梅”字，契合古今梅事，诗文一体，图文兼美，说出每个人心中的那枝梅。

光福之梅远近闻名，探春赏梅成为吴中习俗。“公安三袁”之一的明代文学家袁宏道做过吴县知县，曾赞叹光福“山中梅最盛，花时香雪三十里”。清初王士祯有诗云：“二月梅花烂漫开，游人都自虎山来。新安坞畔重重树，画舫青油日几回”。康熙年间江苏巡抚宋荦题写的“香雪海”三个字，则精妙地道出了光福梅花之色之味之盛。《香雪海探梅记》是潘振元的书法作品，他简要概括了雅集的过程与赏梅的姿态，“至梅花亭，香雪之形势，悉萃目前。或倚栏以极目，讶芬敷于万株；或拂花以探幽，指新构以评品；或读碑于崖前，辨御诗以赏目。”旧雨新知，志趣相投，忘却俗世，心系梅花，为之讴歌。正如潘文龙在《看梅去》一文所言："古人探梅，是第一等风流雅事，诗思万里，烟云纸上。今人看梅，不过是喧嚣人世里的一点出逃心思，在梅花桩下，歇歇疲惫的身子，洗洗心上的尘露而已”。尽管生活的时代与方式已然改变，然今人举行探梅雅集，寻找精神寄托和雅致生活，也是一等风流韵事，并非附属风雅。物质之外，精神才是生命之魂。梅花开在众芳摇落时，故一直以来被赋予高洁品性与情怀的象征，她们在不同时期的画家面前展现了迥异的风姿。宋代画梅高手扬无咎开创了圈花画法，过云楼收藏了他的古意盎然的梅花图，他画了梅花从含苞、吐蕊、绽放到凋谢的生命过程，呈现疏枝浅蕊的妩媚纤弱之态。扬州八怪之一汪士慎，人称“画梅圣手”，“一枝老梅破寒而伸，苍劲孤傲”，画尽梅花冷香之韵；而李方膺笔下的梅花则“领梅之神，达梅之性，挹梅之韵，吐梅之清”。《那些画梅花的人》一文列举了历史上著名画家的梅图，解读他们“梅花澡雪、明月前身”的艺术境界。《梅花诗文选辑》收录了范仲淹、范成大、唐伯虎、祝允明、文徵明等先贤歌咏梅花的诗文，借着梅花表达心志，佳句迭出，高启的“雪满山中高士卧，月明林下美人来”，给人自然洒脱之感。

“关于梅花的书一定要是美的，就像雨中老梅，树干挺劲，花枝摇曳，花朵晶莹”，著名装帧设计师周晨如是思考，如是付诸行动。《梅事儿》封面采用红、白、绿三层薄纸，紧扣梅花的三色，全书亦分三色编辑结构。开篇透过镂空梅花窗中的“古人”层层递进，投影其间，仿佛时光穿越，共话梅花逸事。书中版式疏朗，布白精妙，图片无论古画抑或摄影无不精美至极，独具匠心。《梅事儿》书名来自潘文龙的口头禅“没事儿”，读《梅事儿》真是一桩美事儿。一次文人雅士的探梅活动，引出光福梅花的诗意世界，不由想说纵然当下急功近利之风较为普遍，纵然雅集如同美女一样沦为普通名词，我们依然可以追随高士的脚步，培养清雅的情趣，弘扬优秀的文化，争领风骚，风雅一回。

（《梅事儿》 潘文龙　周晨编　山东画报出版社
2017 年 1 月第一版）

西漳女子的别样生活

最近，同学离开住了近二十年的桂花新村，搬到园区的一栋别墅，生活的环境与空间比从前舒服、宽敞，我却杞人忧天，担心她的儿子回来会有找不到家的感觉，毕竟他留学美国之前在旧居度过了童年与少年。当然这变化带来的不适应，远远不及城乡一体化建设带来的冲击力，当下中国有多少村镇在消失，有多少记忆在流失，又有多少人在惆怅，但谁也无法阻止现代社会前行的步伐。

诚如西漳，很不起眼的一个无锡小镇，因为小，被邻居堰桥镇合并，渐渐从人们的视野里消失。若干年后，村民变成市民，再若干年后，他们或者他们的后代只能从档案志书中看到它的影子。尤丽英在西漳行将消亡之时，以自己独特的方式留住西漳，一部私小说《西漳人》描绘了她与西漳的半世缘分，并以第一人称的手法讲述了她的成长史、创业史、情感史，这种写作手法拉近了读者与作者的距离，更多的时候令读者身临其境，一不小心仿佛回到熟悉的家园，想起过去的自己，那个或许也面临消亡的村落，那个也曾懵懂好奇、青春叛逆的时光。

如果尤丽英没有了北漂的经历，就不会有对西漳的一往情深。与六零后的相对传统保守，七零后是崇尚自由与个性发展的一代人，不甘寂寞，不甘平庸，高考失利后的尤丽英逃离故土，寻找属于自己的天空，闯荡世界，体味人生，尝到生活的甘苦，再回首，蓦然发现曾经禁锢自己的生养之地西漳是那么亲切可爱。阅读《西漳人》，就如同在听一位邻家精灵古怪的小妹说故事，顿时产生愉悦、轻松的感觉。那感觉就像在春天细雨氤氲的午后，两个小姐妹坐在安静的园林茶室，看看窗外风景，品品香茗，说说闲话，那是有一搭没一搭的闲扯，是一种不设防的全身心的放松。比如小时候贪嘴，悄悄把舅舅储蓄罐里的硬币换成旧纽扣，比如运用“欲擒故纵”战术令恋人乖乖就范，比如与公婆家斗智斗勇以获取女性的尊严与地位，陈年往事，娓娓道来，这是兼具商人与文人双重身份的女子的率性生活。

打拼商海，勇立潮头，施展抱负，需要胆量与智慧，实现从乡下人变为城里人、从租屋居住到拥有豪宅、从西漳少女成为闽南媳妇的转变，有数不清的辛酸与烦恼，更有说不完的欢乐与甜蜜。生活在变，人生在变，但不变的是对文学的执着，不变的是对故乡的眷恋，不变的是对爱情的忠贞，不变之中看到了尤丽英的追梦人生和洁净心灵，这真是作者最难能可贵之处。随着尤丽英人生阅历的丰富，她的视野与胸襟日渐开阔、豁达，率性时学会包容，懂得以亲情与爱心化解矛盾；富足时学会生活，领悟“大道至简”、平淡是真。特别当翻过台历上的一页页日子时，她懂得感恩，感恩熟悉的河流、街巷、旧屋、同学、老师、朋友、亲人，他们走进了《西漳人》，构成了江南小镇风土人情、生活百态的图画。女性特有的细致笔触，流淌出柔和的涓涓细流，又以自然明快、不乏俏皮的语调，抒写西漳人的过往云烟。以“私小说”评说此书的“性质”，似乎有些牵强，小说者自然有创作的艺术成分，但私者更有个人历史的真实性，因此与其将《西漳人》看作是小说，不如说它是西漳女子别样生活的全景式展示，是尤丽英真生活、真性情的大写真。

作者在乡村的童年生活是单一的，动物园里憨态可掬的小黑熊带给她无法忘怀的开心。当获悉人类残忍地“活熊抽胆”牟取暴利的消息时，她在震惊、悲愤之余，毅然加入了拯救黑熊的行列。没有爱只有利的社会是可怕的、堕落的，创建亚洲动物基金的谢罗便臣女士带给尤丽英们“爱的信仰”，“我们将坚守这份信仰，并努力传播”，作者明确表示要用售书所得救助黑熊们，从这个意义上讲，《西漳人》是一个江南女子热爱大自然、践行大爱的倡议书。

失去的才是珍贵的，即使失去的未必那么美好，因为有了情感的因素，即使普通的也显得风情万种，令人难以割舍。曾经读过梁鸿的《中国在梁庄》、伍方的《村事》，他们以乡村纪实、叙事方式描述熟悉而又陌生的梁庄、齐家庄，关注村庄外貌内在、人情世故的变化，倾听父老乡亲的喜怒哀乐，寄寓他们的乡愁与思索，但更多的是他人的故事。《西漳人》的西漳显然有别于河南的梁庄，有别于安徽的齐家庄，它是以温婉女子尤丽英为主角的故事，是她珍藏的一幅江南水墨画，是她的田园乐土，更是她发自内心的浅吟低唱。

（《西漳人》 尤丽英著　文汇出版社　2012 年 3 月第一版）

湖滨濯缨也自在

谈建国是我所有认识人中最不善言辞的一位，而且说起话来有点吃力费劲，有点紧张羞涩，一个男生何以会如此内秀？我暗自怀疑他是不是受过什么心灵创伤，产生这种想法当然很浅薄。大千世界，芸芸众生，人的性格或外向或内敛，或开朗或沉稳，这是自然而然的事情。读了谈建国的新著《濯缨湖滨》，才知道他不仅是个有思想有个性的年轻人，而且身心健康，生活幸福，用孔老夫子的“君子欲讷于言而敏于行”这句话来形容他，再合适不过了。

在浮躁急进、争名逐利的当下，能够独善其身，忠于职守，忠于内心，坚守一方净土需要相当的定力。谈建国大学时读的档案专业，从事的也是档案工作，专业对口，但在一般人眼里档案工作属于枯燥乏味的行当，然而他能淡定从容，兢兢业业，工作之余躲进书斋，博览群书，从卡夫卡的《敲门》、博尔赫斯的《沙之书》等海外名家的作品到沈从文的《边城》、曹雪芹的《红楼梦》，从苏东坡的诗词到袁宏道的尺牍，广泛涉猎。

所谓开卷有益，于他，读书是一种本乎心灵的交友之道。正如他所言：“以书为友，使我的日子常有充实之感，心灵时有会心之喜，生命常作飞扬之想”。远离喧闹的红尘，单纯地追求着读书的快乐和生活的恬淡，尽情享受由书籍带来的美妙之感，这是高朋满座的聚会、山珍海味的盛宴、华衣豪宅的舒适无法带来的，这是一种幸福的人生。这种幸福简单而纯粹，他的读书随笔、游历记趣、生活感悟无不体现了这种幸福，再次证明幸福与金钱、地位、权势无关，幸福就是做自己喜欢的事情，就如谈建国的幸福感来自读破万卷书。

我知道性格内向的他生长在物质并不富裕的年代与家庭，父母是普通的劳动者，曾过着捉襟见肘的日子，没有多余的钱让他随意消费文化产品。《小人书》一文或许就是他童年的写照，十一二岁的他到京门电影院浏览一张张电影海报，又到对面小书摊，如饥似渴地读着《敌后武工队》《偷拳》一本本连环画，甚至为了得到一本心爱的小人书，他和哥哥联合起来与父亲闹别扭，父子间斗智斗勇的场景，读来令人忍俊不禁，也让人再次品味到贫困年代的苦涩。并不识字的父亲懂得知识的力量，懂得儿子的渴求，悄悄买下小人书满足了哥俩愿望，这场貌似胜利的“斗争”，实则是父亲的胜利，确切地说是父子双赢，父亲的行为不经意间点燃了他们热爱书籍的火种，将读书的种子深深地埋进了他们的心里。岁月催人长，谈建国的视角从小人书转移到经典书，吸引他一步步迈向知识的殿堂，吸引他从尚湖之滨来到古城苏州。一路读来，一路写来，写出了“濯缨湖滨”“草间寒露”“浮世绘情”“旧啼新声”四个篇章，而以《濯缨湖滨》作为书名，更显示了作者对沧浪之水的推崇，在他看来沧浪之水是“历代文人心中最圣洁的人文之水。”

关注沧浪之水，更关注苏州人文，并将自己全身心融合在这座悠久的历史名城里，融合在醇厚的文化烟雨中。如果说书房是他的心灵庇护所，是他纯粹的精神家园，那么苏州就是他赖以生存的物质与精神两重世界，是他能自由而快乐地呼吸和吟唱的明媚天空，这个天空给予他生活的养分，又不时激起他思想的火花与创作的冲动。沧浪亭、留园、拙政园等名园的亭台楼阁、假山池塘、一草一木使他流连，唐伯虎的画册、范成大的诗集、陆文夫的“苏味小说”令他着迷，昆曲中飘飘欲仙的水袖和“秀枝藏玉叶”的评弹声让他沉醉，柔滑的苏州丝绸和精致的苏绣作品……所有那些打着苏州“地产”烙印的种种吸引了他，感动了他，以致他读出了这样的“苏”韵：“苏州的苏，是一个摇不落的梦，清亮如水光波影，柔和如梦幻月色”，他明白此生再也离不开芳草菲菲、鱼跃长河、禾飘清香的苏州，哪怕不再“苏醒”。他的作品很多涉及苏州，通过细致观察与冷静思考，含蓄而细腻地表白了对生活的感受与热爱，写出了这个城市的优雅风度与独特魅力。

“浮世绘情”一辑是谈建国的小说世界，也是现实生活的艺术写真，《加考》揭露了公务员考试中请托的腐败行为，《无主车》嘲笑了官场众生相，《恩与罪》描述了主人公人性的复苏，《对门店》讽刺了生意场上丧失诚信的丑行，而《手套》刻画了书痴海明倔强而多情的形象，这些小小说篇幅不长，短小精悍，构思巧妙，人物形象生动，无一不针砭现实要害，鞭挞社会，发人深思。

《濯缨湖滨》是谈建国的一本文集，或许是他对自己四十年人生的一次纪念，但我更认为是他对自己多年来执着阅读、简单生活、勤勉写作的一次全面总结，也是一个普通读书人梦想世界与现实生活的完美结合。

（《濯缨湖滨》 谈建国著　大众文艺出版社
2011 年 5 月第一版）

畅游书海乐无穷

认识祝兆平先生已很久，从二十世纪九十年代读他的《风华录》，到2013年的《杂谈录》，他的书我几乎每本必读。祝兆平先生是个喜爱阅读且颇有思想、见地的书生，热衷于购书、读书、藏书、写书，对他来说在书海中畅游一番、思索一番比啥都快乐。他的新著《书斋夜读》列入上海科学技术文献出版社出版的《全民阅读书香文丛》，反映了他近年的读书生涯和成果。

吴地文脉之所以绵延不绝，在于生活在这里的人们世世代代崇文重教，爱书藏书读书写书成为生活的重要部分，藏书之丰，居全国之冠，铁琴铜剑楼被列为全国四大藏书楼之一。这种敬畏文化、传承文明的优良传统影响了后来者，感染了生于斯长于斯的祝兆平，成为苏州有名的藏书家，2008年被评为江苏省藏书家。藏书者，首先是读书人，古代读书入仕是普通人的出路，“万般皆下品，唯有读书高”“学而优则仕”，虽有功利的目的，但也流露了人们对文化对读书的尊敬与重视。一个民族、一个城市、一个家庭，乃至个人，也只有尊重历史、珍爱文化、倡导读书，才能迈向文明的世界。信息技术高度发展的今天，随着阅读载体的瞬息万变，人们阅读的习惯、兴趣也发生了很大的变化，痴迷于手机电脑的人绝对多于痴迷于书香的人，曾有人在微信上说未来夫妇离异的原因并不是因为第三者插足，而是手机。然而，不管外面的世界多精彩，自幼接受吴门文化熏陶的祝兆平，一如既往地在他的夜读斋勤奋读书，乐此不疲，我想夜读斋与其说是他的书房名字，不如说是他的思想家园、灵魂净地和理想王国。数十年来他将大半的收入购买书籍，滋养心灵，拓展视野，丰富生活，这种追求道精神层面的东西永远无法用物质的尺度来衡量，其乐趣也非追求物质享受的人所能理解。诚如苏东坡所言“宁可食无肉，不可居无竹”，对读书人来说黄卷一册胜过美酒佳肴。祝兆平说读书是为了来人间一回活得明白，“读书是最快乐的一种生活方式，一种最享受的人生品质，一种吃饱了饭才更多思考的本能需要，一种短暂人生宝贵时间的最佳消费手段”。无论月色温柔还是细雨轻舞、微风吹拂，夜读斋的灯，夜夜明亮，明亮着的还有闪烁着作者们思想光辉的一本本图书，照亮着读者淡泊宁静的心。可以想象，当祝兆平深深吸着缕缕书香，浅浅品着阵阵茶香，阅读带来的愉悦宛如读者与作者面对面的倾心交流和会心一笑，这书海的生活赛过神仙。

读书，要读什么样书？读什么样的书多少反映了读者的眼界与喜好，从中也看出读者的品性。《书斋夜读》收录了祝兆平阅读梁启超、周有光、邵燕祥、董桥、陈四益、王春喻等著名思想家、学者作品后的感悟与体会，与大家零距离亲近，通过文字分享他们的全部思想文化，这是读书人获得知识、增长见解、提升自我的最好途径，对祝兆平来说，这是一桩“不赔尽赚的买卖”。钱钟书先生曾婉拒要采访他的女士，说“假如你吃个鸡蛋觉得味道不错，又何必认识那个下蛋的母鸡？”祝兆平和我都是那种吃了鸡蛋还想认识母鸡的俗人，比如他和我结伴到北京拜访周有光先生，或许这是历史教育背景出身的人特有的好奇心在作祟。那天祝兆平请教周老关于朝鲜与韩国的差距、如何看待中国经济强国、中国与世界发展的前景等问题，周老思路清晰，一一回答。他读周有光的书，读出了周老对世界科技文化发展的关注、对人类文明进退的警惕及其对精神世界的追求，由此发出这样的感叹：“因为只有这样胸怀豁达大度的智者和仁者才能获得自然苍天如此的厚爱和恩惠而得以如此健康长寿，正所谓仁者寿啊”！

邵燕祥的《沉船》《人生败笔》《找灵魂》是他历经各种运动后对社会对自己的反思三部曲，也是祝兆平推崇的作品。邵燕祥以其特有的勇气、胸襟和责任意识，痛苦寻找自己曾经迷失的灵魂和社会曾经的错位、迷乱，对过往个人言行及其所处时代进行剖析、反思、揭丑，以“真相与本色示人”，这种“求真求实”还历史本来面貌的行为打动同样具有忧患意识的祝兆平，“这是邵燕祥先生的思想境界和道德的高尚和正直善良的所在”，作为读者的祝兆平通过阅读表达了对邵燕祥的敬仰。这种敬慕之情化为文字进入我的视线，让我分享了邵燕祥的思想与智慧，也了解了祝兆平对世道人心的好恶及对人性的呼唤。相比邵燕祥作为当事人的回顾与反思，陈徒手的《故国人民有所思》则通过大量档案资料，还原了俞平伯、马寅初、周培源、冯友兰等十一位教授在五六十年代知识分子改造过程时的表现与心态，祝兆平称此书“为阻止被遗忘的历史状况继续下去起到非常积极的作用”。确实，如果我们还有灵魂，如果人类还有良知，那么为了民族的进步和人类的健康，反思过去、总结历史、吸取教训是唯一的出路，特别在物欲欲横流、人心浮躁、贪腐成风的当下人类的自我救赎尤显紧迫。当我们大唱盛世赞歌之时，更需要陈四益的杂文，当头棒喝，惊醒梦中人。

作为苏州人，祝兆平也关注地产名人，如《姜宏：医生亦书生》《文如其人的〈潘振元文集〉》《周矩敏：艺术行世，不断的挑战和超载》等等，姜宏、潘振元、周矩敏都是苏州颇有声望的医生、书法家、画家，为朋友的书写几句话貌似有“捧场”之嫌，实则却反映了作者、读者的价值取向与文化理念的认同。所谓开卷有益，姜宏的《杂话生书》虽然文字不够老辣，却让祝兆平感受到名医姜宏工作生活的宽度与厚度，抵制名、利、权、钱的诱惑，“是人生的一种最有质量最精彩的生活状态和境界”。

祝兆平在夜读斋吃了那么多好吃的“鸡蛋”，也认识那些下蛋的“母鸡”们，因此他的《书斋夜读》既有理性思考的一面，又有真情实感的一面，不失为人们安静阅读的好书。

（《书斋夜读》 祝兆平著　上海科学技术文献出版社 2014 年 4 月第一版）

书香家园情满古里

1834年4月28日至5月2日，江苏巡抚林则徐数次往返于太仓、常熟之间，检查刘河、白茆河的水利工程质量。上年年末，林则徐指令常熟、昭文两县绅富捐钱，以供挑浚白茆河之需，而今地方官组织人力疏浚了河道，提高抵抗旱涝的能力，林大人露出了无比欣慰的微笑。

一百余年后，在一个秋高爽的时节，共和国领导人之一刘少奇来到白茆人民公社视察，望着稻花飘香的万顷良田，对当地干部说你们这儿条件好，能否在亩产一万斤的基础上再提高一些。1958年9月24日这一天，是让白茆人民激动了许久的日子。

又是多少年过去了，白茆这个镇名不复存在，她已并入古里镇的版图。古里的区域扩大了，古里的文化随之更加浓厚香醇：铁琴铜剑楼、白茆山歌和红豆山庄成为当地文化建设的三驾马车。从地图上看，古里只是一个普通之极的常熟乡镇，典型的江南水乡。然而有了铁琴铜剑楼、白茆山歌和红豆山庄这三张文化名片，古里不再是普通的乡镇，古里的书香愈飘愈远，古里的文脉愈传愈久，古里的魅力愈来愈大。一群作家怀着一分敬重，怀着一分好奇，跑到小镇小村采风，寻访铁琴铜剑楼的前世今生，触摸红豆山庄的爱情余温，领略白茆山歌的朴实率真。

爱情是不老的神话。《书香古里》的作者们聚焦在书楼、山歌、红豆之间，似乎更关注红豆树、红豆情，或许他们还想了解柳如是与钱谦益的生活细节，那些来自民间的演绎。蒋子龙的《一树成庄》、叶兆言的《点点香魂清梦里》、陈歆耕的《红豆树下的忧思》、袁文龙的《红豆无言倍相思》等篇章都围绕红豆山庄，恣意评说红颜白发的经典恋情，叶兆言颇有感性而哲理地说："点点香魂清梦里，桃花扇底看前朝。与李清照一样，柳如是文艺上的取胜，不只是才情，更有人生沧桑。遗憾成全了美，乱世造就了文章。"作者们的目光追逐柳如是，赞美、哀叹、仰慕、同情、怜惜、理解，包含了各种情愫，只是委屈了探花郎钱谦益，后辈小子们对他的艳遇更感兴趣，而忽略了他作为东林领袖、诗坛盟主的卓越贡献和历史地位。但，学术研究是属于老夫子们的营生，史学大师陈寅恪不遗余力以一部《柳如是别传》来解读柳如是的人生、讴歌她的气节，曲笔之处也有着陈老夫子同情钱谦益降清的无奈之举。

主编朱亚辉在《书香古里　文脉悠长》(序）中说：

“放远看去，铁琴铜剑楼之‘神’、红豆山庄之‘情’、白茆山歌之‘形’，通达了‘形神俱备，情满山河’的境界，堪称古里诗篇中最强的三个音符”。确实，铁琴铜剑楼是“藏书之乡”常熟硕果仅存的杰品，与山东聊城杨氏“海源阁”、归安陆氏“皕宋楼”、钱塘丁氏“八千卷楼”齐名，并称清代全国四大藏书楼。读书、爱书、访书、藏书是每个读书人都喜欢的事情，但要成为藏书家，并非一朝一夕所能做到的，而需经年累月的奋斗，有的甚至积几代人之力而成为藏书大户，铁琴铜剑楼就是例证。孙绍振的《铁琴和书香》、储福金的《一幢楼　一首歌》、金曾豪的《铁琴铜剑楼仰望》无不道出了对藏书楼、藏书家的景仰之情。

《虹月归来图》见证了瞿氏藏书之艰辛。太平天国的战火烧到了常熟，铁琴铜剑楼第三代主人瞿秉清兄弟为了保护藏书，辗转大江南北，古籍珍本在数次的转移中虽略有损失，但最终都运回常熟。为庆祝这次“胜利大逃亡”，瞿秉清特请江阴画家吴俊绘了《虹月归来图》，从同治七年到民国年间，杨沂孙、张瑛、朱芝绶、叶裕仁、叶昌炽等名人纷纷为此画题咏，共43篇，翁同龢写下了这样的话语：“假我二十年日力，当老于君家书库中矣”。而从千里之外的闽江入海口来到古里探幽的孙绍振历数了古里乡贤刘元善、顾大章的事迹，得出了这样的结论：古里有着刚柔相济的人文风骨。“这种文而不弱，书剑一体的风骨”不仅蕴藏在藏书楼，还延续到民间，扩散到他的身边，借书给他的古里同学及其邻居老太令他惊奇而感动。

当范小青来到“既普通到不能再普通，又典型到不能再典型，小桥流水人家，老街旧檐古墙”的小村落李市时，当看到一个满脸微笑的老太太、一个粗糙的淘米箩、一个开裂的小板凳时，激起了内心阵阵涟漪，领悟到作家们是在与自己的童年对话，是在寻找失落的“普通而又朴素的情感”。

我们曾过度追求现代物质文明的享受，而忽视了心灵的吟唱；我们往往把视线投射得很远，而忽视了身边的风景；我们往往急功近利急于求成，而忽视了文化的积淀。《古里，我迟到了》的作者并没有错过品尝古里文化大餐的机会，他细细地咀嚼，认为铁琴铜剑楼是精英文化的代表，而白茆山歌则是民间文化的杰作。无论是阳春白雪的书楼，还是下里巴人的山歌，满足了生活在不同层面人群的不同需要，前者使人读书进取、开阔眼界，后者无疑是寻常百姓的交响曲、小夜曲，沉醉其中，乐而忘返。

沉醉山歌的还有文人，冯梦龙说山歌是“天地间自然之文”，没有雕琢，没有粉饰，是民间真性情的回响与绝唱。土生土长的常熟人米拉在《水边的山歌》中流水行云般描述：“从舌尖上弹出来，山歌是大地生的，天空孵的。从阳光里钻出来，山歌是会走的云脚，扬花的谷禾。那些平原江河上的美丽灵魂，浸润在水边的山歌里，穿越了前世和今生的潇湘。”他深情回忆外婆的歌谣：“拍拍背，三年勿咳嗽；拍拍胸，三年勿伤风”。

外婆的歌谣伴随着每个江南水乡的孩子长大。

古里文脉继续流淌在时代的激流中，流淌在历史的清溪里，书香绵延，山歌不绝，爱情不老。

（《古里书香》 朱亚辉主编　春风文艺出版社 2011 年 6 月出版第一版）

致终将逝去的村事

管子说“士农工商四民者，国之石（柱石）民也。”这个排行榜延续数千年，农耕社会农民的地位仅次于读书士子。1949年后，农民紧跟老大哥工人，还是老二，其人口占到全国人口的百分之七八十。老二哥世世代代束缚于土地之上，从土地权属的分分合合，到如今的城乡文明一体化建设，他们为国家的发展奉献了全部。改革开放的春风把他们吹进城市，做着最苦最累最脏的工作，农民工的马甲上依旧被烙上“农民”的字样。被城市边缘化的他们又回不到生身之地，他们是谁？他们的村庄在哪里？

这是淮北平原的一个普通村庄，它叫齐家庄。如果没有《村事》，谁会记得这个安徽省边远而贫穷的小村落，谁会理解终身眷恋土地的村支书齐敬一，谁会了解他们“脸朝黄土背朝天”的艰苦生活。作者伍方来自齐家庄，以近视或远视的手法，以亲历或采访的事件为中心，以各个家族人物为主线，修剪着故土的椿树、槐树、枣树、楝树上的枝枝叶叶，既有感性的喜怒哀乐，更有理性的评判是非，这些枝枝叶叶勾勒了一幅地道的乡村浮生图——《村事》，这是中国无数村落与农民生活态的缩影。

如果以欣赏散文的视角来看《村事》，文字的通畅与情感的真挚、人物的多样性与故事的丰富性，无疑篇篇是佳作，但故事背后折射了齐家庄的历史片断。通过描述支书齐敬一、“荣辱五杰”齐臣兄弟、“恩被乡里”的齐晓家族等与之有着千丝万缕关系的各式人物，写出了中国农民的质朴与善良，写出了乡村生活的单调与辛劳，写出了在新旧观念冲击中人们的彷徨与无助。作者娴熟地运用文学技巧，编织那些熟悉的具有乡土气息、纯朴亲情的家长里短，其情感渗透在字字句句里，因他们的悲喜而悲喜，因他们的哀乐而哀乐，因为他，曾是他们中的一员。齐敬一是全书悲剧色彩最浓的人物，他一生热爱土地，带领乡亲父老“跟着共产党、毛主席干出了互助组、合作社、人民公社”，土地情缘终因再次的“分田单干”而被刺伤。这个农村基层干部与普通农民的典型代表，为集体为儿女操碎了心，临老却陷入儿辈不孝、女儿自杀、疾病缠身的悲惨境地，最终以悬梁自尽的方式获得彻底的解脱。

读完一组“老支书之死”文章，心中好像压了一块石头，老支书的痛苦固然有土地政策改变带来的失落，更有伦理道德沦丧后的打击，经济与道德的双重缺失加速了他的死亡。“积谷防饥，养儿防老”是历代国人信奉的至理名言，于农村更是如此，以致不生儿子决不罢休，哑巴齐振为生儿子逃亡外地。但儿子能防老吗？老外婆与老支书一样也有三个儿子，却选择了喝农药自绝于世。导致他们的非正常死亡，是儿子媳妇的忤逆，还是经济的压力？或许两者兼而有之。对传统的道德观，我们一直信奉吸其精华去其糟粕，但经过了“文革”的“洗礼”，人心都洗坏了，全然没了“百善孝为先”的概念，“父慈子孝，兄友弟恭”等道德观早被人们置于脑后，齐固等“娶了媳妇忘了娘”的儿子并非个案，他们哪个具备基本的孝道？河东狮玉娇、懒婆娘巧灵，哪个又拥有起码的“妇德”？家庭教育的缺少与成长背景的畸形，导致了她们人格的缺陷与心灵的扭曲，社会的不良风气和父母、公婆、丈夫无原则的包容助长了她们的嚣张气焰。老支书之死，与其说是个人悲剧，毋宁说是中国乡村社会“老无人养”的集体悲剧。

欧美国家孩子到十八岁就意味着独立，脱离父母的庇护，即使读书也要靠自己贷款，他们也没有赡养父母的责任。或许在他们看来父母与子女就是一种缘分，只是相伴一段路程而已，不应成为彼此的负担，其前提是必须有坚实的经济实力和社会保障作后盾。当下中国父母包办一切，年轻人的闪婚闪离多少说明了家庭教育存在的某些缺失，在高考指挥棒下，不少家庭缺少对孩子家庭责任和持家能力的培养，一旦小家庭发生争执，双方父母立即成为彼此的同盟军，扩大“战事”，其后果可想而知。很难说是欧美还是中国的家庭关系更好。有一点是清楚的，中国农民无法与城市工人相比，更不用说与异国的农民兄弟相比了，他们没有任何保障，靠天吃饭，多数人如牛马般辛苦劳作一辈子，为儿女奉献一生心血之后没有几人能颐养天年。貌似儿子们是他们防老的指望，是他们的“劳保”，但又有几人能用上这“劳保”？一旦年老生病，经济拮据，亲情背离，晚境必然凄凉，儿子不养老，老人又不忍拖累子女，在这种思想观念支配下，老支书的不归路上并不寂寞。只有当父母更加理性，当儿女更有孝道，当我们的社会保障体制日益健全之时，那么悲剧才不会发生。

重男轻女是中国千年绝症，当自私、愚昧、狭窄的思想占上风时，淳朴的民风早就烟消云散，女性在家庭在社会总是被牺牲被伤害的对象。小芳、小翠是作者笔下情窦初开的少女，她们青春萌动，努力捕捉自己的幸福，憧憬着与相爱的人白头偕老。但是造化弄人，小芳因未婚先孕而被迫与恋人分手，远嫁他人，苦涩还是甜蜜，个中滋味只有她最清楚。老支书的女儿小翠，一个爱美的纯洁少女，正在谈一场轰轰烈烈的恋爱，其嫂用世界上最恶毒的语言侮辱她，“浪闺女”等等不堪入耳的骂声刺激着小姑和公婆的神经，世界上最温暖的一条路——娘家路也被嫂子冷酷地切断，小翠以死抗争，毁灭了自己，毁灭了本该拥有的美好生活，置父母于万劫不复之地。少男少女怀春之际，没有人正确引导他们如何选择人生道路，更没有人细心呵护他们稚嫩易伤的身心，一旦“出事”，卫道士们就拿出陈腐的观念，扼杀年轻人的幸福与生命。齐家庄少女追求幸福的正当权利得不到维护，她们如浮萍般随波逐流，任凭命运的摆布。两性生活本来是严肃的事情，但乡村已婚男女不断制造一些“出轨”之类的花边新闻，极少受到舆论的指责，喜欢“野欢”的齐松就是很好的例子。

如果说老支书、小芳、小翠的故事是《村事》中沉重的一页，那么齐子龙、齐晓家族的故事充满人性美，犹如一束和煦的阳光突然出现在阴雨连绵的春日，舒缓了阅读外婆、枣树王、老支书、庄老爷诸多人物带来的压抑与沉闷的心情，齐子龙悬壶济世，乐于助人，齐晓辅导家乡学子，培养他们成才，数代“恩被乡里”的言行为齐家庄的村史添上亮丽的一笔。故乡人故乡事，牵动着作者思想的一次次回归与反思，或许太深的故土情结，束缚了作者的思路与思想，以致他对某些陋习的批判是温和的，但不管如何齐家庄众生相在他笔下栩栩如生。

此情未了，齐家庄的村事还在继续。

（《村事》伍方著　古吴轩出版社　2008 年 7 月第一版）

人生悲剧色彩中的一抹亮色

荷花又称莲花，向以花中君子自居，所谓“出淤泥而不染，濯清涟而不妖”。北宋学者周敦颐独爱莲花，以《爱莲说》一文赞美莲花清雅端庄、冰清玉洁的品性。生长于水乡的邱鹤鸣先生也有周敦颐的雅好，以“荷”字命名其长篇小说，足见其对荷花的情有独钟。

邱鹤鸣在《荷殇》中塑造了尤翎、尤翔一对如荷花般雅丽高洁的姐妹花，她们在职场凭能力与才干实现自我价值，在家里孝顺一手带大她们的奶奶秦虚竹，在社会上面对复杂的人际关系时能保持清醒与操守，面对以翠姐、小迁母女为代表的弱势人群时又能给予关心与帮助，这对姐妹身上时刻闪烁着人性之光辉与荷花之纯美。以花喻人，人比花美，但清纯洁净的荷花与“殇”字相联，预示了人物的悲剧性格，或者说表达作者的悲剧情绪。《荷殇》以尤翎为主线，描写了东山世家尤氏三代人的人生遭际、情感经历与悲剧命运，爷爷尤大鹏放弃大少爷的舒适生活，早年弃学从戎，奔赴延安投身革命，战死在抗美援朝的沙场上；父亲尤小鹰是遗腹子，与孤儿贡社会相识相爱后生下尤翎、尤翔，夫妻双双因遭遇雪崩而英年早逝，给女儿们留下永远年轻英俊靓丽的形象；尤翎正处于施展才华、大展宏图的青春年华，却因助人之举而惨遭意外，结束了如花的生命。尤氏三代人因这样那样的原因过早凋零，这种非自然死亡方式是邱鹤鸣的宿命思想还是苦难人生的轮回？或许人生就是一场悲剧。都说悲剧是永恒的，是刻骨铭心的，是耐人寻味的，但悲剧终究令人唏嘘和伤感，不似喜剧令人一笑而过，且满足人们良善的愿望，以致我们那么渴望生活中多点大团圆的结局。

德国著名哲学家叔本华说："一切生命的本质就是苦恼"，尤大鹏、尤小鹰、尤翎三代人无论为保家卫国而舍命，还是为救助他人而丧生，他们活着的时候各有各的痛楚与烦恼，或者饱尝战乱之苦，或者历尽与亲人离散之痛，或者遇到性骚扰，或者被恋人背叛，或者陷入职场争斗漩涡，从这个意义上讲快乐只是痛苦休息之时的小插曲。作者无法摆脱人生就是一场场重复的悲剧的魔咒，但还是试图挣脱悲剧的枷锁，在结尾《荷梦依稀》里玩起了穿越的游戏，虚拟了尤翎复活及其与亲人们团聚的场景，这当然是作者一厢情愿的想法，目的只是让读者产生一种美丽的错觉而已，这多少表达了作者脆弱而善良的内心。诚如叔本华所言："不管生命如何痛苦，如何短暂，如何不确切，总把它当做至高无上的瑰宝”，正是出于求生的意志与对喜剧的向往，中国的小说、戏剧向来以大团圆获得读者、观众的青睐。明代戏剧家汤显祖在《牡丹亭》让杜丽娘死而复生，与柳梦梅演绎了穿越时空的生死之恋，传唱至今，经久不衰。人类对生命的强烈执著与敬仰，无论过去、现在、未来，都将一如既往。

“生活的洪流自有其预设的河道，凭个人的力量改变不了流向，但乐观的人总忘不了拍打几下流水，激起朵朵欢乐的浪花——哪怕在激流的裹挟中身不由己。”这是邱鹤鸣的人生思索，也是《荷殇》中一群善良而可爱的年轻人的生活态度。尤翎是《荷殇》里的花旦，是作者着力刻画的一位具有江南血统却成长于西北的美丽而能干、直爽而善良的女子，由尤翎引出了围绕她身边的老陶、田丰、晓玲、尤翔等人物，他们最大的特色与亮点也是善良与正直。小说以倒叙的手法展开故事，一开始就以尤翎之死抓住读者的眼球，引人入胜，从生者对死者死因的种种困惑与追查，从尤翎死后众人对尤翔的照顾及至尤翔的“凤凰涅槃”，既表现了社会错综复杂与人类自私狭窄的本性，又强调了人们和善坦诚的另一面。随着尤翎之死谜团的解开，展现了主人公及其朋友身上的真善美品性，这种美好的品性虽然无助于减轻小说的悲剧色彩，但至少让读者心底流淌一股暖流，也给陷于迷茫中的人们一丝希望与光明，这些暖流就是暗流汹涌或激流澎湃时发出欢乐旋律的朵朵浪花，那是生命的赞歌，是人生悲剧中的一抹亮色。

现代职场女性以双倍的努力打拼出一片属于自己的天空，还得提防男性同事的骚扰，尤氏姐妹不幸都遇到了龌龊的上司。尤翎因上司的不轨之举导致恋人袁野的猜忌、误解，最后与袁野决裂，而尤翔则因胖上司的骚扰而受到精神刺激，受害者反被说成贪图金钱而与上司纠缠不清。尤翎的善良导致了她的悲剧命运，因为要解决小迁上学远的问题而将存放于单位的电动车寄回家，准备送给小迁，不幸半道上中了歹徒赵怀恩利用小莲装死而设的局，偏偏又遇到醉驾的费墨，一环扣一环，这几件没有直接关系却又紧紧相扣的事件导致了尤翎的死亡。因怀有悲悯之心导致生命的终结；利用人们的善良心理行乞、“装死”导致他人的不幸；以自身的权势骚扰女下属，这是不能不说是时代的悲剧。

小说是高于生活的艺术创作，是作者关注现实生活、表达思想情感的一种方式。《荷殇》虽是虚构的长篇小说，但或多或少有作者自身的影子，对西北生活的眷恋、对军旅生涯的怀想、对故土文化的热爱、对生命意义的解读……那些具有强烈个人色彩的情愫全部融入对故事的描述与人物的塑造。作者的纠结与矛盾心理也若隐若现其间。

但，这毕竟是一部小说。

（《荷殇》 邱鹤鸣著 文汇出版社 2012年第一版）

做好延续常熟文脉的文章

——读《常熟文化的专属表情》

历史文化名城常熟人文底蕴深厚，集聚“道启东南”的南方夫子言偃、人才辈出的翁氏家族等名贤，城内外分布以铁琴铜剑楼为代表的藏书楼群，虞山画派、虞山琴派等艺术流派享誉海内外，兼有“十里青山半入城”的自然环境，历来为世人称道。在土生土长的常熟人蒋伟国笔下，常熟文化独特而丰富，他从常熟的传统文化精神到名人及其家族文化的研究，从文化遗产的保护与传承到沙家浜革命精神的代代相传，书写常熟的文化表情与文化符号。

蒋伟国的新作《常熟文化的专属表情》由“宏观剖析”“名人及其家族文化”“遗产保护”“文物研究”“传承路径”五辑及附录组成，融理论的研究与实践的探索为一体，解剖常熟的文化特色与历史渊源，并就如何传承、发扬常熟优秀文化提出独到的见解。“宏观剖析”收录了作者《试析常熟的传统文化精神》等理论文章，以常熟藏书、书院、画派、琴派、书派、印派、志书、人物为主要研究对象，探索常熟文化的内涵、特点及其影响。常熟素有崇文重教的传统，藏书楼之多举世瞩目。作者认为常熟私家藏书的发达，得益于常熟的政治、经济文化等诸领域的高度发展，得益于“长期的文化积累和人们对文化的认同”。在常熟这片肥沃的土地上，常熟文化滋养一批批英才，有清一代就产生了6名状元、158名进士，涌现了藏书家毛晋父子，艺术家王翚、严澂，书法家杨沂孙、萧蜕，清官鱼侃、钱昕，廉官蒋钦、沈鹏等一代代名贤硕儒，他们为常熟文化的丰富、完善增光添彩。作者由此得出这样的结论：“常熟传统文化中的尚文精神、创新精神和对国事民事的忠诚耿直，是我们后人应予传承和发扬光大的”。

蒋伟国在《明清两代翁氏家族人才现象探析》一文中说：“从先贤仲雍南下以来，这片土地上产生了众多文化名人，有的还形成了家族人才群体”，明清两代产生了翁氏、言氏、庞氏、瞿氏、严氏、蒋氏等多个以家族为中心的人才群体。自晚明到清末，翁氏家族科名仕宦，历久不衰，共出25名举人、11位进士，其中状元2名、探花1名；27人出任知县以上职务，翁心存、翁同龢父子担任帝师，2人官至大学士、协办大学士，3人得到皇帝的追谥。翁氏家族自苏州迁常熟之时，正是当地经济文化处于“稳固基础、走向繁荣”的转折时期，促使翁氏具有强烈的建功立业、“货与帝王家”的思想，翁家子弟就是在这种传统的修身齐家治国平天下的儒家思想影响下走出常熟、走进更广阔的天地。作者认为，翁氏家族之所以能够绵延数代、成为常熟世家的一座丰碑，主要在于他们重视对家族子弟的教育与培养，除对子弟在经史与制艺上的着力培养，练就读书科举的基本功外，更是通过言传身教，让子弟懂得做人与为官的道理，始终恪守忠孝、清廉的家教。“绵世泽莫如为善，振家声还是读书”是翁氏家训，道出了他们对与人为善和读书重要性的高度认识，正因为翁氏有如是家训，加之他们充分利用常熟良好的文化优势，培养子弟奋发向上的精神，施以得法的家庭教育，才使翁氏家族卓尔不群，人才辈出。作者还研究常熟名门望族蒋氏在书学上的成就，从蒋廷锡、蒋溥到蒋之均、蒋培年六七代人均对书法艺术孜孜以求，奠定了他们在书坛的地位。文化具有广泛的内涵，是长期积累形成的，并非一蹴而就。因此蒋伟国认为：“常熟的书学传统的生生不息，既得力于家族对书学的重视，同时也与个体对书学的贡献有着密不可分的关系。”从这个角度讲，常熟世家人才群的出现绝非偶然，社会与环境、家族与个体、经济与文化等诸多关系互为影响互为促进。

蒋伟国作为地方文化工作者，关注常熟文化遗产工作，并积极参与调研，全面梳理，理性思考，撰写《构建古琴艺术立体保护传承的格局》《以载体建设促进非遗保护》《打造非遗传承保护的常熟特色》等理论探讨与实际研究相结合的文章。他以虞山派古琴艺术馆、白茆山歌馆、评弹艺术馆、虞山派篆刻艺术馆等非遗场馆建设为研究对象，认为在政府引导的同时，要借助民间力量，大力培育多元化的非遗传承载体，整合文化资源，形成文化品牌，增加文化热点，以此推动非遗文化的传承和保护。非遗场馆建设作为文化载体，必为旅游度假经济和文化发展提供新景点和亮点，“让时代回响非遗的声音”，才能守住常熟人的精神家园，才能扩大名城的文化效应。作者清醒地认识到文化工作者的责任，“既要使非物质文化遗产在活态的传承中生存，更要使影响了人们生活数百上千年的技艺、习俗与现代社会的发展紧密结合起来，塑造人的品格，丰富人的生活，实现人的可持续发展。”

文化，无处不在，无时不影响民族的发展与人类的生活。真如作者在《后记》中所言：“对文化的一种情愫、一种心境、一种虔诚，就像山涧汩汩的溪水一样，静静流淌，不曾停息”，这也是热爱文化的人们的共同心声吧。

（《常熟文化的专属表情》 蒋伟国著　广陵书社
2017 年 3 月第一版）

守护传统　珍视文化

2011年，全国社科联系统优秀学会——苏州市传统文化研究会迎来了二十周岁华诞，也迎来了会刊《传统文化研究》第十八辑的出版。

《传统文化研究》第十八辑共分和谐笔会、稽古钩沉、吴中人文、论苑撷英、吴地民俗等八个栏目，在原来的基础上增加了会试论卷、忧患论谈两个栏目，每个栏目都有自己的主题与内涵。和谐笔会是典型的古今结合、以史为鉴、服务现实的和谐理论研究专栏，沉浸传统，关注当下，寻找和谐命题在昨天、今天与明天的有机联系，试图探索和谐文化的渊源、诸子百家的理论与当今社会的实际需要，为构建和谐社会寻找历史依据和理论支撑。其中，《论传统慈善事业与当代社会保障——从苏州义仓、义塾引索》一文，以义仓、义塾为个案，系统梳理了苏州传统慈善事业的历史及善行善举的方式方法，指出传统慈善理论的核心是民本思想，以及传统慈善事业与当今社会保障机制的关系，认为“完善的社会保障机制是社会公平的调节器”，是维护社会稳定的重要防线，在经济、各项社会事业发展迅速的苏州，应该全面构建社会保障机制和慈善事业双翼展飞的格局，充分发挥官方和民间的合力作用。

“吴中人文”是《传统文化研究》的传统栏目，也是有别于其他传统文化研究刊物的特色栏目，旨在传承悠久的苏州历史文化，弘扬优秀的吴中人文精神。文化作为无形资产、无形资本越来越得到人们的重视，“文化搭台，经济唱戏”貌似成为各地各级政府的共识，以致引起名人故里之争、城市更名等等所谓的文化品牌战争，江南地区也一度引发了吴文化发源地、吴文化中心等等的争论。《苏州的古城保护与文化传承》《吴都新探》《姑苏台考》《江南古镇与明清时期的吴文化》等文章都是作者们认真研究苏州古城保护、人类文明遗存、文化发展脉络之后的力作，特别值得一提的是《吴都新探》一文，张维明先生充分运用近几年考古成果，结合文献典籍，深入研究，详加考察，得出了木渎春秋古城遗址（包括姑苏台）是吴国的故都，而阖闾的新都吴大城则位于苏州城区的结论。不可否认，文化具有地方特征，不同的区域产生不同的文化，但文化更是人类共同的精神财富。珍视文化，研究文化、传播文化首先要求文史工作者们尊重历史，只有以史料为依据，以严肃的态度与科学的方法，一丝不苟地开展学术研究，才能使传统文化之花弥久而不败，才能阻止诸如西门庆故里之争等无厘头闹剧的上演。

“整治环境、改善民生、传承文化、发展旅游”是桃花坞历史文化片区综合改造的十六字方针，传承文化无疑是历史赋予文史工作者的责任。《唐寅与桃花坞的不解之缘》一文着重描写了唐寅作为一个特立独行的诗人、画家的人生际遇，分析了唐寅居住桃花坞时期的思想变化及其对诗画创作的影响，点出《桃花庵诗》隐喻了诗人对妻子沈九娘的深深怀念之情。唐寅作为明四大家之一，声名远播，研究唐寅与桃花坞的渊源，对桃花坞历史文化街区的改造与发展有着重要的现实意义和人文价值。类似这样将研究传统文化与服务现实社会紧密结合的文章比比皆是。宣传爱国主义、宣传历史名贤也是本辑的一大亮点之一，如《况钟治苏的历史功绩》《剑气化双虹》《简释爱国主义的三层意义》《范仲淹与孙中山的忧患意识之比较》等文章。与“吴中人文”一样具有浓郁地域特色的是“吴地民俗”栏目，收集了反映苏州岁时节日、民俗民风、民间信仰等方面的作品。

《传统文化研究》第十八辑既有严谨的学术论文，也有优美的历史散文。美文家陆嘉明先生是一位爱田园山水、爱自然生活、爱亲朋好友的性情中人，徜徉在石湖山水间，解读陶渊明、王维、范成大的田园山水梦，评价范成大的《四时田园杂兴》具有“时间意象和历史意象交相叠合的田园季相之美”“自然意象和人文意象互为映现的田园风情之美”“节令意象和乡土意象情理互融的田园人性之美”。这种蕴含“宁静、恬淡、和谐”的美，何尝不是作者在散淡岁月中所拥有的诗意情怀和隐逸心态？归田，归心，归乡，抑或回归自然，回归人的本真，陆嘉明描绘了这样的远景：当人们对现代文明反思之后，必然会走向“自然生态和精神生态相与和谐的现代田园”，这是一幅美丽的田园山水图，这是一首隽永的田园山水诗。

二十年的风雨兼程，二十年的春华秋实。苏州传统文化研究会向社会奉献了十八辑《传统文化研究》，奉献了两辑《苏州历史名贤》(与市五中合编)，奉献了《梦里梦外探红楼》等著作，这些作品不仅凝聚着传统文化研究会会员们的辛勤汗水，更是历届政府重视文化建设的成果之一。二十年来，同道们“不作名利计，但求花叶妍”，践行文化自觉的理念，坚持古为今用，推陈出新，充分挖掘中华民族的传统文化，突出苏州历史的地方特色，精心耕耘在传统文化这片沃土上；二十年来，《传统文化研究》从 1992 年创刊时薄薄的一本，到今天 40 万字厚重的第十八辑，栏目设置更加丰富，文化内涵更加深厚，理论研究更加精邃，作者队伍更加庞大，这不仅是量的变化，更是质的飞跃。

回首二十年，总结十八辑，无论是知名的学者专家，还是普通的文史爱好者；无论是八旬高龄的作者，还是青春勃发的学子；无论是德高望重的主编，还是稚拙年轻的编辑，大家只有一个目标——把苏州市传统文化研究会打造成一流的民间社团，把《传统文化研究》打造成优秀的精神产品。

（《传统文化研究》（第十八辑） 陆承曜主编 群言出版社 2011年1月第一版）

品读历史人物的官德

2013年春节前夕，读完《官德明鉴录》，对吴江历史上涌现的那些清官循吏们肃然起敬。官德乃为政者的基础，此书对当代从政人员如何廉洁自律、克尽职守、为民解难仍有很大的启迪。刚过春节，又收到施伟萍女士的《品谈历史文化人物》，同样出于对中国历史上清廉之士的崇敬，以及这些人在其心目中的地位，她将“历史清廉人物篇”置于全书的首位，与“吴中名贤人物篇”“红楼艺术人物篇”构成全书的众生相。此书由著名红学家冯其庸先生题写书名，装帧设计简洁大方。

中国悠久的历史，造就了众多流芳百世的能人贤士，特别是那些在政治舞台上为民请命、刚正不阿、勤政廉政的官吏，纵然他们早已成为一道远去的风景，但他们的报国之心、爱民之情、清廉之风相传至今，令后人学习、反思。施伟萍穿梭在数千年文明史里，充分利用丰富的历史典籍，获得了宽广的视角，撰写的人物时间跨度极大，从春秋两汉到唐宋明清；她又以挑剔的眼光进行筛选，选择了狄仁杰、包拯、况钟、海瑞、于成龙、陶澍等十位历史上以清正廉洁、果敢刚正、为民解忧而闻名于世的官员作为解读对象，对他们的家世背景、为官政绩、性格特点诸方面一一探索，重点突出了他们勤政爱民、廉洁奉公的政治品德。她精心选择题材，细心梳理资料，用心刻画人物，企图寻找他们成为清官良吏的必然性与偶然性，剖析他们修身齐家治国平天下的人生抱负，解答了为官者应当具备的政治品格与职业操守。尽管这些人物所处的时代不同、出身不同、个性不同，但他们一样忠于国家、忠于职守。作者写这些人物并非千篇一律，而是各有侧重，各有特色，以通俗流畅的笔调引人入胜，写春秋郑国的郑子产，突出其贯以一生的“救世”思想；写东汉太尉杨震，着重描写他廉洁俭朴、敢于直谏的性格；写唐代书法家颜真卿，讲述他抗击叛乱、宁死不屈的情操；写清代两江总督陶澍，则关注他在海运、盐政、河工等方面的改革举措及其洁身自好的品德。同时，作者十分注重写作技巧，将历史的真实与文学的笔法紧密糅合在一起，以曲折的情节、生动的细节作为人物形象的立体补充与展示，增加了文本的可读性。关注历史，汲取传统文化的精华，宣传清官良吏们勤政爱民的为官之道与舍生取义的爱国情怀，反映了作者内心的追求与对当下的关心，或许这是一位教育工作者的历史责任使然。

施伟萍女士在忙于教育本职工作之外，热心苏州传统文化研究会的工作，且利用业余时间研究吴中人文，撰写了忧乐天下的范仲淹、以山水田园为精神世界的范成大、以身殉难的忠烈之士张国维、编织桃花坞梦的唐伯虎等多位与吴中大地有密切联系的名贤先哲，这些兼具趣味性与学术性的研究文章组成了“吴中名贤人物篇”。“聚是大道，散是大德”，通过研究范蠡“三聚三散”的行为轨迹，高度肯定范蠡是一位真正了解财富意义所在的圣贤之人。范蠡以智慧创造财富，又以超脱胸怀大散其财，回报社会，这种行为是一种文化理念，更是一种社会责任。作者正是出于对范蠡“三聚三散”慈善思想的认同，遂提出：“社会财富的占有与分配，必然要通过多种手段来调节，而慈善精神与公益事业，必须上升为社会的主流意识，成为促进社会和谐进步与经济可持续发展的主导力量。”乐善好施，厚德载物，这是从古到今人们追求社会文明与道德规范的具体体现。

吴中名贤篇章中的不少人物其实本身就是清廉之人，如范仲淹、范成大、张国维，因为他们或者是苏州人，或者曾在苏州为官，且因为作者突破清廉的范畴而是多方位评论这些人物，故将其列为吴中名贤人物篇。“历史清廉人物篇”“吴中名贤人物篇”中的人物都是从历史长河中走过来的真实人物，他们或有官德或有贤名或有才名，先后风光亮相或黯然退场，但都成为本书作为历史文化人物研究的重点。诚如苏州传统文化研究会主编陆承曜老师在序中所言：“以上品谈的历史人物，既是中华民族的骄傲，也是苏州的骄傲。”这些勤政廉政的官吏们足以成为我们学习的典范与楷模。

历史充满血雨腥风，小说世界同样危机四伏。《红楼艺术人物篇》是作者多年潜心研究《红楼梦》的学术成果，通过分析秦可卿的“风情与忧虑”、惜春的“心冷与了悟”、黛玉的“至清至洁与至情至性”等艺术人物的个性与遭遇，表达了作者对同为女性的金陵三钗的赞美与同情，揭示了封建社会对美好生命的摧残与伤害。同时她对贾雨村、贾琏、贾赦、贾珍等红楼男性的多面性与复杂性也给予深度挖掘、理性批判，打破了以往人物脸谱化的评论，显示了一个学者应有的素养。

赏读《品谈历史文化人物》，感触良多，以史为镜，不由得对他们产生深深的敬意，且对作者勤勉耕耘也产生深深敬意。

（《品谈历史文化人物》 施伟萍著　苏州大学出版社 2012 年 12 月第一版）

上穷碧落下黄泉

——读《云门琴谭》

说起过云楼颇有声名，但坊间多数误以为是藏书楼，这个误会与2012年春季北京匡时拍卖公司负责的一场过云楼藏书拍卖有关。那次包括以宋版《锦绣万花谷》在内179种、1292册过云楼藏书，以成交价2个多亿人民币（含佣金）为江苏凤凰传媒集团竞得，于是过云楼以藏书楼出名。其实过云楼在清代同光年间就名噪一时，是一座以庋藏书画为主，旁及古籍、碑拓、古印、古泉、古琴等多种门类的收藏楼。过云楼主人顾文彬之子顾承拜著名篆刻家、琴家王云（字石香）为师学习古琴，并收藏包括苏东坡的玉涧流泉琴在内的十几把古琴。顾承一手营造的怡园辟有坡仙琴馆，宣告着他的喜好，并在园内操琴怡情。顾承的爱好延续到其儿孙那代，1919年8月，顾麟士、顾公可、顾公柔参加了由琴家叶希明（字璋伯）组织的怡园琴会。之后，怡园琴会演变为今虞雅集，由江阴人庄剑承组织，吸苏州、无锡、上海不少琴家。时代变迁，古琴一度销声匿迹，而今民间学古琴成风，研究古琴者更不在少数。翻阅古代文献，也常常不经意间发现古琴的信息，可惜都是支离破碎，要了解一地的古琴文化的传承，须有完整系统的文献资料支撑。前年读到顾颖的《清机小录》中《惠泉流韵——无锡古琴史述略》一文，初步了解了无锡古琴艺术的历史、地位及其特点。近日读到他新出版的《云门琴谭——无锡古琴史料初编》时，眼前顿时一亮，这部有关古琴地文文献研究大餐，涵盖琴人、琴谱及收藏、逸闻等篇章，可用“上穷碧落下黄泉”来形容，非一日之功力可成。

研究者首先要充分占有文献资料才能开展研究，一分材料说一分话，而文献资料的多寡制约着对历史、经济、社会诸领域研究的深入与否。由于中华民族多灾多难，一次次战乱致使珍贵的文化典籍遭到破坏。无锡古琴没有自成一派，不如邻近的常熟有虞山琴派，也不如隔江的扬州有广陵琴派，一个流派的形成，既表明流派的地域特点，更表明了传承流派的艺术团队质与量的“统治”地位，相关文献资料也相对会多些。无锡与苏州、常熟都是吴文化的核心地区，尽管没有古琴流派的产生，但并不意味着没有古琴艺术的流行与传播。顾颖以“上穷碧落下黄泉”的精神，对无锡琴史、琴家、琴谱、琴曲及私家藏琴等相关文献开展收集、解读及研究，履行着他作为非特质文化遗产项目（古琴艺术）代表性传承人的职责。

《云门琴谭》的特征之一就如其副标题“无锡古琴

史料初编”所流露的史料翔实，以文献资料为基础探究无锡的琴人琴事，其中《琴人篇》《琴谱篇》两辑具有极高的文献价值。《琴人篇》占全书百之七十的篇幅，可见琴人在古琴艺术传承中举足轻重的地位。人是生产力中最活跃最重要的因素，任何技艺的传承离不开人，琴人是古琴艺术得以传承的关键，寻找这些琴人，就是一个还原文人士大夫艺术风雅、研究中国传统音乐艺术的过程。顾颖撰写了自两汉到民国时期六十三位无锡琴人的小传，围绕这些琴人的字号籍贯、生平经历、著述专长等一一展开，囿于文献的局限，有的琴人篇幅较长，有的则寥寥几十字，尽管如此，这已是不可多得的无锡琴人的“家谱”。难能可贵的是，作者将这些琴人的原始文献资料作为附录列出，便于相关研究者作参考之用。任何艺术并不是一个孤立的存在，往往在相互学习、相互借鉴中得以交融与发展，古琴也不例外。无锡因与苏州地域相连、文化相通的优势，琴人们之间的活动频繁，从中获取养分，发展本地的琴学艺术。清代嘉庆、乾隆年间的学者、书法家钱泳是无锡人，随母定居常熟，与苏州贵潘家族的潘奕隽、潘世璜父子交往频繁，潘奕隽为钱氏先祖墓志铭拓片题跋。作为一名琴人，钱泳在《履园丛语》中留下了他学琴及与潘奕隽堂兄潘奕正等人探讨古琴音节等问题的细节，以及他与许春山、孙复初泛舟西湖，抚琴品茗的风雅。来自浙江海盐的吴士龙酷爱古琴，远离家乡的他，辗转南北，最后定居无锡，古琴一直陪伴左右，频频举行雅集，与当地琴人切磋，为无锡古琴注入活力。

《琴谱篇》收录了华文伯辑《菊吟琴谱》和吴士龙、杨荫浏、赵鸿雪抄谱等多种琴谱，其中《〈菊吟琴谱〉提要及辑者生平考证》和《华文柏手稿琴谱浅探》是颇具功力的阐述琴谱与人物的论文。《藏琴篇》收录了赵鸿雪、卫质文、王吉儒等四人收藏古琴，配以图片，有的古琴或许早已不在，而今只能读图识琴，一饱眼福。虽然这些琴谱、古琴只是无锡古琴史上的冰山一角，但足以让人了解无锡在古琴史上应有的地位。

《云门琴谭》是继《清机小录》之后的又一部关于无锡古琴的文献编研作品，基本可以呈现无锡古琴发展脉络和时人的精神生活。从一个侧面反映古琴作为文人士大夫生活艺术的一分子，是一种风雅生活的象征，是一种陶冶性情的武器，是中华民族音乐的重要组成部分。尤其通过解读《琴人篇》中所录不同时代的琴人小传，可以判断无锡古琴起源于两汉，发展于明代，兴盛于清早中期，没落于民国晚期。随着古琴文献资料的增多，有关无锡古琴的研究会越来越深入。对于顾颖来说，无锡的古琴文化艺术的传承和研究只是开始。

（《云门琴谭》 顾颖著 广陵书社出版 2019 年 7 月第一版）

乐在民间掘宝藏

长期扎根于苏州民间文学的潘君明先生于2018年夏季隆重推出《苏州民间传说丛书》之《苏州历代名人传说》《苏州历代工匠传说》《苏州风景名胜传说》《苏州经典美食传说》四种，收录了399篇民间传说。这些民间传说是历代口口相传的故事，虽非正史，却丰富了人们的业余生活与精神世界。通读这套涵盖衣食住行和人物的《苏州民间传说丛书》，可以了解苏州悠久的历史人文、饮食文化、非物质文化遗产和旅游资源，兼因这些传说具有故事性强、趣味性强、地域性强及语言通俗等特点，故是雅俗共赏的文学作品。

《苏州历代名人传说》收录了泰伯、伍子胥、西施、唐伯虎等54位名人110篇的民间传说，补充了历史记载之不足，展现历史人物形象的生动性与多面性，并丰富了地方历史文化的内涵，如由吴王夫差与西施故事延伸出来的箭泾河、剪金桥、胭脂桥、南北车驾桥及因春秋著名冶匠干将而命名的干将坊等地名依然存在于现实；因伯嚭屡屡为夫差出馊主意，而使“坏伯嚭”“坏坯子”成为苏州土话中奸邪小人的代名词；因苏东坡住过的房子改建为苏公祠，巷子则称为苏公弄，房屋街巷打上了时代与人物的烙印。这些流传下来的人物故事尽管久远，却与现实生活紧密相联，以鲜活生动的“乡村野史”的形式串起了城市的前世今生。范仲淹舍风水宝地兴建府学、出资建造篦箕街的历史、文徵明退还百姓赞助的丧葬银而建造却金亭的传说、况钟通过杀鸡验肫判案的故事等均来自民间，既有历史的客观回溯，又有人物的美化成分，然为人清正、心系民生永远是社会倡导的正能量，永远具有现实教育意义。五千年的文明史记载毕竟有限，而流传下来的故事无疑令这些人物更具人间烟火味，犹如希腊神话经久不衰。

山温水软的苏州历来名人辈出，各种吴门流派纷呈，涌现出无数能工巧匠，其中塑圣杨惠之、名医叶天士、刺绣名家沈寿、香山匠人蒯祥等人无一不是苏州工匠精神的代表人物，他们的故事留存于文字留存于民间，而今《苏州历代工匠传说》让这些人物重新走向我们。据《太湖备考》记载紫金庵十八罗汉由雷潮塑造，那么雷潮是如何让这些罗汉神形俱备的呢?《雷潮的传说》讲述了雷潮因观察细致而产生塑造华盖、经盖的灵感等三则小故事，呈现了雷潮善于思考、执着艺术的形象；蒯祥发明“金刚腿”由来、与师弟赵三各自建造无梁殿与木缘堂等故事，则体现了蒯祥艺高胆大、心胸开阔的一面。沈寿看中余家郎的故事虽不知接近真相多少，但沈寿与余觉婚后一个画一个绣，可谓天作之合。没有余觉的策划，沈寿很难脱颖而出；没有沈寿的精湛技术，余觉的艺术思想也难以实现，可以说他们成全了彼此。《苏州历代工匠传说》与《苏州历代名人传说》相比，后者都是记入史册的人物，而前者所涉及的工匠有的确有其人，有的则是无史可考的传说，如发明宋锦的宋老老，织绸好手刘春、发明檀香扇王小毛等人物，他们可能存在过，也可能是人们臆造的人物，但因这些工匠的聪明才干和机缘巧合而衍生出来的传说，为无解的历史和庸常的生活平添几分乐趣。

苏州经济发达、文化繁荣、特产富饶，这里的人们热衷追求高品位的生活，尤其在明清时期独领风骚五六百年，成为北京之外的大都会。“民以食为天”，无论是达官贵人还是贩夫走卒，对美食的向往与追求是一致的，苏帮菜讲究时令，讲究色香味，历来备受人们的赞赏，苏州菜成为大清皇宫的高档宴席。《苏州经典美食传说》讲述的均是苏州人所熟知的松鼠鳜鱼、酱汁肉、常熟叫花鸡、碧螺春、定胜糕等美味佳肴和茶食点心，但对它们的来历知之甚少。松鹤楼的名菜松鼠鳜鱼相传来自专诸刺僚的故事——鱼藏剑，此道名菜因得到乾隆皇帝的赞美而名扬四方；陆老板收留了假冒叫花子的吕纯阳，以致陆稿荐的酱汁肉因加入吕大仙留下的破稿荐而香味扑鼻，因行善而成就了一道名菜；京城名厨、太仓人倪丁为病母烹制饮食而无意间发明了太仓肉松，一道菜赋予了孝道的概念；“昆山燠灶面”的传说则是年轻寡妇颜陈氏自立自强的创业史……至今这些经典美食已然满足了我们的食欲，而潘君明先生采集的这些传说故事则赋予美食文化的内涵与为人处世的道理，足以给人启迪。

两千五百年的岁月丰厚了苏州历史人文的底蕴，苏州风景名胜数不胜数，城内古典园林星罗棋布，城外自然山水秀美俊逸，历史文化遗址遍布城厢，民间蕴藏了大量风景名胜传说。《苏州风景名胜传说》收录了相关故事93篇，分“古城篇”“山水篇”“园林篇”“寺庙篇”“宝塔篇”“桥梁篇”六辑。山塘街是古人游玩虎丘的必经之路，苏州刺史白居易因山塘河淤塞无法坐船到虎丘而懊恼不已，只得骑毛驴走山塘街，可惜这条七里长街路况同样很差，于是他筹集资金疏浚河道，修整路面，山塘街因此有了新名字——白公堤。历史名人与风景名胜产生交集的传说很多，从此名胜风景有了人文内涵，民间以传说的形式演绎着旅游胜地的过往。

著名篆刻家张寒月先生为潘君明先生刻过一枚“乐在民间掘珍宝”印章，恰如其分地评价了潘君明先生的人生追求及其对苏州民间传说不遗余力的挖掘与宣传，从另一个角度讲何尝不是对这套《苏州民间传说丛书》

丰富的内容及其价值的客观评价。真实历史的传播终究是有限的，而民间传说以口头文学的简单方式传播“野史”，虽有夸大或附会的内容，也有可信的一面，娱乐的同时增长知识。潘君明先生不辞辛苦深入民间，采访整理，集腋成裘，极大丰富了苏州民间文学宝库，功不可没。

（《苏州民间传说丛书》 潘君明编著　古吴轩出版社
2018 年 6 月第一版）

青春再出发

读过很多书，没有哪本书如《回望青山一如初见》那样吸引我，熟稔的往事和熟悉的人物，率性自在的大学生活中那些情同手足的同学与亲如父母的老师，足以打动同为二十世纪八十年代学子的我。从踌躇满志的青涩少年到阅尽风云的成熟中年，三十年的时光，对苏州大学中文系 84 级学生来说仿佛就是一瞬间，仿佛他们不曾分别过，仍是那群灯下勤读、校园嬉戏、抒发情怀的大学生。三十年的时光匆匆而过，青丝渐白风霜染，阅历日丰视野宽，回望远方黛山，初心如昨，他们的笔端奔腾着对母校对老师对同窗的一腔深情。

母校是每个学子的圣地，师生交融是校园最美的风景。《蝶恋花 · 春风化雨》是《回望青山一如初见》的第一辑，是范培松、宣树铮、徐斯年、缪学为等先生们对三十多年前教书育人的共同回忆，师生情已然演化为父母情、朋友情。范培松先生解释这母校之所以为“母”的原因，在于学子们大学四年充分“享受了只有在母亲怀里的孩子才能享受的‘豁免权’。在老师眼中，你们是正在成长的孩子，即使犯了错，也要教育，因为你们是学生。在这四年中，你们享受到的是母爱”。爱的教育，无时无刻不滋润着学生的心田，爱的教育奠定了这些学子为人处世的良好基础。很多年前人们将八十年代称之为知识爆炸的时代，人们渴望了解世界，获得知识。当年在母校选修希腊神话课，教室内外挤满学生，同样的情况也发生在苏大王锺陵老师的选修课——《文心雕龙》研究上，除了84级学生，还吸引了不同年级的学生，甚至老师，座无虚席，抢座位成为常态。多年后学生描述当时的情景：“他的课富有诗人的激情，又有高度的哲理概括，达到哲思、才情、文采并茂。听他的课，我们往往被他的情绪感染”。同样王老师欣赏这些学生：“我喜欢八十年代这几个年级的学生，相比以后的学生，他们的求知欲更为强盛，人文情怀更为浓烈，更富有理想与追求精神。”读着王先生的这段话，不由得想起恩师沈渭滨先生说过的相似的话，他对我们82级等几届学生赞赏有加。苏州大学84级中文系与复旦大学82级历史系，有些微小的时空差异，但我们基本上属于同一个时代，共同见证了那个崇尚知识、胸怀理想、富有浪漫的黄金时代。诚如王尧先生所说：“我们一起呼吸过，一起怀疑过，一起心跳过，一起坚守过。共同成长的经历是我们在文化母体中的血缘关系”。

历史让人冷静审视这个世界，那么文学则是对这个世界的诗意解读，它是散文、是小说，是诗歌，可以是深刻的文艺评论，抑或如陈寅恪那样以诗证史。东吴剧社一度成为中文系学子们演绎社会生活、展露表演才华的平台，《如此无情》《柜中缘》《年糕案件》《群猴》《等因奉此》等剧目留在了徐斯年、鲁潜等师生的心底，这是无法抹去的温馨记忆，老师的梦与学生的梦交织在一起。金秋文艺晚会是中文系的保留节目，“诗朗诵、电影台词对白、情歌对唱”，这些当时的流行元素是文艺范的标配，具有极强的冲击力与震撼力，才子才女的称号似乎更适合中文系的学子们。小品比赛、学交谊舞、方塔诗社、翰墨因缘……各式文艺活动释放着他们的青春活力，闪烁着他们的思想火花，孕育着他们的兴趣爱好，有的甚至决定了以后的人生道路与研究方向。王伟林来自这个集体，东吴园是他梦开始的地方。他有幸遇到了华人德与李鹤云两位恩师，指点他“习书问学”，他们的引路不仅改变了他的人生轨迹，他们的言传身教更让他“渐渐悟得做人的道理”。他的书法在老师的指点中得以精进，形成自己的风格，且书学造诣颇深。时光正在老去，他们却在最好的年华。

“人生就是寻寻觅觅的过程”，在这个寻寻觅觅的过程中相遇结缘，奏出爱情圆舞曲。在美丽的东吴校园，红楼前、方塔傍、球场上、樱花下，青春的荷尔蒙在燃烧，爱慕之情在萌芽，于是“我的排球情缘”产生了，男主角的“小心机”赢得了一世情缘，爱情如涓涓溪流，波澜不惊，岁月静好。“改变命运的十三天”则是一场惊心动魄的爱情与工作保卫战，毕业季就是分手季，在工作包分配的年代，江南江北存在显著的差异，一对情侣因为毕业即将各奔东西。男一号从接受现实回老家到重燃希望再到失望，在不断失望、希望的轮回中度日如年，不屈不挠地争取，为个人的前途，更为甜蜜的爱情，幸福总是属于永不言败的人们。或许你窃喜过，或许你伤心过，或许你羞涩地默念过，或许你大胆表白过，纯真的情感如娇艳的樱花绽放在枝头，又如悠扬的笛声荡漾在青春的时空里。

蝶恋花、好时光、忆江南、相见欢，四首词作为引首，组成四个篇章，这是 84 级学子们毕业三十年岁月的浓缩，也是他们才情喷发的赞歌，更是他们不改初心的守望。我读着这些温情的文字，恍如置身其中，还臆想着这四首词的意义。老师的恩情与教诲，哺育学生，使他们身心健康，学有所长，宛如“蝶恋花”般情深义重。大学时代，青春时光，最为清澈纯粹，无拘无束，人生长河中最为恣意潇洒的一段生活成就了无法忘却的“好时光”。天南地北，相聚姑苏，同窗四载结下深厚的情谊，午夜梦回，小桥流水人家就在眼前，吴侬软语又是何等亲切，“忆江南”成为学子们别后最为柔美的心弦与梦境。三十年师生再聚首，青春不再，人生无常，别时容易相见难，但同学聚会的集结令一旦发出，他们纷纷赶来，“相见欢”写不尽其中的欢愉。他们无论从政、从教，还是从商，都努力过、奋斗过，有取得成功时的欢快，也有受到挫折的惆怅，但“或与这个时代相偕，或为这个大变革时代的洪流裹挟而行，直接参与见证了这个伟大时代。”

芳华三十年，青春再出发，他们依旧豪情万丈，不负韶华，携手走进激情燃烧的火红年代。

（《回望青山　一如初见》王斌　朱亚辉　顾强主编

古吴轩出版社　2019 年 10 月第一版）

醉意年代平江风

初次认识简雄兄，是在雅都饭店新落成之际，一位校友邀请我们到顶端的旋转餐厅边赏美景边喝咖啡，大家闲聊了几句，匆匆告别。当年的他意气风发、才华横溢，盛名在外，很令人仰视钦佩。在内心深处，他是我的兄长，更是我的文友。《论语·颜渊》中说："君子以文会友，以友辅仁。"文友是朋友中的最高级别，简雄兄就添在我的文友之列，不知有没有辱没了他。

大学时代老师常说"坐得十年冷板凳，写得一篇好文章"，这句话是历史系的老师对历史系的学生说的，可见要写好一篇历史研究文章的艰辛和难度。我铭记老师的教诲，学习孔圣人"述而不作"的风格，远离那端着学究架子的严肃的历史文章。有一天突然发现简雄兄公务之余，竟能挤出时间读万卷书，默默地精心地耕耘着自己的园地，一篇篇优美而严谨的历史散文、读书笔记从笔端流出，确切地说从键盘上敲打出来。我做梦也没想到学国政的简雄会对历史有如此浓厚的兴趣，并循着兴趣寻找历史的真相、趣味、情感，让我这个所谓学历史出身的人自叹不如。2009年初秋的一个上午，我与他一起拜访我的大学同窗王振忠，俩人谈天说地，更多地谈到徽商、谈到明清的士，谈到商人精神，谈到这方面的研究成果及其专家学者。他们谈得投机，句句珠玑，这种场面好比欧阳峰与黄药师两位武林高手华山论剑，高潮迭起，精彩纷呈。他们的话题是我的历史知识的盲区，我只得睁大双眼，认真地聆听两位“鸿儒”对话，佩服、赞叹他们的博识之余，有点愧对师门。王振忠是复旦大学教授，二十多年浸淫于明清社会学和徽学的研究，属于职业选手，而简雄兄作为一家地市级党报的总编，平时公务缠身，纯粹利用茶余饭后的时间读书作文，属于业余选手，却能与职业选手对话，以当下流行的“高层论坛”一词冠名他们的交流也不为过。我私下猜测简雄是否为了此次会见，暗地里做足了功课，但转而一想这功力非一朝一夕所能练就。

我粗略知道他的勤勉，一般公务应酬能推则推，但对书却是来者不拒，凡我将觉得对他可能有用的书送给他时，他都一一笑纳，这是我平生见到嗜书如命的第二人，另一个即是我的周老师，恰巧两人籍贯都是宜兴，也许这是宜兴历来文人墨客兴盛的原因之一吧。爱书、读书、写书，他经营着中国传统文人的理想王国，而这也是我孜孜追求的，但我还没升华到他的境界，仅仅停留在爱书、读书阶段。曾与小友私下狂妄地说一般散文是所有文体中最好写的，天马行空，只要做到形散神不散就行了，但历史散文却是最难写的。它要作者具备良好的文学修养、深厚的文字功底、丰富的历史知识及对历史现象的剖析能力。好的历史散文兼具文学的美感与历史的真实，集趣味性、严谨性、灵动性于一体，简雄的新著《大户人家》将三者有机地结合了起来。

《大户人家》分“九州”“西域”“悦读”三部分，“九州”是他研读历史风云后的历史散文，“西域”是他领略海外风情后留下的旅游笔记，“悦读”则是他博览群书后的读书心得。尤其读了他的“九州”部分，从帝王名臣到市井商人，从家国大事到士妓因缘，从江山争夺到书生议政，犹如一幅幅历史画卷重现：“残阳如血”时分，带着“天国的晚风”的凉意，伴着“石板街回声”，走进“大户人家”“梦归赐闲堂”，端详“山塘的模样”，抒发“书生意气”，咀嚼着“宏村的味道”，探寻着“丽江底蕴”的文脉，更是在观照“日升平遥”之后，表达了对“钻天洞庭”帮驰骋商场、独占鳌头的深深敬意。龙应台女士曾将历史比喻为沙漠玫瑰，并说“沙漠玫瑰有它的特定起点，没有一个现象是孤立存在的”。简雄以历史背景、人物故事、重大事件为要素，抽丝剥茧，擘肌析理，解开种种历史表象背后的千丝万缕的纠结，并始终聚焦苏州故土的历史变迁、社会生活、文脉渊源、风云人物，从而散发他对史对人对事对情的独到见解。文字的流畅、表达的优美，语言的活泼、布局的灵巧，表现了简雄文学修养上的深厚功力，其中信手拈来的史料依据，无疑是简雄近几年悉心研读史志笔记的结果。他以史家的严谨读史、治史、用史，一度苦苦寻找"大明周后"——崇祯皇后的芳名，未果，仍以一顿美餐为诱饵托我查询，并谦虚地向有关明史专家讨教，然而现代"人肉搜索引擎"宣告失败。历史终究委屈了这位苏州籍皇后，仅以周氏留名。

谁也无法阻挠历史前行的脚步，即使"英雄盖世""活在繁华的城市里"，终究会迎来"日暮之秋"，重复着"王朝的末路"，变革是必然的，后人也只能偶尔停下来倾听"遥远的笛声"。"悦读"部分是作者花费大量时间与精力阅读了《万历十五年》《晚明史》《江南士绅与江南社会》《明清时代商人与商业资本》《纵乐的困惑——明代的商业与文化》等海内外专家学者著作后的感悟与心得，他尤其关注明清时代的政治、经济、社会的变化及其士商阶层的发展，通过对史学界研究成果的认真阅读与重新梳理，试图探索近代中国与西方列强产生差距的根源，就如日本明治维新的成功与中国戊戌变法的失败。

简雄的视野是开阔的，他以苏州为起点，走向全国，又放眼世界。我追随着他的足迹，在他的文字世界里神游了罗马、佛罗伦萨、克拉根福、希萨尔雷克山丘……对简雄而言，风景仅是他抒情的道具，他极力称道与追求的却是风景背后的人文精神。特洛伊的猜想、但丁的“神曲”、文艺复兴时期达·芬奇等人的画作，还有罗马古城的遗址……西方文明的象征和历史的沧桑已深深扎根在东方人的心底，引起了作者与读者的无限遐想。“萨尔茨堡的天空”是我喜爱的篇章之一，不只为那儿回响着莫扎特的旋律，不只为美丽别样的异域风情，还为那唯美的文字，它们是如此深深地吸引着我：壮伟的阿尔卑斯山孕育了萨尔茨堡的激情，萨尔察哈河带着交响乐般的轰鸣，从终年积雪的山顶奔腾而下，到了萨尔茨堡，来了一个“S”形的旋转，就像乐队指挥的银色小棒划了一下漂亮的弧线，水面突然就开阔起来，水势节奏变成了如歌的行板。

这段行云流水般的诗情描述体现了简雄深厚的美学修养和诗意情怀，山的壮美、水的奔放、人的激情，伴随着音乐的动感与节奏，方正大气的汉字一下子变得空灵而飘逸，静止的文字顿时奏出动人的乐章。

灯火阑珊处，风中的平江，涛声依旧梦如初。

（《大户人家》 简雄著　山东画报出版社　2010 年 7 月第一版）

双城记里说苏杭

一部《红楼梦》，两个女主角，黛玉、宝钗双姝并立，各有千秋，从清代到现代，拥林派和拥薛派爱其所爱，无怨无悔。城市亦然，同样拥有天堂美誉的苏州、杭州也是各具特色，杭州乃山水城市，湖光山色，自然野趣；苏州属园林城市，小桥流水，浑然天成。孰高孰下，孰优孰劣，凭的是个人的情感和喜爱。《苏州日报》创刊六十周年文丛之一——《双城散记》以文人墨客的视野，对苏杭双城品头论足。

一座城市犹如一棵树，如果说悠久的历史就是那粗壮的枝干，那么深厚的文化就是那茂盛的枝叶，苏、杭两城无疑均属于那种枝繁叶茂的大树，而且都是香樟树，这是她们的市树。有趣的是两市不仅同好香樟树，而且都将桂花列为市花。市树、市花的确立固然受到气候环境的影响——植物是否适宜生长，但也有人文环境的因素，那就是生活在天堂里的人们爱好的一致性。《双城散记》的作者们按照自己的感受，为苏州或者杭州画上了一片叶，画上了一枝节，全凭个人的喜好，全凭个人的品位，全凭个人的认识，画上了枝枝叶叶，就有了树的模样，就有了城市的印象和城市的感觉，哪怕他们画出来的并不是香樟树。

一口老井、一条小巷、一个古镇、一座古典园林或现代公园，在文人的笔端藏着历史，透着文化，露着情感。吃茶打牌、舞文弄墨、探古访幽、议人论物，文人们有滋有味地生活着，有声有色地品评着。有了惬意的生活，适宜的风物，十足的底气，就有了各式各样的话题，就引来了文人的雅兴：评说着生活的细节，修剪着文化的枝蔓，抒发着内心的情感，他们是自己城市的忠实市民和铁杆粉丝。有一句话说：历史是人民创造的。但我们知道历史都是文人写的，严格地说正史是史家“秉笔直书”的，但史家首先是个大文人。至于野史笔记之类的，一般文人也能一字一字码出来。

《双城散记》的作者们对自己居住地苏州或杭州都怀有深深的自恋。这种自恋是一种深入骨髓无法自拔的爱恋，是一种极度自我肯定的表现，或许有点孤芳自赏，或许有点顾影自怜，但绝不是病态。自恋情结缘于对城市的挚爱，缘于对生活状态的满足。一个“诗意的午后”，是“在茅家埠晒太阳”，还是“去龙井打牌”；是看“孙君良画园林”，还是到“仓米巷”寻找沈三白和芸娘的旧影，有很多的选择，似乎选择这个，就与那个“擦肩而过”，其实并不尽然。就如选择了做苏州人，那么还有机会亲近杭州，赏西湖美景，品龙井香茗、吃杭帮美食或者看看哀婉动人的越剧，或许信步于西子湖畔时遇上如白娘子般美丽坚贞的杭州美人，换了空间，就换了心情、换了眼光，换了思维，不亦快哉。反之亦然，苏州的园林、苏州的美食、苏州精致的工艺品、苏州深厚的历史文化对杭州人也有一定的吸引力吧，相信桃花坞木刻年画也曾遍及杭州城乡，相信唐伯虎的杭州粉丝不在少数。文人笔下的苏杭与百姓眼中的苏杭估计十之不离九，因为他们的感悟来自生活，毕竟他们都来自民间。虽以文人的视角来描述，但他们的文字是贴近生活、亲近自然的一枝一叶。一枝一叶总关情，情系苏杭。范小青写了《消失的和不消失的》一文，消失的也许仅仅是视觉上的东西，不消失的却是深深恪在心底的印记，就算这景象再不出现。

文化的流动与渗透、文化的传承与发展，是苏杭双城至今仍保留活力和魅力的源泉，文化是她们的灵魂。远在春秋战国时期的吴人言偃，远赴鲁国，求学于孔子门下，学成归来，“道启东南”，名列孔门七十二贤，被尊为“南方夫子”。公元825年，白居易，卸任杭州刺史后就任苏州刺史，也许心底偏爱杭州，但也为苏州留下了七里山塘这个千古绝唱。又一千多年后，俞樾自浙江到苏州，主讲紫阳书院，传播文化，培养吴地子弟，又在苏州留下了小巧玲珑的曲园，他的《春在堂全集》

即以其曲园的春在堂室名来命名。他的曾孙俞平伯生于斯长于斯，直至到北大读书才离开，对苏州情有独钟，以“半个苏州人”自居，以昆曲为终身爱好，一生至友乃苏州人士叶圣陶、王伯祥、顾颉刚、章元善，并称“京城五老”。文化就在文人的传播中得到交融，文化就在这样的交融中得到发展。也许如编者所言，文字“犹如一叶夜航船”，那么文化就在这来来往往中激清扬浊，学人之长，避己之短；滋养自己，惠及他人。

在这双城记里说苏杭双城，说碧螺春龙井茶、说昆曲越剧、说园林西湖、说朱自清陆文夫，就如说自家的文章最好，说自家的儿子最好。即使对自家的城市有些微词，但只是自己嘴上说说而已，好比一些从小听惯越剧、吃惯龙井茶的苏州人，也绝对不允许别人诋毁昆曲和碧螺春茶。《双城散记》的作者们各自拿出自家的东西晒晒，即使不起眼的，也当宝贝藏着，所谓敝帚自珍。

苏州、杭州都是人间天堂，俨然是一家人的感觉。两城人相见时的亲近感与生俱来，外人看来特别“惺惺相惜”。遥想当年大学毕业回苏州，杭州同学在毕业纪念册上洋洋洒洒地写下“共赴天堂”四个字。奔赴两个不同的城市，好似同一个目的地。

《双城散记》尽显文人的笔墨风流，尽显天堂的良辰美景，尽显双城的风骨精髓。品苏杭双城，越品越有味，这是决不出胜负、分不出高低的两座城市。

（《双城散记》 高琪主编 古吴轩出版社
2009 年 5 月第一版）

往事并不如风

往事如风一样吹散在天南地北，无影无踪。

然，往事并不如风，它有时像被鸟儿衔走的种子，自由洒落在大地，却深深地扎根在人们的心田。即使多少年过去了，存放在心底的种子还会发芽，沉睡多年的往事依然会清晰地浮上心头，令人生出欢喜的、激动的情愫来，只因这些往事是自己人生驿站的一个插曲或转折点，它们或许是人生旅途中至关重要的精彩篇章，或许是人生长河中的一朵小小浪花。往事如风，有春风拂面的感觉，也有秋风愁人的滋味，但都是难以忘却的。《苏州日报》创刊六十周年文丛之一——《往事如风》带给人们众多大家人物和苏州之间的深情往事。

《往事如风》全书分“岁月回响”“书香绵延”“昨夜酒香”“细雨梦回”“心弦一阕”五个部分，作者有土生土长的苏州人，有自幼寄居苏州的外地人，也有在苏州学习、生活、战斗过的异乡人，这些人后来都离开苏州，散居在全国各地，成为各条战线各个领域的专家学者、文化名流及政界要员，他们都为新中国的建设积极贡献自己的才华。岁月风雨，沧海桑田，“不思量，自难忘”，苏州，对她的游子来说是永远温馨的心灵家园；对很多与她曾经有缘相会的人来说，古城也珍藏了他们的美好回忆。人，离开了苏州，心里还牵挂着苏州人苏州事，心里还装满了关于苏州的点点滴滴。二十世纪八十年代初，苏州日报推出《我和苏州》专栏，从此打开了有着苏州缘、苏州情、苏州梦的名流大家的记忆闸门，他们怀着与苏州水一样的柔情，写出了一篇篇回忆革命经历、歌颂母校恩师、抒发故乡情思、回顾成长历程、赞美姑苏风物的生动文章，他们或低吟浅唱，淡笔写真情；或慷慨高歌，浓墨抒胸怀。很多熟悉的名字跳入眼帘，费孝通、颜文樑、陈从周、俞振飞、郑逸梅、邓云乡、吴大琨……尽管作者身份各异，职业不同，文章风格迥然，但对苏州怀有一样的深情和热爱，因有情而作文，因作文而存史。这些珍贵的作品不仅凝聚了作者们对苏州的深切怀恋之情，也为苏州保留了一章“口述历史”，是广大读者的精神大餐。新闻是历史的记录，二十多年过去了，当初的作者如今有很多已作古，但他们与苏州的故事就这样无意间被“抢救性”地保留了下来，《往事如风》的出版更为后人永久地珍藏并解读了一段段历史。

一本书，是不是精品，不仅在于装帧设计之精美，更在于书的内涵。《往事如风》装帧简约大方，内容却深刻丰富，充满了人文味和游子情。无论是作者的身份背景，还是他们的人文情怀，抑或他们与苏州剪不断理还乱的深厚渊源，这本书不能不说是《苏州日报》六十周年文丛的精品之一。读其文，识其人。蔡修本在苏太抗日根据地编辑出版《大众报》，克服种种困难，传播着革命的火种，成了他终身"难忘的经历"；费孝通饱含深情地赞美了母校校长王季玉，因为天冷不忍让孩子们上黑板，却自己用肿得像"新鲜佛手"的手在黑板上写字，读给学生听，老师的"爱的教育"让学生铭记了一辈子；耦园的听橹楼畔，嫩红的落花飘了一地，邓云乡作为连续剧《红楼梦》的顾问亲临现场，看着林黛玉将落花轻轻收入锦囊，从此他的"耦园思绪"化为对姑苏的不解之情；"我是苏州人"，这是王为一对别人询问籍贯时的回答，岁月匆匆，往事悠悠，游子"贮在心间的缕缕乡思"犹如埋在地窖的千年陈酿，愈陈愈浓，愈陈愈香。

"忆江南，最忆是苏州"。作者们难忘人间天堂姑苏，即便是少小离家的游子，依旧乡音未改，"别梦长向故乡圆"；即便是客居苏州或偶尔光顾过苏州的异乡人，也留下了"苏州的呼唤""不是故乡也似故乡""苏州如画"的动人篇章。读着这些情真意切、感人肺腑的文字，让我想起吴大琨先生于2004年10月为我编辑的《馆藏名人少年时代作品选》题写的"少小不努力，老大徒伤悲”；让我想起了初见费孝通先生时，正好有人要与他合影，费老幽默地笑着说：“又要作道具了”；让我想起了张充和婉拒稿费时说“返乡即是返家”。

往事并不如风。往事在我们的记忆里，往事在我们的叙述中，往事在我们的文字间，往事脉脉，点点滴滴流徜在我们的心灵深处，那里有文化的礼赞，有历史的绝唱，更有苏州的魅力与风姿。

当细雨梦回之际，心弦一阕诉衷情，仿佛昨夜酒香，又如岁月回响，却道是书香绵延无尽时。

（《往事如风》徐宁主编　古吴轩出版社
2009 年 5 月第一版）

姑苏人物竞风流

历史文化名城苏州，人杰地灵，名家辈出，他们犹如一颗颗珍珠在历史的长河中熠熠生辉，留下不可磨灭的印记。然而由于家谱族谱、档案文献及相关人物辞典的缺失，研究者对他们的生平事迹、家世背景等知之甚少，有时因此中断进一步的研究。近期正在整理一批过云楼友朋手札，涉及人物众多，而古人鲜以姓名示人，他们或以字或以号落款，由于个人的知识储备有限，为此常纠结于书信者的真名实姓。因借助朋友推荐的由李峰、汤钰林两位先生耗时六年编纂而成的《苏州历代人物大辞典》，不少问题得以迎刃而解。这部人物辞典收录了苏州本籍及与苏州有着千丝万缕关系的人物 11800 人，可谓迄今为止苏州历史上唯一的大型人物工具书，为研究者带来福音。

《苏州历代人物大辞典》收集人物相对完整，时间跨度数千年，是一部“百科全书”式的人物工具书。这部洋洋大观的人物辞典收录自商周时期到中华人民共和国成立为止的各类风云人物，其中先秦至宋元人物占12%，明代和民国人物各占22%，清代人物占了近一半，达44%。从不同时代不同领域人物收录的多寡反映了一个地方政治经济文化地位的高下，也体现了苏州人文荟萃的地方特色及当时的行业特点。苏州自明清两代达到鼎盛时期，经济发达、商贸繁荣自不待言，而"读书、藏书、校书、刻书竞尚风气，各路文学、书画、医学门派丛生绵延，昆曲、园艺及刺绣、雕刻等手工艺成就斐然"，崇文重教的传统更是催生一批又一批科举人才，因此各个领域代表人物的涌现绝非偶然，他们是苏州历史的创造者，是吴文化的传播者，更是推动苏州发展进程的杰出代表。读者既能从一万余位风云人物的小传中领略苏州历史之悠久、文化之深厚、人物之风流，也能从中窥见编著者视野之开阔、收集之广博及驾驭文字的卓越能力。同时作者以严谨审慎的态度收录人物，以品行端正、富于学问、积极进取、爱国爱民等作为人物标准，这些人物多数来自历代郡志、府志及苏州辖州县志人物以及时人所撰人物志，如张大复《昆山人物志》等，并根据发现的新史料，创立新的人物词目。一万余名人物小传串起了苏州两千多年璀璨夺目的历史文化，梳理众多名门望族的脉络及"各学派、门派、工艺世家等杰出人物的传承与发展"，并以名贤先哲砥砺今人后世，弘扬中华民族的优秀传统。

《苏州历代人物大辞典》语言叙述简明扼要，描述人物客观公正，不加主观臆断，是一部不可多得的具有鲜明地方特色的人物工具书。每个人物包含了生卒年份、姓名字号、籍贯家世、经历成就、主要著述等内容，一册在手可观千年英才，这是一部基本囊括历朝历代苏州人物的工具书。苏州过云楼友朋书札涉及数百人，以苏州人居多，有的身居高位，有的出身文化世家，有的虽为官场中人，但身份并不显赫，一般人物大辞典中并没有他们的地位。整理一批落款为曹元忠、君直、揆一、云瓿、凌波的书信时，搜索出处时得知，解释曹元忠为“晚清藏书家、校勘学家。字夔一，一作揆一，号君直，晚号凌波居士，吴县（今江苏苏州）人”。再查《苏州历代人物大辞典》，曹元忠的注解更为详尽，增加了云瓿、凌波两个别号。再结合书信内容，于是将上款或下款为君直、揆一、凌波、云瓿的都归到曹元忠名下。如整理沈修的手札时，不知沈修的身份，通过查阅《苏州历代人物大辞典》了解到沈修的生平及其著作，于是将落款为未园、绥成的信封归类到沈修名下。阅读《过云楼日记》时，被既为园林名字又为人名的“壶园”两个字困惑，顾文彬与壶园的交流很多，壶园是何人所造？壶园又是何人？这一直是个谜。从《大阜潘氏族谱》中提到壶园为潘氏所购，而《过云楼家书》中则提到秉斋收拾壶园之事，从《苏州历代人物大辞典》得知苏州名门望族后裔汪锡珪号秉斋，又号壶园居士，终于解决了壶园的“身份”问题。凡此种种，《苏州历代人物大辞典》收录了诸如此类官职并不显赫但在地方有一定影响力的人物，为各界开展苏州文史研究带来了极大的便利，更为研究者指明方向与路径，提高了工作效率。

《苏州历代人物大辞典》依据文献十分翔实，考证工作深入细致，是一部具有重要参考价值的人物工具书。作者之一李峰教授在《前言》中回顾编纂此书时“注重史料辨别及史实考证……注重订讹补缺”。档案文献作为第一手资料，其真实性毋庸怀疑，然而作者在查阅清代朱批奏折、履历、朱卷等档案文献中时也发现人物年龄不一致的问题，有的相差较大，于是参考墓志铭、友朋悼亡之作进行考证辨析。“档案、实录之类等一般而言要翔实，但涉及重大事件及官员升降劾贬亦不可轻易尽信，而墓志铭及方志又有为尊者讳乃至溢美流弊。这就需要慎重对待史料，综合研究，相互补充印证，力求得出客观的结论”。

《苏州历代人物大辞典》无论从装帧设计还是内容来看，都不失为一部反映苏州人文荟萃特色的精品力作，不失为一部浓缩苏州两千五百年历史文化的人物群英谱。

（《苏州历代人物大辞典》 李峰　汤钰林编著　上海辞书出版社 2016 年 11 月第一版）

时光留在诗笺上

“从前的日色变得慢”，这是木心先生的诗句。从前慢的是车马，是邮件，是情感，是生活。从前的慢生活为我们留下许多宝贵的信函、诗笺，它们仿佛是一道道岁月的波纹，荡漾着那个时代文人墨客的情怀与雅致。时光流逝了，但诗笺还在，风雅还在，历史还在。能留存于当代的书信诗稿都是历经几番凤凰涅槃，侥幸存于世上，否则早已化为烟云，故而弥足珍贵。太仓市文史专家、收藏家殷继山先生十多岁时见到邻家老人正在焚烧一批纸质材料，酷爱书法的他见其中有碑帖，遂以几十株名贵月季换回这批包含名人手札、古籍、书画在内的文献，并于五十多年后将这些名人手札捐赠太仓博物馆。尤其值得称道的是，太仓博物馆对这批诗文手稿及时分门别类予以整理，且对作者详加查考，于 2018 年 4 月由江苏人民出版社正式出版。《清末民初名人诗文手稿集》分上、下两编，上编收录刘世珩、何乃莹等六十多位名人致钱溯耆的诗稿（少量为词稿、文稿），下编收录太仓消寒诗社的唱和诗稿，此书的编辑出版既为研究清末民初太仓一地的文学活动与文人交游提供重要的参考文献，又为研究清末民初的书法与诗词艺术提供翔实的原始依据。

《清末民初名人诗文手稿集》收录了八十多位文人士大夫的诗文手札，立体呈现了这一时期太仓、上海等地文人的诗文活动。作者们均受过正规的传统教育，擅长诗文，兼有举人、贡生等功名，具有一定的社会地位，曾在清政府出任知府知县，或驻外领事，另有一位日本学者长尾甲，但钱溯耆无疑是主角。这些诗文稿大部分为唱和钱氏的“南园赓社”“百老吟”而作，后来被收录到钱溯耆编选的《南园赓社诗存》《百老吟》《百老吟后编》。钱溯耆（1844—1917），字籥龢，号伊臣、听邠，出身于太仓名门望族，酷爱藏书，工于诗词，精于金石研究，长于考证。钱溯耆的祖父钱宝琛，嘉庆年间进士出身，改翰林院庶吉士，授编修，官至湖南巡抚、浙江巡抚、湖北巡抚，“以诗文提倡后进近二十年”；父亲钱鼎铭举人出身，咸丰庚申之乱时，避居上海，与顾文彬、潘馥等苏州籍士绅联名上书请求李鸿章派兵援苏，并与江苏地方积极沟通，表示能筹措到十八万租船费用，解决援兵的交通问题。后因功得到朝廷重用，官至河南巡抚，谥敏肃。钱溯耆是钱钱鼎铭长子，同治九年优贡，授教职，改内阁中书。光绪十六年（1890）补刑部浙江司主事，三年后任直隶深州知州，创建怀经阁，购买书籍数万卷，讲究实学。义和团运动后，钱溯耆归隐上海听邠馆，与缪荃孙、吴昌硕等相友善。同时他参加了南浔儒商周庆云创立的淞滨吟社，并与旅居沪上的遗老们交往，诗词唱和成为他们延续传统文人士大夫生活的主旋律。

钱溯耆与刘世珩的父亲都是李鸿章得力的干将，刘世珩的父亲刘瑞芬跟随李鸿章起家，钱鼎铭也为李鸿章办理军务，家世背景相同的钱溯耆与刘世珩产生交集，因两人年龄相差悬殊，刘氏尊称钱氏为老人。《清末民初名人诗文手稿集》收录刘世珩三首诗，其一为“听邠老人岁除在高家歌楼饯岁索和依韵”所作两首七律；其二为钱溯耆病中“倚枕口占一律见示”，正待北上的刘世珩于1916年小年夜依韵奉和，有“酒杯在手且高会，爆竹惊心又送年。人事纷纭催日月，天公爱惜旧山川。”俞樾的孙女婿洪尔振与钱溯耆唱和诗多首，且都写在钱溯耆特制的诗笺上，1915年岁暮所写的《赠听邠老人》内涵丰富：“妖星誓扫转归田，巨鹿城荒更惘然。乱后春秋千日酒，山中甲子纪年笺。光朝桑海秦廷泪，耆旧柴门百老篇。记得珂乡烟水好，和风轻放茜泾船”。这首诗的内容涉及钱鼎铭、钱溯耆父子的个人境遇，前两句指钱溯耆在直隶深州知州任上时，由于“痛惩”义和团运动而丢官罢职，回到家乡。“耆旧柴门百老篇”句指钱溯耆辑录《百老吟》，和者甚众。“光朝桑海秦庭泪”句，指太平天国运动时钱鼎铭到江南大营乞师救里的故事。钱氏父子作为朝廷官员，钱鼎铭因剿灭太平军有功而步步高升，钱溯耆因镇压义和拳有力而被罢职，面对相同的事件，因机遇、环境等不同导致的结局天壤之别。一首诗，一段情，一个个故事串起了钱氏父子的过往。从清朝到民国，钱溯耆、刘世珩、洪尔振等人的身份都发生了变化，需要时间调整心理，但诗词宣泄了情感，唱和为他们的生活增加乐趣，又传递了他们内在的情感。诚如宣统元年（1909）、二年（1910）冬钱溯耆的好友刘炳照为《南园赓社诗存》《百老吟》所作序文所言：“凡物久必敝，惟托于文字者无穷”“以志一时喁于之乐”。这些经过封建时代科考的作者，通过诗文委婉地表达了立言的诉求，身躯必朽，而诗文不朽，可以“无穷”也。

钱溯耆不仅爱诗文，还喜欢制作个性化的诗笺，体现了他的审美情趣与个人爱好。《清末民初名人诗文手稿集》里不少作者使用的诗笺为钱溯耆私人定制，有听邠庐诗笺、听邠馆写诗言事之笺、甲寅纪年笺、听邠纪事笺等十余种名目的信笺诗笺，这种花式繁多的诗笺使承载的文字更为生动。朱则杰先生在序言中说：“作为手稿，较之于曾经雕刻印行的书籍，无疑又多具一种特殊的文物价值”。《清末民初名人诗文手稿集》装帧设计精致，手稿书法各异，诗文俱佳，实现了从内容到形式的完美结合。

（《清末民初名人诗文手稿集》 朱巍主编　江苏人民出版社 2018 年 4 月第一版）

第4辑（闲话红楼）

温良机敏俏平儿

——试论平儿的人格魅力

曹雪芹先生在《红楼梦》一书中为我们塑造了众多女性的形象，有才华横溢的黛玉、大方得体的宝钗、泼辣干练的凤姐、活泼开朗的湘云、懦弱木讷的迎春等性格各异的正册人物，更有风流任性的晴雯、温柔和顺的袭人、性情刚烈的鸳鸯、聪慧脱俗的紫鹃等个性迥异的丫环，然而她们的命运大都以悲剧收场。一部《红楼梦》是女性血泪控诉史，表达了封建专制时代对女性的摧残。在不同身份的红楼女性中，平儿的结局似乎是比较好的。平儿是曹雪芹先生用了较多笔墨描写的人物，也是他塑造的世俗社会中形象比较完美的女性代表。全书有很多章节出现平儿，其中有四回标题以平儿的名字命名——“俏平儿软语救贾琏”“喜出望外平儿理妆”“俏平儿情掩虾须镯”“判冤决狱平儿行权”，足见平儿并非泛泛之辈。

纵观全书，平儿是个平凡又不平常的人物。说其平凡，是因为平儿并无显赫家世，只是凤姐自幼的丫头，上无父母双亲疼爱，下无兄弟姐妹扶持，按她自己的说法是个“孤鬼”；说其不寻常，是因为当初凤姐有四个陪嫁丫头，嫁的嫁，死的死，只剩下平儿，而原先侍候贾琏的两丫头都被打发走了，凤姐为了显示当时社会所提倡的贤良，也为了拴住贾琏的心，不致在外胡来，平儿被收在房内做了琏二爷的小妾。故以平儿所处的地位，左有贾琏之俗，右有凤姐之威，却能被凤姐容下，并被凤姐视为心腹，自有其过人之处。另外平儿“花容玉貌”，非一般丫头可比，刘姥姥初进大观园时误把她当成凤姐，贾母称其为“美人胎子”，李纨也为平儿这般好模样却被人使唤而可惜。在贾府这个尔虞我诈、勾心斗角的世界里，平儿在大观园中扮演了一个世俗世界所需要的完美女性角色，上至贾母、李纨、尤氏、宝玉等主子，下至兴儿等一般下人，对她无一不称赞的。在第六十五回“贾二舍偷娶尤二姐”中全面评价了平儿与人为善的特点；李纨是最欣赏平儿的，常为她打抱不平，戏称凤姐“给平儿拾鞋也不要”，两人应该换一下位子；贾母因凤姐酒后撒泼得罪平儿，执意让贾琏夫妇向平儿赔罪；宝玉常以不能为平儿尽心引为憾事，即便与贾琏偷情的鲍二的老婆也劝贾琏将来“把平儿扶了正”。那么平儿究竟有什么样的魅力使大观园众多的人明里暗里为她叫好呢，究其原因，平儿虽处于贾琏凤姐这对恶男妒妇之间，时常受气，但仍能保持一颗善良之心，宽厚待人，机敏圆通，处事周全、忠心耿耿、率真可爱，故能以半主半奴的身份赢得贾府上上下下的尊重和好评，成为大观园中一位可圈可点之女性。笔者试图从以下几个方面对她作个评价。

宅心仁厚显善良

平儿最大的特点是待人宽厚，善解人意，无论对比自己地位低的丫头，粗俗不堪的刘姥姥，懦弱无用的尤二姐，还是对待宝玉、巧姐儿、凤姐，均一视同仁。这与生俱来的优秀品格——善良是她在大观园内构筑良好人际关系的重要条件，是她获得贾府主子奴才们信任的前提，由此也畅通了她了解各种信息的渠道。无论是何种品性的人，都不愿意与奸诈邪恶的人打交道，深怕受到伤害。平儿善良正直的性格特点主要体现在以下几个方面：

其一，平儿同情弱者，尽可能帮助他们，体现了她一贯与人为善的特点。她对待与自己同命运的奴仆丫环，如同对待自己的兄弟姐妹。正如兴儿所说“平姑娘为人很好，虽然和奶奶一气，他倒背着奶奶常做些个好事，小的们凡有了不是，奶奶是容不过的，只求求她去就完了。”在第四十四回“变生不测凤姐泼醋”，凤姐因喝多了酒准备回家休息，不料见到为贾琏望风的小丫头神色慌张，遂关门审问，并一巴掌打得小丫头两脸紫胀。平儿见此，只能劝凤姐“奶奶仔细手疼”，明为凤姐着想，实则为丫头减少折磨。在第五二九回中处理春燕与其母亲误会等事情上，曾对袭人说：“得饶人处且饶人，得省的将就省些事”。平儿面对诸如此类的矛盾，从不扩大事态，而是以教育为主，尽可能宽恕犯错的人。

她对村妪刘姥姥极为尊重、谦逊，将自己的衣服、绒线等东西送给她，并帮她一一整理，喜得刘姥姥千恩万谢，与刘姥姥建立了良好的关系，也为日后求助刘姥姥救下巧姐打下基础。她观察细致，当她发现大观园众姐妹们个个穿着大红衣裳赏雪景，显得十分齐整漂亮时，唯独邢岫烟“穿着那几件旧衣裳，越发显得拱肩缩背，好不可怜见的”，于是主动送衣服给她。赵姨娘其实是个可怜人，既无地位，又无涵养。在赵姨娘因对兄弟丧葬银不满而与探春发生争执，平儿出面调解，见众媳妇推卸责任，一股脑说“都是赵姨娘闹的”，她仗义为赵姨娘说话，并悄悄告诫行事不端的人千万不要“‘墙倒众人推’，赵姨娘原有些‘着三不着两’”，不能“有了事都赖他”。刘姥姥、邢岫烟、赵姨娘以及众奴仆丫头在贾府里都是没有地位的人，都是弱者，但平儿对他们寄托了深深的同情和并在最大范围内给予帮助。

其二，她宽厚待人，至始至终给予尤二姐无私的关心和帮助。虽然平儿出于对凤姐的忠心，告诉了贾琏偷娶尤二姐一事，但后来看到尤二姐的种种不幸遭遇，十分后悔，尽力提供帮助。尤二姐被凤姐设计进了大观园，等于是羊入虎口，既有恶妇秋桐的作践欺压，又有众丫头媳妇的讥讽嘲弄，暗处有凤姐阴险的“借剑杀人”计。在这个势利的世界，见风使舵者为俊杰，尤其是众人见贾母听信秋桐谗言，也不大喜欢尤二姐时，更对尤二姐百般欺压，竟使尤二姐处于“要死不能，要生不得”的境地。只有平儿背着凤姐，自己拿出钱做些菜、汤水给她吃，时常与她排解忧愁。为此平儿受了不少闲气，被凤姐骂道：“人家养猫拿耗子，我的猫只倒咬鸡。”平儿对尤二姐怀有愧意，敢于向尤二姐承认错误：“想来都是我坑你。我原是一片痴心，从没瞒他的话。既听见你在外头，岂有不告诉他的。谁知生出这些个事来”。她看不惯众丫头的势利，责备她们：“你们就只配没人心的打着骂着使也罢了，一个病人，也不知可怜可怜。他虽好性儿，你们也该拿出个样儿来，别太过逾了，墙到众人推。”在尤二姐死后，平儿偷了一包二百两的碎银子交给贾琏办丧事。从尤二姐与平儿的关系而言，两人同侍一夫，尤二姐是平儿的“情敌”，是她情感生活的障碍，与其同等身份的秋桐和凤姐都欲置尤二姐于死地而后快，但平儿的所作所为与她们恰恰相反。平儿摆脱了一般女性的狭隘思想，而是以宽大的胸怀接纳尤二姐，又默默地爱护她、照顾她，表现了她的大度气质和独特的人格魅力。从另外一个角度讲，以平儿目前的身份和地位，因有了凤姐这个主子保护，也因她自己处事得体，深得人心，才能安然度日。一旦凤姐发生不测，或者琏二爷另娶他人，难保平儿不步入二姐的后尘。所以从深层次分析，平儿是个十分现实的人，对尤二姐的种种善意的关照也隐藏着对自己未来命运深深的忧虑。

其三，平儿善解人意，处处为他人着想，体现了她顾大局、识大体的大家风范。琏二爷并非是个正人君子，被他收为房中人实非平儿所愿，但处于当时的背景和地位，她只能服从，只得克尽妇道，小心维护着贾琏和凤姐的感情和家庭的和睦，并多次帮助琏二爷脱离困境。当她拿到贾琏与多姑娘偷情的把柄——一缕青丝时，生怕打翻凤姐的醋罐子，弄出是非来，急忙替他遮掩，避免不必要的事端。在四十四回“喜出望外平儿理妆”中，当凤姐发现贾琏与鲍二的老婆有私情，并在背后夸奖平儿而诋毁她，凤姐把一腔怒气全发泄到平儿身上，平儿委屈得直想死。经众人劝说，平息了风波。平儿感念凤姐平日待她的好，又顾及是凤姐的生日，加之贾母说情、贾琏夫妇道歉，而原谅了凤姐。宝玉曾感叹，平儿的命竟比黛玉还苦，但可贵的是平儿在无力改变自身命运的时代，尚能保持善良本性，宽容大度待人。所谓与人方便，与己方便，为自己获得了较为宽松的生存空间。

五十二回“俏平儿情掩虾须镯”，平儿的镯子不慎丢失，凤姐即刻传令园里各处妈妈们“小心查访”。后被宋妈妈发现是宝玉房中小丫头坠儿偷了镯子，忙禀告凤姐。平儿中途拦下，再三叮咛宋妈妈不许告诉任何人。自己在凤姐跟前善意撒谎，说“丢在草根底下，雪深了没看见。今儿雪化了……自己找到了。”平儿心思缜密，凡事能设身处地为他人着想，她一面告诫向麝月提防坠儿，一面说明自己不愿声张的理由：一为体谅宝玉在女孩儿身上的良苦用心，二为贾母、王夫人着想，怕她们生气，三为顾全宝玉房中袭人等大丫头们的体面，并怕病中的晴雯生气发作，闹出事来。在后来处理玫瑰露、茯苓霜一案中，也是处处为他人着想，顾及探春、宝玉及其丫头们的脸面。平儿这种大事化小、小事化无、以和为贵的处事作风与凤姐截然不同，皆因其本性善良。

处事周全显机敏

在大观园中，一个人光有善良的心是不行的，所谓

"人善被人欺，马善被人骑"。就如迎春是个善良本分的人，但屡遭欺凌，命运坎坷。如果说善良是平儿这个人物身上最天然的本性，那么足智多谋、考虑周全、沉着冷静、办事公正、进退自如是平儿为人处事成功的重要因素。她帮助凤姐管理家政，处理得游刃有余、井井有条，堪称凤姐得力的左右手；后来探春料理家事时，也常与平儿商议。李纨称她是凤姐的"一把总钥匙"。袭人等曾说"他奶奶病了，他又成香饽饽了，都抢不到手。"她之所以能卑微的身份介入到大观园各类事务的管理中，缘于她的机敏灵活，其表现形式是多样的。

第一，平儿的机敏表现在能察言观色，正确把握处理突发事件的火候。第五十五回"辱亲女愚妾争闲气　欺幼主刁妈蓄险心"，凤姐生病期间，探春治家，恰巧亲舅赵国基去世，按例发放殡葬银两二十两，赵姨娘不服来闹，与探春发生冲突。恰好平儿奉凤姐之令，说可以酌情增加殡葬银两。探春因与赵姨娘呕气，便对平儿冷言冷语。平儿何等机灵，"一来时，已明白了对半；今听这话，越发会意"，遂"不敢以往日喜乐之时相待"，只是殷勤侍候探春梳洗，平息她的怒气，她一面劝解探春："这几年姑娘冷眼看着，或有该添该减的去处二奶奶没行到，姑娘竟一添减，头一件的事于太太有益，第二件也不枉姑娘待我们奶奶的情义了"，一面暗暗责怪那些刁难探春的媳妇们"你们闹的太不象了"。

调解有方，极为得体，连宝钗、李纨对其处事精细不得不佩服："好丫头，真怨不得凤丫头偏疼她。本来无可添减之事，如今听你一说，倒要找两件事来斟酌斟酌，不辜负你这话。"

第二，平儿的机敏表现在处理事情公正、周全、果断上，勇于承担责任。第六十一回"判冤决狱平儿行权"，五儿素与芳官友好，暗中托芳官说情，想到宝玉房中当差。一次芳官在征得宝玉同意的情况下，送她一瓶玫瑰露。不料园内因失窃之事进行大搜索，由玫瑰露又引出茯苓霜，五儿母女遭殃。凤姐得知后，对五儿母女作出严厉的处罚。五儿叫屈，"细诉芳官之事"，平儿能听取意见、冷静分析，暂缓处理。在错综复杂的大观园内，有些人巴不得母女倒霉，便纷纷送东西给平儿，一面讲述五儿母亲的不是，一面"奉承他办事简断"，然而平儿不愧是个聪明人，表面上假意应承，暗地里却调查取证，去袭人处了解情况，很快就查清了案情，并牵涉到赵姨娘。于是平儿冷静思考，分析利害关系，最终以宝玉代为受过了结案子，为五儿昭雪冤屈，同时也不忘惩诫了彩云等一班人，恩威并用，还不忘兼顾探春的脸面。平儿圆满地处理玫瑰露、茯苓霜一案，充分体现了她既待人仁厚又灵活、办事公正又周全的特点。

在第九十七回"林黛玉焚稿断痴情　薛宝钗出闺成大礼"中，因凤姐使出偷梁换柱之计——宝钗冒黛玉之名嫁给宝玉，林之孝家的奉命要紫鹃到婚礼上使唤，蒙骗宝玉。可紫鹃执意守着奄奄一息的林黛玉，不愿前去，而李纨也在一旁帮着她说话。正当林之孝家的不知如何回复贾母、凤姐之际，又是平儿出面解决问题，带着雪雁亲自回新房，并关照林之孝家的："二奶奶那里我替回就是了。"平儿是个是非观极强的人，有主见，敢于担当。她这么做，实际上违背了贾母和凤姐的旨意，但她宁愿冒着被主子惩治的危险，也要成全了紫鹃为林黛玉送终的心愿。

第三，平儿的机敏表现在洞察人情世故上，能以灵活变通方法解决问题。第一一八回"记微嫌舅兄欺弱女"和第一一九回中，当巧姐被邢夫人接去见亲戚时，平儿留心察看，以其丰富的人生经验，估摸着所谓的亲戚八成是来相亲的。于是不动声色，私下向丫头婆子打听。当得知巧姐儿将嫁入藩王府时，平儿一时没有主意，她既担心巧姐受苦，又怕无法向贾琏交待，就跪着请王夫人帮忙："巧姐儿终身全仗着太太"，但王夫人因受了邢夫人的闲话，不愿干预此事。无奈平儿一面打探消息，一面安慰巧姐，劝她千万不可冒失行事。恰逢刘姥姥来访，王夫人不愿见，但平儿觉得是个机会。于是平儿将情况一五一十告诉了刘姥姥，两人设计带着巧姐儿躲避至乡下，而巧姐之所以能顺利出府，躲过一劫，也是因下人们都"感念平儿的好处，所以通同一气放走了巧姐”。大户人家的小姐私自逃走是当时社会所不容的，王夫人也觉不妥。但平儿在处理这件事上，十分果断，又不为难王夫人，其胆略、勇气非王夫人可比。没有平儿的敏锐观察、巧妙安排，以及平时积累的良好的人际关系，真不知巧姐的命运将会如何。平儿尽心保护着凤姐与贾琏唯一的血脉，既对得起九泉之下的凤姐，又再度获得了贾琏的敬重。透过平儿救巧姐一节，反映了平儿洞悉世事的能力。在男尊女卑的封建时代，平儿虽然勉强作了琏二爷的房中人，但她对琏二爷忠心不二。她赤胆忠心保护着这个家，她明白保护了巧姐，等于保护了自己，也就保住了自己在贾琏心中的位置，巧姐及其父亲对她的感激之情将无形中巩固她在贾府的地位。某种程度上可以这么说平儿以其聪明才识帮助了别人，也为自己赢得未来平和的生活。

总之，平儿凭着善良的本性、出色的才能、敏锐的观察、冷静的思考和综合协调能力，非常漂亮地处理了上述所提的几件事。在处理过程中，她并没有完全执行凤姐的旨意，有的甚至与凤姐的意愿背道而驰，但平儿以自己的方法妥善处理，以理服人，以情动人。实则上，她也替凤姐遮挡了不少是非，避免了很多事端。看似不忠之事，其实却是大忠。

敢于直言显忠诚

无论过去还是现在，聪明能干的人往往被人嫉妒，善良温和的人容易被人欺负。凤姐是个“嘴甜心苦，两面三刀；上头一脸笑，脚下使绊子；明是一盆火，暗是一把刀”的人物，作为她的随从，平儿过露锋芒可能会带来意想不到的灾难。但随着书中情节的发展，平儿与凤姐始终互相信任、互相依靠。凤姐与平儿自幼一块长大，对平儿忠厚和忠诚的脾性可以说了如指掌，正如兴儿所说，平儿“是个正经人”，不会挑拨离间，“一味忠心赤胆伏侍”，才被凤姐容下的。平儿以出色才干和人格魅力征服了众人，对凤姐而言也是好事，毕竟平儿代表着她的利益，是个得力的副手。对平儿溢美之词最多的数李纨，她在二十九回中说“凤丫头就是楚霸王，也得这两只膀子好举千斤鼎，他不是这丫头，就得这么周到了。”李纨早年丧夫，原先贾珠的屋里人都走了，剩下孤儿寡母度日，她内心深处渴望像凤姐那样也有平儿这样一个“臂膀”，为她分忧解难、遮风挡雨。平儿与凤姐名为主仆，实为姐妹，凤姐虽然骄横，但对平儿宠爱有加，从没弹她“一个指甲”，凡事都与平儿商量，情愿瞒着贾琏，比如在外面收利钱等事。凤姐深知平儿之才干、忠诚、机灵都是她所需的，是她稳妥打理贾府的好帮手。

首先，平儿的忠诚体现在她敢于向凤姐直言相劝。平儿有个性、有主见，不是那种唯唯诺诺、一味奉承主子的人，虽然对主子无限忠诚，但在遇到与凤姐意见相左时，能坚持正确的观点，敢于向凤姐进言。如凤姐在听平儿汇报处理玫瑰露、茯苓霜事后，认为应对丫头们好好修理一番，但平儿却劝道："何苦来操这心！'得放手时须放手'，什么大不了的事，乐得不施恩呢。依我说，纵在这屋里操上一百分的心，终究咱们是那边屋里去的。没的结些小人仇恨，使人含怨。况且自己又三灾八难的，好容易怀了一个哥儿，到了六七个月还掉了，焉知不是素日操劳太过，气恼伤着的。如今乘早儿见一半不见一半的，也倒罢了。"

其次，平儿的忠诚体现在以维护凤姐的利益为己任，至始至终维护凤姐的形象。平儿一直当贾琏对凤姐有所埋怨时，平儿却为凤姐辩护，认为"他原行的正走的正"，并毫不客气地指出"你行动便有个坏小心，连我也不放心，别说他了。"当她得知贾瑞对凤姐心怀不轨时，平儿气愤得骂贾瑞："癞蛤蟆想吃天鹅肉，没人伦的东西"。尽管出于现实生活所迫，平儿成为了琏二爷的小妾，但她能从女性的角度，体谅凤姐，深知普天之下没有哪个妻子愿意与她人分享自己的丈夫，爱情的排他性自古有之。能否处理好她与贾琏的关系，是她与凤姐亲密关系能否继续维持的关键，这也是凤姐眼里的大是大非问题。平儿能摆正自己从属的位置，把握分寸，与贾琏保持适当的距离，从不与凤姐争风吃醋，而是委曲求全，维护着家庭的团结。在贾琏向她求欢时，她也怕凤姐“不待见”而拒绝。这种事事为主子考虑周到的“拎得清”人，才会赢得凤姐的信任，也才能保护自己不受伤害。

第三，平儿的忠诚体现在帮助凤姐细心处理日常事务上。作为凤姐的贴身丫环，平儿对凤姐的脾气最了解，凡事都从凤姐的立场考虑问题、处理事务。当平儿得知凤姐初会秦钟，未准备礼物时，平儿便因凤姐与秦氏关系密切，不能亏待秦钟，遂自作主张送了一匹衣料、两个有状元及第图案的金锭，凤姐对此十分满意。在第五十一回，袭人因母亲病重回家探望，特向凤姐辞行，凤姐命平儿取几件衣服送与袭人。平儿顺手拿了件大红羽纱的衣裳让袭人带与邢岫烟，惹得凤姐说“我的东西，他私自就要给人”。众人听罢，奉承凤姐“素日孝敬太太，疼爱下人”，因此平儿才敢如此行事。确实，正如凤姐所说“所以知道我的心的，也就他还知三分罢了”。正因为平儿了解凤姐，才能有所为有所不为，深得凤姐的赏识。作为贾琏的收房丫头，她也深知贾琏的脾性，所以当旺儿嫂子送利钱银子来时，为了不让那个连“油锅里的钱还要找出来花的”琏二爷知道，便善意撒谎。这点点滴滴的琐事，平儿处理得符合了凤姐的要求，也看出她对凤姐的一片忠心。

凤姐得罪了很多人，又失去了贾母这顶保护伞，她死时的景况十分凄惨，但平儿一如既往侍候左右。在第一一四回“王熙凤历幻返金陵”，贾琏忙着操办凤姐丧事，但此时的贾府早已是个空架子，一时无法弄到银钱。平儿见他着急，便劝解道：“若说没钱使换，我还有些东西旧年幸亏没有抄去，在里头。二爷就拿去当着使换罢。”并表示：“我的也是奶奶的，什么还不还的，只要这件事办得好看些就是了。”这种雪中送炭的行为获得了贾琏的无比信任，从此事事都与平儿商量。凤姐死后，她一直带着巧姐儿过日子，如同母亲一样为巧姐操心，对凤姐的忠心转移到巧姐身上。应该说平儿绝对是个冰雪聪明的女子，对凤姐的忠诚和善良本性，让她毫不犹豫地拿出自己的东西，使凤姐的丧事办得体面；同时她也因失去了凤姐这个靠山，或许考虑自己的命运将维系在琏二爷身上，所以在他困难时及时予以帮助，这份厚重的情谊也为她最终赢得贾琏的敬重起了积极作用。

率真个性显魅力

平儿在宝玉眼里是个“极聪明极清俊的上等女孩

儿”，她除善良、聪明、美貌、忠诚的特点外，为人十分率真。她对凤姐的忠诚是毋庸置疑的，她在凤姐前常流露出真性情，敢于顶撞，凤姐对此也无可奈何，按兴儿的说法，是平儿占在一个“理”字上。在第二十一回，凤姐见贾琏与她一个屋内、一个窗外说话时，便与她打趣。平儿觉得十分委屈，“也不打帘让凤姐，自己先摔帘子进来，往那边去了”。在凤姐得知她与贾琏有亲密接触而大发雌威时，平儿也“性子发了，哭闹一阵”，说“又不是我自己寻来的，你又浪着劝我，我原不依，你反说我反了，这会子又这样”。面对平儿的指责，凤姐无言以对，只好乖乖道歉。这种率性行为与封建时代等级制度规定的礼仪是相违背的，但也正是她众多的优点弥补了这个缺憾，使凤姐能容忍她，充当凤姐的闺中密友、贴身丫头、称职副手多种角色。在第三十九回，平儿被李纨留住喝酒时，对劝她少喝的婆子说“多喝了又把我怎样”，只管一面喝酒，一面吃螃蟹。

第四十九回“脂粉香娃割腥啖膻”，湘云见有新鲜鹿肉，便与宝玉商议：“不如咱们要一块，自己拿了园里弄着，又顽又吃。”宝玉也是贪玩之人，两人真向凤姐要了一块去芦雪庭烧烤。凤姐因发放年例不能前往芦雪庭，与众姐妹相聚，便命平儿去请假，不料却被湘云留住。“平儿也是个好顽的，素日跟着凤姐儿无所不至，见如此有趣，乐得顽笑。因而褪去手上的镯子，三个围着火炉儿，便要先烧三块吃”。凤姐见平儿一去不复返，便打发小丫头来叫。平儿正在兴头上，哪里肯走，推脱说“史丫头拉着我呢，你先走吧”。其小女孩贪玩之心、可爱之处暴露无遗。全书很多地方描写平儿的善良、机敏、理智、灵活、宽容的性格特点，用笔不多却为我们描写了平儿率真可爱的另一面，也使平儿这一人物形象更为丰满、更为真实。

每个人的性格都是多方面的。平儿是诸多红楼女性形象中比较完美的一个。如果将她与大观园中的众小姐作个比较，可以说她比黛玉坚强、比宝钗真实、比凤姐善良、比探春通达、比湘云含蓄、比惜春洒脱；如果将她与众位丫头相比较，那么她比晴雯厚道、比袭人可爱、比香菱果敢、比鸳鸯务实。笔者以为平儿最大的特点是贤淑善良而不无能，聪明机灵而不张扬，处事干练而不专权，忠心耿耿而不懦弱，坚持己见而不固执，她恃宠不骄、遇事沉着、为人厚道，这也是她充满人格魅力的地方。经她处理的一系列事情无不妥贴周到，公正合理，既显示了平儿善良平和的品性，又体现了她化解各种矛盾的能力。大观园里的众多女性，命运多舛，平儿却是个例外，她以通房丫头的身份，最终被琏二爷扶为正室夫人，在那个时代是平儿最好的归宿，这也许是作者对平儿命运最好的安排吧。当然，从现代人眼光、从一个女性角度讲，以平儿出众才貌、人品，嫁于贾琏这种荒唐好色之人，即使成为其正室，也是平儿的不幸。但是我们不能脱离时代背景，要求平儿离经叛道，反抗封建专制。

由于她的善良正直、聪明机敏，所以没有成为凤姐的帮凶，去做伤天害理的勾当。“心里歹毒、口里尖快”的凤姐是深得贾母欣赏和喜爱的，也是一个实权人物，平儿作为凤姐的心腹，从不为虎作伥，狐假虎威，在很多事情的处理上看似违背凤姐的意志，实则是帮凤姐化解了众多矛盾和是非，减少了对立面，维护了凤姐的形象。她名为贾琏的“爱妾”，实则上贾琏对她无多少温情可言，倒是平儿一而再，再而三给予琏二爷诸多帮助，减少了琏二爷很多麻烦。

平儿之所以有以上诸多优点，倒不是因为“出淤泥而不染”的文化情操所致，而是因为她自幼失去双亲，被卖入当时的四大家族之一金陵王府，作为凤姐的贴身丫环。在泼辣精悍的凤姐身边当丫头着实不易，必须处处小心，处处猜摹凤姐的心理，以赢得她的欢心。平儿自幼没有得到关爱，因此她更害怕失去她的生存之处，小小年纪就整日以惶恐的心态伺候凤姐，日子久了就成为一种习惯，反而能博得人们的同情。凤姐嫁入贾府，贾家环境更为错综复杂，主子奴才等级森严，人多口杂，作为陪嫁丫头的平儿，身处其境，尤难相处，因而她更为小心谨慎，必须相处好上下左右每一方面的人物，才能为自己营造一个较好的生存空间。

环境造人。平儿在这样的处境中，明知贾琏是个典型的绔绔子弟，好寻花问柳，凤姐为了自己的方便，将她配给贾琏作小妾，她也只能顺从，并巧妙运用这个身份，倒也能在贾府这样一个特殊而复杂的环境里有游刃之地。同时。她懂得，要想伺候好凤姐，必须要显得忠诚；要团结众人，必须要克己为人，也只有这样，才能在贾府形成左右逢源的互动性。至于聪慧、善良，可以说是平儿的天赋。在凤姐周围出现矛盾时刻，她就能机敏地帮助凤姐处理解决，在这过程中又培养了她的才干。虽然平儿处境如此恶劣，但她能时刻保持清醒的头脑，坚守自己的道德标准，善于理性思考问题，灵活处理各种矛盾，平儿这一系列的表现，是红楼其他人物所不及的优点。而这诸多优点是在贾府苦熬而成的，是她的性格特点。我们从心理学的角度来审视，平儿在红楼群芳中，心理是坚强的、心态是正常的，所以她能赢得人心，最后拥有人生。用现代人的眼光来看平儿，她处事公正、公平、合理、能为对方着想，在单位是个优秀的秘书、得力的助手；在家里是个贤慧的妻子、和善的主妇。这一切，也是作者对平儿这个人物特殊的赋予。

真爱薄情寂寞人

——浅议王夫人的两面性

王夫人是贾政之妻，贾宝玉之母，薛姨妈之姐，王子腾之妹，是荣国府中连结贾、王、薛三个大家族的重要人物。《红楼梦》是以美丽的青年女性为主角，并以他们的爱情为主线，构成了小说的故事情节，所以人到中年的王夫人以及同为中年女性的尤氏、邢氏和薛姨妈不能引起一般读者的兴趣。虽然曹雪芹在书中一再借他人之口说王夫人是个好善之人，但读者对其没什么好感，普遍认为她是个伪善的歹毒女性，是造成金钏、晴雯之死的元凶。在母以子贵的年代，王夫人儿女双全，女儿贵为皇妃，是权力的中心，儿子是老祖宗贾母的宝贝，是贾府的中心，娘家又是四大家族之一，其地位不是尤氏、邢氏能相提并论的，王夫人是何等的尊贵！何等的风光！其实不然，貌似尊贵的王夫人内心却异常孤独痛苦，她比一般母亲多了一份寂寞，少了一份亲情。王夫人是个不显山露水的人，性情温和，对自己的儿女充满了天然的母爱，对刘姥姥之流也十分关照，却因护子过度导致了一系列与其“吃素念佛”的行为不相符合的异常举动——对丫头苛刻狠毒，集善良与邪恶、宽厚与自私于一体。其性格的两面性，矛盾与冲突，反映了人性的多面性与复杂性。笔者试图从王夫人作为母亲的身份来剖析其性格特征。

荣国府虽然有凤姐、贾琏夫妇操持家务，但上有老祖宗要孝顺，下有宝玉、贾兰等儿孙要照拂，还有可恶而无能的赵姨娘母子要提防，还得时常关注凤姐，深怕一点闪失，影响到大家族的利益，所以她不能真正做到对家事不闻不问，静享清福。面对错综复杂的家庭事务和上下、男女、老少各种关系的平衡，人到中年的王夫人显然精力不济，整天木头似的在婆婆面前晃悠，并以吃斋、念佛为借口，尽可能逃避现实，置身事外。然而作为母亲，王夫人无法回避矛盾，宝玉的利益高于一切，正因她的介入，激化了大观园里的矛盾，使多位纯真可爱的少女成了贾府尔虞我诈的牺牲品。

由于贾珠的早亡，王夫人的满腔母爱只能倾注到那个“孽根祸胎”“混世魔王”宝玉身上，她的个人命运与宝玉紧密相连。只要宝玉能健康平安成长，能走上功名仕进之路，她的人生才算完美，她在贾府的地位才不会动摇。宝玉不仅是她的命根子，更是贾母的心头肉，与元春虽为姐弟，情同母子，元春时常带信给父母：“千万好生扶养，不严不能成器，过严恐生不虞”，所以对宝玉的教育是让王夫人头痛的事，正如她对袭人所说："我已经快五十的人了，通共剩了他一个，他又长得单薄，况且老太太宝贝似的。若管紧了他，倘或再有个好歹，或是老太太气坏了，那时上下不安。岂不倒坏了"。宝玉自小与贾母一起生活，由贾母亲自教养，鉴于此，王夫人对宝玉只能"常常掰着口儿劝一阵，说一阵，气的骂一阵，哭一阵。"

已是十多岁的少年郎了，宝玉还是喜欢"扭糖股似"的粘着母亲，而王夫人"只有这么一个亲生儿子，素爱如珍"，视他如孩童，喜欢"摩挲着宝玉的脖项"或是"用手满身满脸摩挲抚弄他"，也许这是世上一般母子都有的亲昵，让人感到如此美好。贾政素不喜欢宝玉，开口不是畜生，就是孽障，父子矛盾、冲突不断，母亲王夫人得起到调和作用。她既要尊重丈夫，又要维护儿子，尽量化解父子间的矛盾。例如当贾政在埋怨谁如此刁钻为花袭人起的名时，王夫人赶快替宝玉掩饰，谎称花袭人的名字是贾母所取。从感情上讲，世上哪个母亲不爱自己的儿子？哪个母亲不希望自己的儿子走上正途？从现实需要讲，这个儿子是她在贾府安身立命的护身符。那个时代，男尊女卑，儿子是母亲争取家庭地位的砝码，一旦宝玉有什么闪失，她不仅在贾母面前要失分，而且一直在旁虎视眈眈的赵姨娘、委琐不堪的贾环必会趁虚而入，其地位必然会动摇。王夫人对宝玉的母爱，是普天下做母亲的人都能理解的。当她听说贾政因金钏之死和琪官之事而怒打宝玉时，顾不得通报，匆匆赶往书房，抱住欲置宝玉于死地的贾政说："今日越发要他死，岂不是有意绝我。要勒死他，快拿绳子先勒死我，再勒死他。"当王夫人看到宝玉被贾政打得遍体鳞伤时，不禁痛哭失声，万一宝玉有个好歹，她将如何是处？当然与宝玉相比，她一手带大的贾珠才是她心中永远的痛，所以她搂着宝玉，叫着贾珠的名字，哭道"若有你活着，便死一百个我也不管了。"这话既由衷地表达了她的心声、她的无奈，又是对付贾政最有杀伤力的武器，果然贾政闻言，"泪珠更似滚瓜一般滚了下来。"贾珠是夫妇满意的儿子，但天不佑人，宝玉成了她生命中最指望的人，却又是如此不理想、不争气。随着年龄的增长，充满叛逆精神的宝玉在思想上无法与父母交流、沟通，他们的距离越来越大。即便如此，王夫人对宝玉的疼爱未减一分，反而因宝玉的日渐长大更加操心。

宝玉几次失玉和病倒，最牵动心肠的还是王夫人，她承受的苦难最多，她的忧虑也最深，但她所做的一切并不为所宝玉所理解。从这点来讲，王夫人是个不幸的母亲，也是个失败的母亲。为了宝玉，她不惜违背自己善良的本性，费尽心机扫除不利于宝玉成长的障碍，打击了宝玉心中一个个美好纯洁的"水做的"少女，而宝玉最终冲破了王夫人以“爱”构筑的篱笆，以中了举人的虚名安慰了一下母亲，却把无边的痛苦、思念和失望留给了她。母爱是世界上最无私的爱，是不求回报的爱，但违背自己意愿的儿子毕竟是让母亲心痛的。

如前所说，宝玉是王夫人最后的希望。为了自己后半生的依靠，也为了宝玉能走上正途，一切对宝玉不利的人和事，王夫人必下狠招，必除之而后快，金钏、晴雯的厄运很快就来到了。她对宝玉的爱超过了对任何一个子女的爱，她的母爱是深沉而自私的，她的母爱是占有而排他的。书中最典型的是王夫人对金钏之绝情、对晴雯之狠毒，让我们看到了一个与在宝玉面前尽现慈母情怀的王夫人截然不同的形象，也与刘姥姥口中念念不忘的那个“越发怜贫恤老，最爱斋僧敬道，舍米舍钱的”王家“二小姐”完全不符。通过她间接逼死金钏、直接赶走晴雯两件事，呈现在读者面前的是个凶神恶煞、歇斯底里的王夫人，展现了与其大家闺秀、贵夫人身份不同的形象，而这些恰恰体现了其人性的另一面。

在第三十回中，明明是多情的宝玉主动与金钏调笑，王夫人却认为金钏在行“无耻之事，此乃平生最恨者”，不分青红皂白，狠狠地给了金钏一巴掌。无论金钏如何苦苦哀求，也打动不了她的铁石心肠，“不肯收留”。封建时代，女人的名节是何等重要，因为在少爷面前轻浮而被主子赶出的丫环，是很难见容于世，含羞蒙辱而出的金钏必然会走上自我毁灭之路。当王夫人听说金钏跳井自尽时，在宝钗面前哭道："素日在我跟前比我的女儿也差不多""我只说气他两天，还叫他上来，谁知他这么气性大，就投井死了。岂不是我的罪过"。王夫人的哭有真情实意的一面，也有虚情假意的一面。其真在于她与金钏毕竟有十来年的主仆情谊，而正是她的护短和冷酷，让金钏感到生活的无望、人生的悲凉，从而走上不归路；其假在于作为历经世事的中年女性，她明明知道社会习俗和流言的可怕，金钏的悲惨命运是可想而知的，却依旧冷漠无情赶走金钏。虽然不是她亲手逼死金钏，但她确确实实是金钏悲剧的制造者。所以，在处理金钏后事上，她多多少少表现了一个主子应有的情分，"赏了她娘五十两银子"，还想给金钏两套新衣"妆裹"。此后，王夫人房内未增加使唤丫环，而将金钏的那份月钱一两银子给她妹妹玉钏。由此可见，虽然王夫人因一心护着不成器的儿子，在处理金钏的事上显得独断凶狠些，但她毕竟以厚葬金钏、善待玉钏等形式来弥补她的过失，流露了她的善良本色。如果说她对金钏还有一丝伤悲、一分内疚，那么对晴雯就没这么"仁厚"了，所以晴雯的遭遇更加悲惨。

也许是人到中年，容颜已老，王夫人似乎对水灵、聪明的女子一概不喜欢，斥之为狐狸精、妖精，而袭人、麝月"两个笨笨的倒好"。在贾母眼中晴雯是个顶尖的丫头，“模样爽利言谈针线”无人可比，凤姐也以为晴雯“模样儿手儿都好，就只嘴头子利害些”。晴雯的优点是聪明灵巧，但她的缺点也显而易见——锋芒毕露，易得罪人。王夫人是个内敛、温和的人，嫌恶浓妆艳抹、“语薄言轻者”，晴雯责骂小丫头的一幕给王夫人留下了不好的印象，王善保家的挑拨无疑是使王夫人对晴雯的不满加了一把火。她与晴雯的直接交锋有两次，在首次交锋中，晴雯因病衣着不整，头发凌乱，有“春睡捧心之遗风”，王夫人见此就勾起心中的怒火，对晴雯的误解又深了一层，于是冷笑着对晴雯说：“好个美人儿！真像个病西施了！你天天作这轻狂样儿给谁看！……我且放着你，自然明儿揭你的皮！……”初次交锋，晴雯虽以其聪明机智蒙混过关，但她不良的印象已深深地留在王夫人的脑海中。此事之后，王善保家的和晴雯素日得罪的人又趁机向王夫人告状，王夫人就以宝玉已解人事，莫被丫头们教坏为借口，亲自到怡红院处理晴雯、芳官、四儿这批“妖精”，其行事之果断、利索、绝情与平日那个和善、无能的弱者形象完全不同，倒也显出她年轻时的“响快”了。在这第二次交锋中，晴雯已“恹恹息弱”，无力抗争，王夫人不费吹灰之力大获全胜。她让人把已四五日不曾吃东西、身染重病的晴雯从炕上拉下来，架了出去，并吩咐只许把晴雯的贴身衣服带出去，“余者好衣服留下给好丫头们穿”，视别人的生命如草芥，其冷酷无情可与凤姐相比，但其手段并不高明，远不如凤姐借刀杀人之阴毒。接着又把四儿和芳官也撵了出去。宝玉屋里的丫头除了袭人、麝月，没有一个可以让她放心的。当晴雯死后，就给她哥嫂十两银子打发了事。凤姐对晴雯充满同情，对王夫人颇有贬词，曾说道："偏偏儿的太太不知听了哪里的谣言，活活儿的把个小命儿要了”。王夫人对晴雯的打击固然是晴雯自身的缺憾所致，但她不顾丫头的病痛，丧失最基本的同情心，任意摧残生命，与其敬僧尊佛的行为南辕北辙，也因此给读者们留下了伪善、凶狠的印象。凤姐本想让“长得和晴雯脱了个影儿似的”五儿给宝玉使换，却因王夫人一句“凡象那个样儿的都不叫派到宝二爷屋里”的话而作罢。直到宝玉与宝钗成亲之后，五儿才得以伺候宝玉。物以类聚，人以群分，以她的个性与为人，她喜欢的是谦和稳重、大智若愚的宝钗、袭人之类，而对风流婀娜、聪明伶俐的黛玉、晴雯之流并不欣赏。当王善保家的告发晴雯时，王夫人一下子就想起那个眉眼酷似林妹妹的丫环，她嫌恶林妹妹之心在此暴露无遗，这也注定了宝玉与黛玉的木石前盟只是痴人说梦。可以说，王善保家的告发也只是导火线而已，晴雯的悲剧命运是不可避免的。

作为母亲，她始终维护宝玉的利益，对奴婢的爱与恨均以对宝玉是有利还是有害为标准。如果说在处理金钏、晴雯上充分显示一个“狠”字，那么，在袭人一番真诚的表白后，她又显出了慈母的一个“爱”字。知子莫若母，王夫人心里明白宝玉平时的为人，当袭人说“论理，我们二爷也须得老爷教训两顿。若老爷再不管，将来不知做出什么事来呢”，并进一步建议让宝玉搬离大观园，离开如花似玉的姐妹，因为“虽说是姊妹们，到底是男女之分，日夜一处起坐不方便，由不得人悬心，便是外人看着也不象”。一番推心置腹的话语，一腔处处为主子谋划的热心，深深打动了王夫人，赢得了她高度的欣赏和信任，以致激动地说“我的儿……我竟不知道你这样好。”并在凤姐、薛姨妈面前含泪说“你们哪里知道袭人那孩子的好处？比我的宝玉强十倍！宝玉果然是有造化的，能够得他长长远远的伏侍他一辈子”，又主动从自己的月钱里分出银子给袭人，让她提前享受“姨娘”的待遇。正如王夫人对袭人所言：“保全了他，就是保全了我”，对袭人而言，何尝不是这样。袭人知道贾母有意将她给宝玉，所以宝玉也将是她终身的依靠。两个真心对待宝玉、又各自为自己盘算的女性终于为宝玉的“声名品行”而走到一起，真正从言行到思想上达成共识。世界上没有无缘无故的爱，王夫人发自内心地喜欢袭人，充其量是因为袭人的所作所为与她的所思所想是一致的，是有利于宝玉的，有利于她的利益的。所以，袭人只是王夫人用来拴住宝玉的一根绳索，一旦宝玉离家出走，袭人也“枉自温柔和顺”，逃脱不掉被打发的命运。

纵观全书，王夫人一怒而责打金钏，任凭其跪地哀求，而毫不动摇她的决心，坚决而又无情将金钏撵出去，逼得她投井自尽；再怒听信谗言，抄检怡红院，将晴雯、芳官、四儿等可怜少女驱赶出去。其粗暴冷酷的言行也是慢慢变化、发展的，起初对金钏还算是有些情义，但随着故事情节的发展，王夫人对下人的温情越来越少，越来越暴露她丑恶的一面，对晴雯的摧残达到登峰造极，而导致上述行为是由于对宝玉的失望和现实的恐惧。宝玉的不长进引起了王夫人深深的忧虑和不安，而转嫁这种不安、忧虑的唯一办法就是消灭一切不利因素，最大范围内给宝玉创造一个所谓干净的有利的环境。从另一种角度讲，王夫人经历过荣国府鼎盛时期，见识过真正“娇生惯养”“金尊玉贵”的千金小姐——黛玉之母贾敏，在她眼中家里几位姑娘们的待遇只不过比人家的丫头略强些罢了，此时的贾府已走过鼎盛时期，而面对家族中贾珍、贾琏等年轻一代的声色犬马、碌碌无为却无能为力。也许她预感到家族的危机，一心望子成龙，希冀宝玉“学而优则仕”，使贾府在现实世界中仍有一席之地。但宝玉并未朝着她希望的道路前进，而热衷与姑娘们混在一起，又碍于宝玉在贾母心中的特殊地位，王夫人只能将对宝玉失望、不满发泄到丫头的身上，以求得心理平衡，并以清除所谓祸害的方式获得安全感。人的善恶行为，有时由环境决定。古人云："幼吾幼以及人之幼"，但王夫人为了一己之爱，不惜牺牲地位低下的丫头，这种极端的爱是不足取的。她对金钏、晴雯等人的行为十分可恨，虽有其时代的局限性，但这并不影响我们对王夫人之流的谴责和批判。

荣华富贵、多子多福，一直是中国人追求的生活。王夫人有着外人看来舒适惬意的生活，然而她内心的寂寞却鲜为人知。元春、宝玉都跟贾母生活，只有贾珠是她亲手带大的，是她理想的孩子，却不幸过早地离她远去。试想哪个母亲不希望自己的儿女在身边，自己教育，自己抚养，既享天伦之乐，又能按照自己的意愿培养他们，但王夫人不能。贾府的实权人物贾母喜欢儿孙绕膝，热热闹闹的。一如元春所言："田舍之家，虽齑盐布帛，终能聚天伦之乐；今虽富贵已极，骨肉各方，然终无意趣。"对王夫人而言，何尝不是这样？宝玉虽在身边，却不能亲自调教，其失落与痛苦只能默默承受。图了热闹快活的老祖宗也许不知道儿媳的寂寞与无奈。刘姥姥见过青春年少时的王夫人，夸她"着实响快，会待人，倒不拿大"，换句话说，王夫人也曾是个爽快人。但岁月无情的流逝，王夫人也许还保留着她的"宽仁厚道"的德行，但不再"响快"。她的婆婆曾当着宝钗等年轻一辈和王夫人本人的面说："你姨娘可怜见的，不大说话，和木头似的，在公婆跟前就不大显好。”木头似的人能有多少活力？能有多少快乐？其中又隐忍着多少委曲与辛酸，也许她只有在吃斋念佛中才可以打发她的寂寞时光，排遣她心中的忧虑和痛苦。她对儿女们难得有真情实感的流露，一般人总以为她是个平和、冷淡的人。事实上她也是个重感情的人，她抚养过迎春，为其不幸而掉泪；她为平儿打掩护，使其顺利带走巧姐儿；她在贾母面前唯唯诺诺，以贾母的欢乐为至高点，情愿委曲自己；她视探春如己出，一度将家交给她打理，并一再容忍赵姨娘不着四六的行为；她主动给刘姥姥一百两银子，让其做些小本生意或置些田产，太平度日，这些都体现了她慈爱仁厚的一面。虽然王夫人与李纨婆媳俩人几乎没有感情交流，作为祖母，她对贾兰也没有像贾母对宝玉那样表现出强烈的“隔代亲”，但其平淡的言行背后蕴藏着一颗仁爱之心。笔者以为由于她有着丧子之痛，有着不能亲自教养宝玉的苦楚，所以能体谅李纨伤痛的内心，不夺人所爱，有意让李纨这个未亡人存着一份希望，一心一意带着贾兰过日子。

宝玉是荣国府的“小皇帝”，其衣食住行均由贾母打点，宝玉除了给母亲请请安，偶尔扭糖似的撒娇装小外，在言行、思想上与母亲有着不可逾越的代沟与距离，王夫人对宝玉的关爱不是宝玉所能理解，而宝玉的叛逆思想也与王夫人格格不入，当然这并不影响母子间正常的亲情交流。但母子间天伦之乐很快被王夫人捏得粉碎，他们的心灵冲突在晴雯死后愈演愈烈，宝玉无法在生养他的母亲面前发泄心中的痛苦，却以一篇《芙蓉女儿诔》表达了他的情感、他的思想，也隐隐地表达了对母亲的不满。王夫人与宝玉的冲突，从表面看是母子之间对人的喜好不同，实质上对待人生的不同态度。王夫人希望宝玉按封建社会的行为规范约束自己，读书上进，博取功名，以此实现家族利益的最大化，而宝玉个性率真，崇尚自由，害怕束缚，最想的就是摆脱世俗的禁锢，而正是王夫人要将他推进滚滚红尘之中。温情脉脉的母爱带着沉重的枷锁，几乎使人窒息，出走只能是宝玉的最佳选择，母子间的亲情悲剧也就成了必然的结局。以言语勾引或教坏少爷的丫头是王夫人“平生最恨者”，故一再从男女大防的角度来约束宝玉，她狠狠地责罚金钏，赶走晴雯，除了主要担心宝玉被引诱外，可能也有她个人的痛苦往事，毕竟贾政也年轻过。

王夫人是个充满矛盾的人，是个幸运而又不幸的母亲，更是个晚景凄凉的寂寞女性。她对宝玉倾注了满腔的母爱，得到的却是宝玉出家的无情报答；她将荣国府托付自己的亲侄女打理，却被凤姐狠狠地耍了一把；寄予厚望的长子又早早地命归黄泉，而能稳固贾府政治地位的元春却留下了让父母“须要退步抽身早”的忠告。王夫人是个比较立体的人物，也是《红楼梦》中形象丰满的一位中年女性，她有待人和善的一面，也有凶狠异常的时候。王夫人因为自私、狭隘的母爱而丧失理智，间接夺去了金钏、晴雯的生命，并导致一系列悲剧的产生。她全身心地爱护自己的儿子，笼络袭人，偏爱宝钗，以此来拴住宝玉的心，不料却加深母子间的隔阂，即使与宝玉成了夫妻的宝钗也落得个“纵然是齐眉举案，到底意难平”的悲惨结局。婆婆未必喜欢她，年轻后辈未必理解她，邢夫人与其还明争暗斗，而相互依存的贾、王、薛三家又处多事之秋，所以王夫人的悲剧命运是不可避免的，是封建社会没落的前奏。

十二支《红楼梦》曲正是封建王朝行将灭亡的哀乐，更是封建时代不幸女子的悲曲，王夫人正是其中之一。

（原载《传统文化研究》第十四辑）

真真假假薛姨妈

纵观《红楼梦》全书，薛姨妈与王夫人一样，并非书中的主要角色，但代表着“丰年好大雪，珍珠如土金如铁”的薛家，是《红楼梦》中四大家族之一的掌门人。薛姨妈从携一双儿女入住贾府后，与众人和睦相处，处事得当，尤其怜爱黛玉、善待香菱，尽显一位温和女性、慈爱母亲的本色，但她因过分溺爱儿子薛蟠，导致祸端连连，殃及无辜；同时在安排宝钗的婚姻上也显出她工于心计的一面。从她出场到谢幕，作者略费笔墨，描写了薛姨妈作为普通母亲的平凡、软弱、和善的一面，也勾勒了她为儿女不惜牺牲他人利益的自私自利的一面。红楼诸人，千人千面，人人又有多面的表现，薛姨妈也不例外。

治家无方惹祸端

薛府曾是书香世家，如今成为富裕的皇商，祖上的余荫使得薛蟠、宝钗过着锦衣玉食的滋润生活。薛蟠虽已成年，但终日“斗鸡走马，游山玩水”，对于“经济世事，全然不知”。薛家到薛蟠这一代，在朝虽无实职，家中也无书香，但毕竟家底殷实，“有百万之富”，日子照样过得风调雨顺，不是一般小康人家能比。可惜这个薛蟠不是盏省油的灯，屡犯命案，又治家不善，是个让母亲操碎心的败家子。薛姨妈一干人的出场就是由薛蟠的命案带出的，最后以迎接他出狱作为薛妈妈的谢幕。第四回“葫芦僧乱判葫芦案”，这是薛蟠首次恃强夺妾引起的命案，他“见英莲生得不俗，立意买他，又遇冯家来夺人，因恃强喝令手下豪奴将冯渊打死”。杀人偿命，但薛蟠运气好，背靠着四大家族的关系网，又碰上正想结交权贵往上爬的贾雨村断案，冯渊白白送了性命，他的家人多得了些“烧埋银子”就不吱声了，行凶的结果就如薛蟠当初认为的只要花几个钱就可以了事一样，贾雨村助虐为猖的行为，无意中滋长了薛蟠胡作非为。他一入贾府就与那些纨绔子弟勾搭上，不是“会酒”“观花”，就是聚赌嫖娼，忙得不亦乐乎。及至娶了河东狮夏金桂入门，又为满足私欲，贪恋宝蟾美色，弄得家中鸡犬不宁，最后又因打死酒店堂倌惹上命案，薛魔王的恶行与家教不严有关，更与薛姨妈的宠爱娇纵分不开。

薛姨妈早年丧夫，薛蟠是独苗，寡母孤儿，相依为命，儿子自然是薛姨妈的心头肉，是薛姨妈后半生的希望，更肩负着延续薛氏香火的重任。薛姨妈唯恐儿子有什么闪失，“未免溺爱纵容”，遂养成了薛蟠率性而为、不计后果的言行。父母是孩子的第一个老师，“养不教父之过”之语道出了家长的责职，而薛蟠的玩冥不化、横行霸道说明了薛姨妈教子的失败。人到中年的薛姨妈已无力也无能管束薛蟠，她当初借住于贾府是有理由的，一是大树底下好乘凉，贾府与自己的娘家王氏相比，实力更强，更值得依靠；二是依赖姐夫贾政之力，“拘紧些儿子”，让他走上正道。一个男孩的成长需要父亲的启蒙教育与正面引导，使其养成男性应有的刚强果敢的性格、敢于担当的勇气和解决矛盾的能力，但薛蟠从小缺失父亲的教诲，长期为慈母的温情所包围，他的心理从来没有长大过，因此遇到事情就是逃避，就是推卸责任。即使他成家后，依然没有挑起持家责任，在夏金桂把家里搞得六缸水混之际，薛蟠根本不懂如何调解夏氏与母亲、香菱、宝蟾之间的矛盾，而是一走了之，一如他当初打死冯渊后远走京城一般。在这个永远长不大的孩子背后，永远有一个母亲替他收拾烂摊子，替他打扫战场。

在第四十七回中，赖大请贾府诸人到他家花园游玩，薛蟠欲调戏柳湘莲，反被素性豪爽的柳湘莲设计骗到郊外痛打一顿。薛姨妈得知后，心疼薛蟠，痛恨柳湘莲，立即要派人捉拿柳湘莲。从薛姨妈这种不分青红皂白、一味姑息纵容的态度，可以看出薛蟠正是在母亲的无原则的庇护下逐渐成长的。如果能自己摆平的，薛姨妈使点小钱搞点小关系就能轻松搞定；如果事情搞大，薛姨妈就会依靠王氏、贾氏诸亲友之力，“护官府”始终维系着四大家族的利益，所谓“一损皆损，一荣皆荣，扶持遮饰，俱有照应”。在第八十六回中，薛姨妈得知薛蟠在外地又打死酒保，惹上官司，只得“求凤姐与贾琏说了。花上几千两银子，才把知县买通，”嫁祸于人，减轻罪责；接着又托王夫人，由贾政亲自出马，打点关节，从县里到刑部，几经周折，直到全书最后一回，薛蟠才侥幸捡了条小命，获释回家，而此时家道中落，生意多被那些掌柜们顺手牵羊掏空了，好在“瘦死的骆驼比马强”。

薛姨妈教育儿子的失败除了因为薛蟠是独子身份而格外溺爱外，与她自身的管教能力与治家水平有关。薛姨妈虽为母亲，但是资质平庸、能力一般，处理事情远不如女儿宝钗老到与周全。例如当她命人捉拿柳湘莲时，被宝钗劝住，说如果“兴师动众”，显得母亲“偏心溺爱，纵容他生事招人……倚着亲戚之势欺压常人”。封建时代的婆母大权在握，如贾母、王夫人等婆婆都受到儿媳们的尊敬，唯独薛姨妈从来没有行使婆婆的权威，一如在儿子面前毫无威信可言。自薛蟠娶夏金桂后，薛姨妈除了受气垂泪、烦恼郁闷外，毫无招数对付夏金桂这个恶媳。第八十回《美香菱屈受贪夫棒》，香菱被夏金桂设局陷害，遭到薛蟠的毒打，薛姨妈面对哭闹的场面，只会赌气骂儿子，吩咐下人“快叫个人牙子来，多少卖几两银子，拔去肉中刺，眼中钉”，想卖掉香菱求得太平。这种息事宁人的态度，只会助长夏氏的霸道与刁蛮。这种场合，又是宝钗出面调和，说咱们家只有买人从不卖人，让香菱随她进了大观园。在第一百零三回《施毒计金桂自焚身》中，夏氏欲害香菱反害了自己性命之时，薛姨妈又听凭宝蟾捆绑香菱，没有一点分析问题的能力和处理事情的决断。面对突发的事件与琐碎的矛盾，面对强者的威胁与撒泼，薛姨妈除了眼泪，除了抱怨，除了怄气，就是以牺牲弱者为代价，香菱一直成为薛姨妈解决矛盾的牺牲品。在薛姨妈的眼里，人有贵贱之分，香菱只是个小丫环，是个侍妾，她的人格、她的尊严可有可无，牺牲香菱是最小的成本，这体现了薛姨妈为代表的封建阶层的自私与冷漠。

教子无方，治家无术，薛姨妈无法从容应对这些尘世俗事，因为溺爱纵容，所以一直以来没有好好管教儿子，以致儿子除了给她带来麻烦还是麻烦。即使这个儿子伤透了她的心，但她还是处处维护儿子的利益；更是为了这个儿子，她甘愿忍受媳妇的忤逆，以维持家庭的平和。在对儿子的一次次失望后，她的目光转向了女儿。冰雪聪颖的宝钗自幼懂事，替母分忧，时时宽慰着她，是薛姨妈的精神支柱，做母亲的曾动情地对她说“你要有个好歹，我还指望那一个来！”

处心积虑觅东床

当初薛姨妈带着薛蟠、宝钗进京，一则为打理生意、二则为探望亲戚，更重要的是为了宝钗的前途。宝钗已是妙龄少女，此行到京，就是为了等待入选宫中，“聘选妃嫔……充为才人、赞善之职”，但宝钗离皇宫还有一步之遥，并没有如愿以偿。及笄之年的宝钗，何去何从？她的婚姻无疑成为薛姨妈关注的大事，什么样的东床快婿能让她称心如意？

薛姨妈环顾贾府四周，贾氏兄弟众多，成材者、像样者寥寥无几，唯有宝玉能入她老人家法眼。薛姨妈不愧为来自官宦世家，又做着皇家的生意，眼光敏锐，既然宝钗与皇宫已无缘，那么嫁入豪门是宝钗最好的选择，贾府可是红极一时的豪门，多少家姑娘巴望着嫁给宝玉。贾府的社会地位高于其他三大家族，宝玉是贾府上上下下关注的对象，是老祖宗钟爱的宝贝，也是元春怜爱的弱弟，尚无婚配，且年龄与宝钗相当，相貌俊秀，性格随和。目标一旦锁定宝玉，就要付诸行动，但要将宝玉的身份由外甥变为女婿，薛姨妈也颇费周章，她步步为营，巧用亲情与权力，逐渐扫除障碍，为女儿的婚事尽了最大的努力。众所周知，黛玉与宝玉是贾母最喜欢最疼爱的孙辈，黛玉的地位高于迎春、探春、惜春，她享受的待遇与宝玉一般无二，宝黛两小无猜，青梅竹马，元春对娘家的事了如指掌。而元春身为贾府长女，又是皇妃，是权力的象征，她对黛玉的态度起着至关重要的作用。

在日常的人际关系中，礼物的轻重反映人们之间的亲疏与远近，在第十九回元春省亲赏礼中，宝玉与宝钗、黛玉诸姐妹都得到了一部新书、一方砚台和二对新式金银锞，此时此刻，姐妹们在元春心中的地位是一样的。然而峰回路转，元春一碗水端平的态度有了一百八十度的大转弯，在第二十八回，元春再度赏赐礼物时，宝钗与宝玉得到同样的礼品，而黛玉与迎、探、惜三春的礼物是相同的。这出人意外之举，连宝玉想不通，说道："怎么林姑娘的倒不同我的一样，倒是宝姐姐的同我的一样！别是传错了吧？"是啊，如果元春顺着老祖母的意愿，理解宝黛二人在老祖宗心中的地位，那么黛玉应该获得与宝玉一样的礼品。在宝钗与黛玉的"争宠"中，两姐妹还没开局，黛玉已然出局，显然宝钗胜出一筹，只因元春对她青眼有加。元春态度的明朗，黛、钗地位的突变，令人措手不及，但引起这变化的不是旁人，是宝玉的母亲王夫人，而导致王夫人想法的莫过于薛姨妈，她们无疑是幕后操纵的关键人物。

薛姨妈住在梨香院，西南有一角门，通一夹道，直达王夫人正房的东边，“每日或饭后，或晚间，薛姨妈便过来，或与贾母叙谈，或与王夫人相叙”。试想姐妹经常相聚，谈论的无非是家长里短，儿女婚事，或烦恼或喜悦，或分忧或解闷，其情切切，其乐融融。宝玉是王夫人的命根子，宝钗是薛姨妈的主心骨，都是她们重点关心的对象。薛姨妈了解宝玉喜欢混在女孩堆里，而不喜欢功名利禄，但毕竟与薛蟠之流不同，加之他在贾府中的特殊地位，所以薛姨妈内心已认定宝玉是她的东床。在王夫人看来，宝钗是自己的亲外甥女，“品格端方，容貌丰美，人多谓黛玉所不及”，是贤媳的最佳人选，两位母亲早已暗地里达成默契，只需寻找适当的时机向老祖宗摊牌。除此之外，她们手上还有一张王牌，那就是金玉良缘的传说，而让传说变为现实并非难事。

中国人历来相信神灵的力量，相信命中注定的说辞。为了让贾府上上下下知道“金玉良缘”是天定的，薛姨妈动足脑筋，想尽办法，首先由丫环金莺透露宝钗的金锁上刻的字“不离不弃、芳龄永继”与宝玉落草时所戴的玉上面的字“莫失莫忘，仙寿恒昌”是一对儿，接着她亲自出马，告诉王夫人等人“金锁是个和尚给的，等日后有玉的方可结为婚姻”。宝玉的身上的玉是地球人都知道的事，金要配玉才能成就一桩好姻缘，那么玉配金自然有百利而无一害，薛姨妈巧妙利用和尚的箴言作武器。贾母、王夫人等都是信佛之人，和尚是连接现实世界和未来世界、物质世界与精神世界的桥梁，是人们世俗生活中的精神导师，既然金与玉相配之说出自代表神灵旨意的和尚之口，那么凡夫俗子只有遵从的份，尊重天意，方能获得平安幸福的生活，人们的情感天秤不知不觉倾向于宝钗。即使神灵高深莫测，但凡人还是能领悟，连薛蟠对母亲与妹妹的用意也看得一清二楚，在一次与宝钗的争执中，薛蟠直言："我早知道你的心了，从先妈和我说，你这金要拣有玉的才可正配，你留了心，见宝玉有那劳什骨子，你自然如今行动护着他。"

有了天命，就要扫除人间障碍，黛玉是唯一威胁宝钗幸福的人，也是不堪一击的人。黛玉是贾母嫡嫡亲亲的外孙女儿，是贾府众亲友呵护有加的娇弱小姐，但王氏姐妹明白黛玉绝不是贾母心中理想的孙媳妇。纵然黛玉才气横溢，貌若天仙，与宝玉亲上加亲，但她有个与生俱来的致命弱点，那就是体弱多病，又爱使性儿。如果女儿有这个弱点，做父母的会包容、会怜惜，但做人家儿媳，爱使小性儿必然难以担当大家庭主妇的角色，体弱多病必然难以承担生儿育女承袭香火的要务，家族的利益是至高无上的，因此她们断定贾母一定会理性安排宝玉的婚姻。可以这么说，黛玉是让母亲怜爱的小女儿，但不会成为婆婆喜欢的贤媳妇。宝钗与黛玉相比，有着十分明显的优势，从贾府的立场讲姑表亲胜过姨表亲，但从王夫人的角度，宝钗与她有血缘关系，亲过黛玉，何况宝钗“行为豁达，随分从时……大得下人之心”，又有“金玉”之说为砝码。随着宝玉年龄的增长，他的婚姻必然成为王夫人和元春讨论的话题，因此薛姨妈关于金玉结为良缘的想法获得了王夫人的同意之后，又极力争取元春的支持，两位母亲、一位长姐的默契在元春的赏礼中得以体现，而元春通过以宝钗与宝玉礼物的一致来凸显宝钗的特殊地位。礼物的异同反映了关系的亲疏，亲疏关系的背后又反映了现实世界的本来面目，可惜梦中人黛玉与宝玉还幻想着他们的木石前盟。

这一切都是老谋深算的薛姨妈一手导演，她不仅是个成功的导演，也是个成功的演员，她还将继续演下去。

巧言爱语施温情

可怜天下父母心，儿女成材也罢，儿女无能也罢，做父母的都是百般呵护。薛姨妈是个普通之极的母亲，她仁慈善良，待人温和，虽然没为儿子谋得一房好媳妇，却千方百计为女儿觅得好夫婿。在得到王夫人元春母女的支持后，薛姨妈唯一要做就是让黛玉的幻想破灭。贾母曾说宝、黛“不是冤家不聚头”，但这两个自小相聚的冤家在相互猜测相互试探中上演了一场又一场哭闹剧，宝黛之恋已不是秘密，薛姨妈母女早已知晓。在第五十七回“慧紫鹃情辞试宝玉，薛姨妈爱语慰痴颦”中，薛姨妈在宝钗、黛玉面前谈论了婚姻的玄机，说什么“自古姻缘一线牵，管姻缘的有一个月下老人，预先注定，暗里只用一根红线把这两人的脚绊住，任凭两家隔着海，隔着国，有世仇的，也终究有机会作了夫妇”。她的这段话无非是说婚姻是前世注定的，是不由人的意志为转移的。她明知黛玉与宝玉自幼在一处，感情极好，却故意说婚姻大事“都是出人意料之外，任凭父母本人都愿意了，或是年年在一处的，以为是定了的亲事，若月下老人不用红线拴的，再不能到一处”。然后又假意说要到贾母前保大媒，将黛玉许给宝玉，声称这是“四角俱全”的美事。一心系在黛玉身上的紫鹃迫不及待地请薛姨妈与王夫人说合去，连老婆子们也说薛姨妈该与老太太说说。其实她这是试探黛玉的反应，了解黛玉与宝玉两人的感情有多深，她作为过来人知道如果宝玉、黛玉陷得越深，宝钗越要受伤。

紫鹃情急之下的表现、老婆子们的话语，无不说明了黛玉与宝玉的姻缘有一定的“群众基础”，但人民群众看到的往往是事物的表象。薛姨妈除了试探外，更多的是要粉碎黛玉的梦想：个人的意志无法与月老抗衡，从而让黛玉对与宝玉的婚事产生困惑与彷徨；又自告奋勇要保媒，让黛玉抱有一丝幻想，对她产生好感。黛玉虽与宝玉耳鬓厮磨、两情相悦，但毕竟没有媒妁之言、父母之命，这是她多年的心病。现在有个慈爱的薛姨妈真心实意地为她考虑终身大事，怎么不让自小失去母爱的黛玉大为感动呢，感动到要认她作母亲，认情敌宝钗做姐姐。薛姨妈的表演是成功的，薛姨妈的话既得到黛玉的信任，为促成宝钗、宝玉的姻缘埋下伏笔，更使黛玉将来魂归西天之时不会找薛姨妈、宝钗报复。薛姨妈与王夫人这双亲姐妹借助元春的皇权力量，借助和尚的“金玉良缘”之说，联手决定了宝玉、黛玉、宝钗的命运。

然而，不可否认薛姨妈毕竟是母亲，她身上闪烁着母性的光辉，何况她本性善良，对黛玉嘘寒问暖既有功利的一面，也有一部分真心。诚然黛玉是贾母偏爱的外孙女，对黛玉的照拂能博得老祖宗的高兴，做个顺水人情，真如她自己所言“不说你无依无靠，为人作人配人疼，只说我们看老太太疼你了，我们也洑上水去了，”释放自己满腔的母爱，给予弱女子些许温情，又为自己在贾府赢得好感，能达到双赢的目标，何乐而不为。薛姨妈的这段大实话，很符合她为人实在的个性。贾母非常信任薛姨妈，所以在贾母祭拜老太妃时，就让薛姨妈与尤氏一并照顾家中众姐妹，但贾母最放心不下黛玉，“千叮咛万嘱咐托他照管林黛玉”。薛姨妈不负贾母所托，对黛玉的“药饵饮食十分经心”，尽心尽力，像母亲一样细心地照顾黛玉。无论薛姨妈待黛玉是出于真情，还是碍于贾母的情面，但她的关爱确实温暖了黛玉，即使这种幸福是那么短暂，对黛玉而言有母亲有姐姐的感觉真好。

除了对黛玉给予关心、爱护外，对柳湘莲、香菱等地位相对低下的人也给予同情与关心。柳湘莲因救薛蟠，从薛氏仇人变为恩公，两人义结金兰，薛姨妈一度准备房屋为柳湘莲迎娶尤三姐作准备。香菱进入薛家，备受夏氏的摧残与薛蟠的虐待，但薛姨妈除了一度赌气要卖掉香菱外，平时比较疼爱、怜惜香菱，曾责骂儿子不分好坏。夏金桂死后，薛姨妈为弥补以往对香菱的愧疚，命薛蟠扶香菱为正室，这是那个时代对待侍妾的最高奖赏了。

人的善与恶、美与丑、好与坏、真与假，此一时彼一时，随着事物的发展变化，不断呈现人性的多样性与复杂性，没有固定的标签与模式。薛姨妈懦弱无能、孤独无助之时呈现出自私冷漠、损人护短的一面，但在平日生活中也表现了仁爱善良、软弱无奈的一面。宝黛之悲剧，是封建社会的悲剧，并不是薛姨妈之流所能决定的，就如薛姨妈等人促成的金玉良缘也是一场徒增宝玉、宝钗痛苦的悲剧而已。事实上以贾母为首的实权派从未将黛玉作为孙媳妇的候选人，所以即使没有出现薛宝钗，也会有合乎她们标准的张宝钗、李宝钗式的人物成为宝玉之妻。而薛蟠之恶行有四大家族护官符的“功劳”，更是薛姨妈家教失败的因素，孟母三迁只是遥远的故事，薛姨妈终究不是孟母，她只是个普通妇人而已。缘分让四大家族相聚于京都，关系让四大家族荣辱与共，现实生活中的四大家族男女老少共同上演了一场场活色生香的悲喜剧、情景剧。薛姨妈作为剧中人物，以母亲、姨妈等多种身份，客串其间，展示了她的慈爱与善良；展示了她软弱与自私；也展示了她的心计与谋略。

第5辑（著书心声）

《君自故乡来——苏州文人与文事稗记》后记

日复一日，波澜不惊，我将步入知天命之年。

曾经有很多梦想，小学时想做个图书管理员，之后又想做英姿飒爽的解放军，中学时想做个给人类带来精神产品的作家，甚至一度想做个伸张正义的律师，当所有梦想都成浮云时，我已成为一名严谨务实的档案工作者。档案工作极其平凡极其普通，却让我挥洒了青春，燃烧了激情；又因为这个工作，与历史、与人文密切相关，促使我在工作之余，捣鼓了一些文字，成就《君自故乡来——苏州文人文事稗记》这本集子。

青灯下，读黄卷，或许枯燥单调，或许清苦寂寞，没有鲜花和掌声，也没有功名没有权力，但这也是一份美丽的工作，令我矢不渝，孜孜以求。当我不再是单纯的女儿身份时，往往忙完工作后，还要转向自家小院，用心经营，操持柴米油盐的生活，尽到为人妻为人母者应尽的义务与责任。我努力挑起工作与家庭的双重责任，乐在其中。

然而，纯属我个人的乐趣却在书海中、文字里。夜深人静时分，我自由地展开思想的翅膀，做一点与自己的梦想、专业多少有点关系的事情，这些事情就是对苏州人苏州事的记述。每当我在档案里看到或熟悉或陌生的名字时，就会产生强烈的好奇心，急切地想知道他（她）后来经历了怎样的人生风雨，这种好奇心驱使我喜欢穿梭在似曾相识的街巷，望着斑驳的大门，总想知道门后的故事。多次出差到北京，喜欢独自徘徊在宾馆附近的胡同，东瞧西望，想着哪屋里是否曾住过哪位格格。没想到简雄师兄也有这种好奇心，也“想努力去推开一扇扇静谧而沉重的深宅大门。”或许这是历史爱好者共同的好奇心吧，因为无论深宅大院还是小户人家，门前屋后的历史剧、情景剧都由他们在演绎，只是戏的分量与情节不同而已。档案文献里的那些人那些事来自某个历史阶段的真实世界，曾是那样的鲜活动人，那样的活色生香。当一旦获悉他们与现实生活中还有某种关联时，我就冲动得想在第一时间去了解他们的前世今生，延续故纸堆里的故事。

文字是安静而灵动的生命，宛如充满神奇色彩而富有活力的小精灵，与之亲近，时而令我心如止水，时而令我心潮澎湃，那是我最幸福的时刻。与周有光、张充和、何泽慧、顾笃璜等名贤的交往，则使我的心底更加清澈洁净。学习、沟通、了解、思索之余，我以档案资料、口述历史、亲历亲闻为依据，写出了百余篇各种题材的文章，发表在《中国档案》《档案与建设》《档案与史学》《传统文化研究》《中国档案报》《中华读书报》《苏州杂志》《苏州日报》上。这些文章如同我的孩子，并不美丽，也不出色，难登大雅之堂，但于我这个“娘”来说，还是值得钟爱的，遂萌发将它们结集出版的想法。今年利用节假日，选出涉及苏州地方历史文化方面的文章四十篇，对它们重新修订，但受知识水平、语言文字能力的限制，还存在一些错误，而且有的文章写得比较刻板而乏味。但不管如何，这本集子是对我从事档案工作二十六年的一个纪念。

《君自故乡来——苏州文人文事稗记》在出版过程中，得到了简雄兄长的关心与鼓励，他认真阅读书稿，对全书的结构提出精当意见，修改了不少谬误之处，并拨冗作序，在此深表谢意。感谢张寰和老师，为我们提供不少张家人张家事的素材；感谢档案馆的同事，提供档案利用；感谢俞菁女士，利用双休日帮我校对书稿；感谢长岛老师的精心策划，及上海文艺出版社的徐如麒老师，使此书顺利出版。同时感谢外子始终做我忠实的读者，而且给予自由的空间。

最后，感谢我的恩师周少平先生，他如父亲般关心我的成长，曾在一个火热的夏日，带着年少的我朝拜位于沧浪亭的五百名贤祠，经常勉励我多读书多写作。感谢我最亲爱的祖母，她是个平凡、慈祥、大气的老人，传授我生活的智慧，他们都是我人生道路上的导师，他们的关爱将温暖我一生。谨以这本书献给两位老人家，愿他们在天堂安息。

沈慧瑛

2011 年夏

《远行》后记：感恩生活

两三年前，我就开始唠叨自己快到奔五的门槛。真到了知天命的年纪，除了产生岁月如梭的感觉外，一点也没看透所谓的天命，依然单纯立世。

父母是人生的第一位老师，我深知这种与生俱来的单纯天性源于他们。单纯的人首先善良、真诚，不会权术，不耍阴谋，过得简单而轻松。父亲是家中独子，深得父母宠爱，所幸没被宠坏，待人热心热肺，纯良之极。他退休前一直是一家大集体企业的供销科长，工作勤奋，与祖父一样，年年捧回一张先进生产者的奖状。记忆中，他三天两头到上海出差，出差之外的大事就是替别人捎东西。香烟是当时紧俏货，且凭票供应，父亲常用上海亲戚省下的烟票买回朋友们所要的上海烟，有时还要倒贴一些钱。亲朋好友中哪家有点事，他总是尽心尽力给予帮助，从不求回报。即使为了没啥交情的外来民工，年过七旬的他想办法找关系，帮他们的小孩解决上学问题。

我的母亲自幼丰衣足食，无忧无虑，被家中长辈视为掌上明珠。她年少时因她家庭出身问题，从生活顶峰跌落低谷，人生篇章从此改写。虽然饱受社会的冷漠与歧视，却丝毫不影响她做个善良热忱的人。母亲在参加劳动、打理家务之余，经常接外发加工，贴补家用，我们姐妹也在她的传授下，学会编织各种物品。父母的勤劳和善良常常感动亲友们，但我觉得他们过于热心，过于善良，而且有时也换来伤害，提醒他们过好自己的生活，少管人家闲事，但他们依旧如故。

其实，作为子女，何尝不是努力做个像他们那样有情有义的人。特别是当正直、善良、诚实越来越成为稀有品的时候，我骄傲我遗传了父母的品性。即使因为不设防，因为没心机，有时会受到莫名的伤害，但我还是头脑简单，心怀纯真，对人友善，也因为这份单纯而过得快乐自在。感恩他们给予的一切。

除父母之外，最值得感恩的还是老师，是他们为我打开了知识的窗户，是他们让我看到了缤纷的世界。很庆幸，从小学到大学，我碰到不少好老师，如万老师、周老师、曾老师、蔡老师、朱老师、徐老师、沈老师，他们培养了我学习的兴趣，教会了我学习的方法，更是他们教育我努力上进，成为社会有用之人。我最喜欢、最留恋的风景是校园，那里遗留青春年少时期所有的梦想。我经常会想起老师们的恩情，曾老师曾在中秋佳节时特意送月饼和糖芋艿到学校，让寄读的我感到亲人般的关爱；朱老师在我选择文科还是理科时，为我理性分析，指明方向；周老师经常写信给我，告诫我要珍惜时间，以及掌握历史知识的窍门；班主任蔡老师陪我们度过无数个夜自修，语重心长教育我们，填报高考志愿时又为我们出谋划策。我何其幸哉，认识那么多优秀而善良、真诚的老师。他们，令我铭记一辈子。

感恩我工作和生活中相识、相知、相助的每一个人，他们的鼓励令我充满自信，他们的批评令我保持清醒，他们的情谊令我倍感温馨。正是他们，不仅让我获得友情，更增长了知识。

时间于每个人都是公平的。我牺牲了晚上休息的时间，在电脑上敲打键盘，码下一些文字，表达感情也好，表达思想也好，表达生活也好，它们成就了我的表达。将这些文字结集为《远行》，是我对五十年人生的总结，它们不够完美，不够精彩，却字字真心，句句真情，是五十年旅程的印痕。每个人都要作不同程度的远行，离开父母，外出求学或工作，远行意味着独立和长大，意味着期待与思念，一次次远行之后是一次次激动人心的相聚。然而无数次远行之后，我们都要作没有重逢的彻底的远行，消失在天堂的拐角，在另一个世界注视人间。以远行为书名，只想提醒自己，生活本来就是一个简单的方程——爱加宽容，人生本来就是一次有限的航程——爱加珍惜，无须复杂，多一点爱，多一点宽容，多一点珍惜，这样，我们的生活才会快乐，我们的人生才会圆满。《远行》分为三辑，第一辑《天堂就在拐角》以生活散文为主，写家人亲友写生活情感；第二辑《一个人的旅程》以杂文为主，写社会百态写人生感悟；第三辑《下辈子做只鸟》是一个“文学青年”的习作，收录了八篇所谓的小说。幸运的是，处女作《昊天有成命》得到了东吴女作家罗洪老师的指点，她肯定我“叙述语言简洁清新，善于处理故事情节”，同时也指出“给读者形象方面的感受似乎少了点。”有了罗洪老师的勉励，便有了后面七篇不成熟的作品。于我，写小说成为作家是曾经的梦想，而今彻底成为梦想，梦想总是美丽的。在《远行》的出版过程中，得到上海书店责任编辑孙莺老师的精心编辑，在此深表谢意。苏州大学博导、文学博士丁晓原先生冒着酷暑审阅书稿，并拨冗作序，在此深表谢意和敬意。

感恩五十年的人生，感恩生活的每一天，感恩陪伴我度过风风雨雨的家人。五十年的岁月，最大的感想是为人处事简单就好，最想说的是感恩两个字。

谨以这本小书献给养育我的父母、教育我的老师、关心我的朋友。

《灯火阑珊处》后记：追寻历史的脚步

阳春三月的某个午后，检视电脑里的文件夹，发现近几年来撰写了不少人物文章，它们均发表在各种报刊上。离 2011 年出版第一本历史散文集《君自故乡来》一晃已六年，岁月匆匆，已忘却多少喜怒哀乐，也记不起如何度过这些时光，唯有这些文字多少可以重新拼凑光阴的碎片，那些在书房敲打键盘的时刻。多年来，工作与家务是我的“法定职责”，读书与写作则是娱乐节目，自娱自乐。如果两天不读书，如果五天没码字，就会觉得浑身不舒服，“面目可憎”，追问自己时间都到哪儿去了？年少时的梦想已渐行渐远，但读书写作已然成为一种习惯，谈不上高雅，纯粹是一种生活方式罢了。有幸生活在苏州这座人文荟萃的历史名城，让我从档案文献中发现不少有趣的人和有趣的事，他们激发了我的创作冲动，于是就有了《可爱可悲话芸娘》《江南才女宋清如的情感世界》《冷面滑稽张幻尔》这些文字。朋友们常说你在档案馆工作，有得天独厚的条件，可以自由查档。其实平日里忙于业务和事务性工作，各类会议的时间就占去不少，鲜有时间去窗口查档，而且馆藏档案偏重于政府机关的文书。尽管如此，支撑这些文章的基础来自零碎的档案，来自公开出版的日记、书信等文献，而要写成一篇文章则更多地要靠平时的积累和敏锐的观察。比如，有一次随意翻看《宋氏宗谱》，就看到朱尚刚写的文章，了解到其母宋清如是苏州人，其父是著名的翻译家朱生豪，于是辗转与朱尚刚取得联系，征集到宋清如照片等相关档案资料，又从馆藏教育档案中找到一篇宋清如在苏州慧灵女中读书时的文章。为了深入了解宋清如夫妇，又购买了《朱生豪情书全集》及其翻译的《莎士比亚集》等书籍。在梳理各种资料的基础上，利用三个晚上的时间写下才女宋清如的故事。

青灯黄卷，不负时光；经年读写，略有收获。近几年来，我撰写了有关苏州丝绸行会组织、商事纠纷、档案文化等方面的文章，尤其关注了国学大师章太炎、历史学家顾颉刚、实业家张謇、一代词人沈祖棻、刺绣大师金静芬等多位大家人物。这些人物有的曾经在中国近现代史上高居塔顶，有的在各自的领域占有一席之位，他们以苏州人为主，少数虽非苏州本土人，却与苏州有千丝万缕的关系，比如章太炎，晚年定居苏州，在苏州开办国学讲习所；张謇，馆藏档案中有他的书信，他与两代帝师翁同龢、刺绣名家沈寿的情感交融则在其日记、书信、诗词中都有体现。这些人物从不同的时空走来，带着时代的气息，带着家国的情怀，还有人间的悲喜，再回首，他们都在灯火阑珊处。

为阅读的舒缓，将四十余篇文章分为上辑、中辑、下辑三个部分，上辑为女性，中辑是苏州男性，下辑是与苏州有关的籍贯外地的男性。这是最简洁的不得已的分类方法。将这些文章结集出版是对一个阶段文事的回顾，欣慰的同时，深感有的文章史料不够充足，有的文字还待细磨等问题。今天，《灯火阑珊处》得以顺利出版，首先要感谢玉成此事的好友何文斌、黄晖，感谢东方出版社的陈卓先生，更要感谢前辈蓝英年先生、同窗王振忠先生冒着酷暑拨冗作序，并给予诸多的鼓励。

我以为人活着，总要找点自己喜欢的事情做做。读书写作之外，最喜欢的莫过于旅行与美食，喜欢亲近自然的山山水水，喜欢看看异地的风土人情，喜欢品尝各式美食，更喜欢自己动手，做几道小菜，享受生活的美好。舌蕾的满足与心灵的丰盈同样重要，不可或缺。

最后，感恩天堂苏城给予的丰富养分，真像北京的朋友说的“苏州人好福气”，深为在这片沃土上生活工作而倍感幸福。感恩在档案文献中与那些故人的不期而遇，给予我写作的灵感。感恩生活中的小确幸，以及给予关心与帮助的亲友们！

谨以此书献给充满回味的六年岁月，以及共同走过的朋友们。

《过云楼档案揭秘》后记：过眼，未成烟云

世纪之初，我离开长期从事的编研岗位，调到保管利用处工作，对苏州市档案馆的馆藏有了一定的了解之后，深感以党政机关档案为主的馆藏档案不能全面反映苏州历史文化名城的特质，于是对一些文化世家产生好奇。在陆承曜老师的帮助下，征集了陆鸿仪档案、郭绍虞档案，并希望通过采访文化老人留存一些口述历史，弥补馆藏不足。之后，无数个周六上午，我泡在昆剧传习所，与顾笃璜老师交流，试图了解其高祖顾文彬创办过云楼的前尘往事，了解顾氏家族从官宦之家转为文化世家的发展脉络。由于顾老德高望重，学识渊博，周六上午远道而来拜访他的客人特别多，有时我们才开始交流就被人打断，这样断断续续交流了大半年，我撰写了《过云楼旧闻新韵》一文。

与顾老频繁接触的那段时间，他多次希望我以过云楼为研究方向，尤其挖掘晚清民国时期顾氏以怡园作为苏州文化沙龙，以过云楼藏品为“教材”，在培养吴门

画家方面所起的作用。顾老曾在二十世纪五十年代辞去苏州市文化局副局长的职务，专心研究戏曲，故建议我要潜心业务，多做研究。然而由于各种因素，我没有坚持原来所向往的道路，加之业余写作的范围又杂，时间与精力就这样分散了，也因此与过云楼走散了很长一段时间。从个人的角度看，当年我没有听从顾老建议，向他借阅过云楼文献，专心研究过云楼文化，这是不可弥补的损失。但从另一个角度说，当下过云楼档案文献的征集进馆与整理出版，是苏州市档案馆之幸，是广大文史研究者之幸，更是苏州历史文化之幸。

自 2010 年我分管征集工作后，一直致力于名人档案的征集，试图整合社会资源，丰富苏州的历史记忆，为苏州市档案馆资源建设略尽绵薄之力。在此过程中，我得到了冯端、沈起玮、陶为衍、娄有辙、郑有慧、汪泽青、潘君明、朱红等老师的支持与帮助，尤其是得到了顾老的大力支持。顾文彬的日记、家书、年谱、过云楼题画词，顾承信札、《吴郡真率会图》和过云楼友朋书札等一批珍贵档案陆续被征集进馆，成为我馆继苏州商会档案后的镇馆之宝。

明清以来，苏州由于经济发达、文化繁荣，在中国历史上独领风骚五六百年，各行各业涌现无数风流人物，藏书楼更是不计其数。及至清代同治年间，宁绍台道顾文彬构建以庋藏书画为主，旁及古籍、泉币、印章、拓片等多种门类的过云楼，名噪一时。苏州历来崇文重教，过云楼可谓是苏州文脉的代表之一，是一座既有建筑实证，又有文献支撑的江南文化地标。过云楼档案涉及顾氏家族子女教育、为官之道、友朋交往、书画买卖、缔造怡园与过云楼过程等方面的内容，是研究晚清官场生活、文人士大夫精神世界与价值取向、同治光绪年间苏州园林发展情况等的第一手资料，其历史价值与文献价值不言而喻。

为了发挥过云楼档案的作用，宣传苏州历史文化，让社会上更多的人了解过云楼，我与同仁们点校出版了《过云楼日记》《过云楼家书》两种。2016年，与苏州市过云楼文化研究会、文汇出版社联合策划国家"十三五"重点图书《过眼烟云——过云楼历代主人手书精粹》丛书，并于2017年启动，志在将顾文彬、顾承、顾麟士、顾公柔与顾公硕等四代人的手稿分批出版。此丛书于2018年年初被列入苏州市"文化繁荣兴盛三年行动计划"，至今已出版《顾承信札》《鹤庐画趣》《读书随笔》《顾公柔日记》等六种九册。同时，为了吸取前面十余年"荒废"的教训，近四年来，我利用晚上与周末的时间，专心研读《过云楼日记》《过云楼家书》及其相关的文献资料，撰写了《顾文彬家世考略》《吴中七老自风流》等二十余篇文章，分别发表在《书城》《文史知识》《档案与建设》《档案春秋》等刊物上。这些文章围绕顾文彬家族历史、过云楼书画买卖、过云楼友朋交往三个方面做了一些研究。由于理论修养不高，文章的深度不够，只能说是我对顾氏家族和过云楼文化研究所做的一种尝试吧。现在选取其中二十篇，结集出版《过云楼档案揭秘》，以飨读者，敬请方家批评指正。

需要说明的是，与过云楼相关的一些人物对于很多读者来说可能并不太熟悉，又考虑到研究者需要原文献比照，对于过云楼档案中以字、号出现的人物，若在书中没有详细铺叙，则在本书首次出现时注明字、号。书中涉及人物众多，各位人物对各位读者来说熟悉度不一，阙失之处，敬请谅解。另一方面，原始档案存在字、号不一的问题，以顾文彬为例，俞樾撰写的《七老图记》和王颂蔚所撰顾文彬墓志铭中字、号不同，以墓志铭为准。

顾文彬以苏轼“烟云之过眼，百鸟之感耳”之句，为自己的收藏楼取名为过云楼，蕴含了一种达观的人生态度。世间万物，对个体而言都是烟云过眼，但文化是累积的，是传承的。过云楼庋藏的名家书画、古籍善本等珍贵文物，如今大多被收藏在故宫博物院、上海博物馆、南京博物院等国家公共文化机构。这些文物于顾氏后人来说确实如过眼烟云，但对一个民族来说，过云楼的珍品将代表优秀的中华民族文化永远流传下去，继续滋养我们的精神世界，提升我们的审美情趣。顾氏后人“化私为公”的高尚情操，及在抢救与传承苏州刺绣、桃花坞木刻年画、昆曲等方面所起到的重要作用，更值得我们敬仰和铭记。

我有幸与顾老结识，并得到他的青睐与帮助，在我撰写《顾文彬家世考略》时，由于缺少资料，他慷慨地将《艮庵老人手订年谱》和顾文彬所撰顾大澜等七人的行略借给我研究，之后又无偿捐给档案馆。于我而言，唯有尽心尽力保管好、利用好过云楼档案，才能不负他的重托与信任；唯有专心研究过云楼文化，才能不负他倡议成立苏州过云楼文化研究会的初衷与宗旨。同时，在我的写作过程中，得到朱刚、孙中旺、何文斌、顾颖、顾其正、王康生、丁士华等朋友的无私帮助；南京博物院、苏州市档案馆、苏州博物馆、过云楼艺术馆为本书提供了部分珍贵的图片；复旦大学历史系教授樊树志先生冒着严寒为小书作序，使我受宠若惊，在此一并表示深深的谢意与敬意！感谢苏州市社科联的有力资助，感谢古吴轩出版社的精心策划、编辑，使我深感这部小书，不仅是冠以个人名字的作品，还是大家共同努力推出的成果。

过眼，并没化为烟云。过云楼文化研究是一个关乎晚清民国苏州历史文化的课题，内涵丰富，史料丰富，我愿与同道们一起继续探索与研究。

谨以这本小书献给长期以来信任我、帮助我、勉励我的顾笃璜先生！

沈慧瑛

二〇一九年元旦写于守拙阁

《贵潘家族传奇》后记

2018年一个冬日周末的午后，我坐在南石子街探花府的旱舫上，与古吴轩出版社、文旅集团的朋友们喝茶闲聊，聊苏州的历史文化，聊苏州的名门望族，似乎是轻松的茶叙。但，他们醉翁之意不在“酒”，而是希望我接一个活，写一本关于苏州贵潘家族的书。在此之前友人已提及此事，希望我勇挑“重担”，但我真不敢揽这活，贵潘家族太大，而我知之甚少。喝了两小时的茶，就像欠了天大的“人情”，又好像听了一出水磨腔，心软了下来，活也接了下来。

春节前夕借了一套《大阜潘氏支谱》回家，除了必要的看望双亲外，把自己关在书房里，足不出户，啃这套支谱，翻来覆去，研究人物谱系、墓志铭、扫墓日记、诰封、敷九公年谱等，寻找潘奕隽、潘世恩、潘遵祁、潘曾沂、潘祖荫等人物的踪迹，初步了解了贵潘家族的发展脉络及其在清乾隆年间确立地位的过程。于是我根据出版社编辑拟订的框架和自己读书后的想法，重新制定纲目，简要说明拟写的内容，征求出版社洪芳老师意见，确定后再次寻找相关文献资料，潘奕隽、潘世恩、潘曾沂等人的年谱、日记及林则徐、翁同龢等相关人物的图书资料出现在案头，就像摆了个书摊，才开始动笔。从初春到初秋，终于告一段落，9月下旬某天晚上，我在朋友圈发布“公告”，表扬自己在近八个月的时间内，几乎利用所有的晚上与双休日时间读书撰稿，为能“收工”而欣喜若狂。打下“收工”两个字后，其实没有彻底收工，之后的三个晚上又做了些修改，并收集、整理相关图片，一直拖到与洪芳老师约定的时间才正式交稿。说牺牲了所有的晚上与周末时间完成这本书，未免有点夸张，有时觉得无从下笔，我就会看看网络写手的穿越小说，会望着窗外的石榴树发呆，会出去溜达几圈放松放松，也会找点小零食犒劳一下自己。其间还因校对《过云楼档案揭秘》一书及参与新书分享会活动，耽搁了一些时间。

对一个文史爱好者来说，写作的过程是一个不断学习、增长知识、提升自我的过程。从前我对贵潘家族的了解局限于潘世恩、潘祖荫祖孙与两只鼎的故事，如今大胆地涉猎了一个新课题，既有如履薄冰的感觉，怕交不了差，又觉得收获满满，仿佛稍微推开了贵潘家族的大门，从门缝中多少知道了些大宅门里的尘封往事。在阅读与写作的过程中，随着了解的深入，我被贵潘家族历代先贤所打动，为潘家人执着科举事业不懈努力的精神而感动，为潘家人建立义庄扶贫帮困的义举而感动，为潘家人侍奉双亲、放弃功名利禄的孝道而感动，为潘家人热爱传统文化、无偿捐献珍贵文物的高尚情操而感动，为潘家人为了中华民族的独立自由、不惜牺牲的大无畏精神而感动……潘家从明末正式定居苏州至今已有数百年，他们糅合了徽州人刻苦坚韧的性格特点与苏州崇文重教的地域特征，奋发向上，因材施教，既重举业，又重实务，以使生活富足、人才辈出，既有潘世恩、潘祖荫祖孙这样的高官，又有潘承岳、潘家辰这样的革命者，更涌现了潘奕隽、潘遵祁、潘祖同、潘曾莹、潘钟瑞这样的文人士大夫，形成了潘家诗词在晚清文学独树一帜的现象，而潘家通过科举已然成为江南望族。

6月中旬，我与杜祯彬及诸位老师利用周末到安徽歙县采风，希望从潘氏发源地寻找早期的文献资料，并获得灵感。寻寻觅觅中，大阜村出现在眼前，周边山峦起伏，村内河道弯弯，小巷幽长，它已被列入第五批中国传统村落名录。可惜的是，潘氏宗祠除门面尚能看看，里边破败不堪，匾额字迹模糊，蝙蝠横行祠内，不知潘世恩若在世会作何感想？祠堂外，潘景文为救济乡亲，以工代赈开挖的数十亩池塘，如今只有一亩光景，一池碧叶在微风中摇曳，在骄阳下沉默。蓦然间，心情有几分沉重，为时光的残忍无情。

徽州之行，让我与大阜有了一次亲密接触，想象着潘仲兰沿着新安江经杭州到苏州经商的情景，想象着潘奕隽、潘世恩、潘遵祁、潘钟瑞一行从苏州到杭州沿新安江回乡扫墓的情景。大阜是他们的根。我们无论走得多远，都不能忘了来时的路。徽州之行，是一次寻访潘氏祖先的行程，我获得了松鳞义庄的文献资料，拍摄了大量图片，并与留守大阜的潘家后裔进行交流，所有这些都丰富了书稿的内容。

完成潘家一书，理应轻松，但我心里惴惴不安，有一种丑媳妇要见公婆的紧张与不安。要写一个家族的历史，必须对这个家族充分研究，并在充分占有资料的情形下，有所选择与裁剪，才有可能写好一部家族史。由于知识储备的局限和对诗词文学的一知半解，由于文献资料的缺失，更由于个人写作水平有限与时间仓促，故而我不能很好地将每个人物描摹到位，不能将潘家精彩的篇章如实叙述，不能从宏观视角阐述微观景象，并探索与研究两者的关联，以及历史的必然性与偶然性。唯一值得安慰的是，通过这本小书，读者诸君大致可以了解大阜潘氏始祖潘名、经商苏州的潘仲兰、迁吴始祖潘景文、参加十余次科考的潘暄、为家族利益牺牲个人理想的潘冕，以及从奕字辈到承字辈的代表性人物及其故事。匆忙间，我抛出了一块砖头，必然会引来其他专家的美玉，相信贵潘家族故事会越来越广为人知。

能如期完成这部书稿，首先要感谢朋友们的热情相助，无锡图书馆的王进雄和朱刚先生，苏州大学图书馆的李峰和钱万里先生，歙县档案馆的洪瑞娣女士，潘裕博先生、潘裕达先生、潘培生先生、何文斌先生为本书提供文献资料；苏州博物馆与菊石先生、唐朝先生、殷铭先生提供或拍摄图片；潘裕博先生、李军博士审阅书稿，并提供潘氏世系表；上海师范大学教授徐茂明博士拨冗作序，在此一并表示深深的谢意！尤其要感谢苏州状元博物馆的苏砚先生，他想方设法寻来潘世恩等人的年谱资料，他的热心与真诚令我感动万分。他说不少到状元博物馆来参观的游客，都希望能买到一本关于贵潘家族的书，但总是失望而归，愿这本小书能弥补些许缺憾。

最后，特别感谢苏州文旅集团的王金兴先生、姜林强先生与古吴轩出版社的钱经纬先生、洪芳女士的信任！让我们携手为建设古今辉映的历史文化名城——苏州贡献一分力量！

沈慧瑛

2019 年 9 月 26 日于守拙阁

《归来》后记

去年圣诞节小友何庆从上海过来，本想请她品尝苏州菜，不料她说已与同学约好，闲聊了一会就告辞。前不久，她趁休息又来苏州，再次带来了我爱吃的蛋挞，她说记得去年我对她讲的一句话——不要浪费时间。大概上了年纪的人，觉得来日不多，所以一不小心就对年轻人说出这样的话。我经常对单位年轻的同事讲：不要浪费时间，不要浪费自己的才华。

想想，我是蛮珍惜时间的，大部分休息时间多用在读书与写作上，它们成为生活的一部分。去年一月出差北京，在往返的火车上码了两篇文字，住在旅馆的晚上又录入并点校了一通书信。这样的努力，没有一点功利，仅使庸常生活多了一点色彩和自我满足。这几年花费大量时间与精力征集和整理过云楼档案，且经常占用节假日和周末时间完成过云楼丛书的审稿，付出了不少心血。然看似作出了很大的牺牲，实则在这过程中增长了不少知识，了解不少东西，所谓有付出就有收获。

但，生活不只有过云楼，还有山有水，有茶有友，有欢声有烦恼，更有晴空万里的美好时光。外地同行或朋友到苏州，作为地主的我，往往兴致勃勃推介好玩好吃的地方，盘门胜境的夜游，初见书房的茶聚，网师园的“游园惊梦”，山塘街和平江路的闲逛，得月楼和吴门人家的美食，等等。苏州仿佛是我家的，我极力显摆，希望全世界都知道她的美妙。到外地游玩之时，朋友们贴心周到，知我所爱，自然风光与人文景观都会兼顾到，青果巷、南长街、东关街、西津渡都有我们的身影。与“陌生”的老同学重逢于高中毕业二十年的聚会上，欣喜发现原来彼此都是“老文青”，又酷爱旅游，遂“拉帮结派”，参加户外远足，共赏青山绿水，那是轻松愉悦的旅程。世界之大，天地之宽，是一本用脚丈量、用眼观察、用心领悟、用文字讴歌的美的旅程。

因工作、读书的关系，结识不少德高望重的长者，如周有光、蓝英年、顾诵芬、张寰和诸位先生。我两度进京拜访百岁老人周先生，凡人如我，面对他敏捷的思维与亲和的态度，除了钦佩还是钦佩。二十世纪三十年代，苏州九如巷是年轻的周有光、沈从文时常光顾的地方，到了新世纪成为我朝拜的圣地，张寰和老师的下午茶和幽默风趣，以及暗香浮动的蜡梅，令我难以忘怀。远在京城的蓝英年先生思恋故乡的绿茶，一肚皮讲不完的故事，背不完的诗词，有着共同爱好的我们成了忘年交，但他的博学与深度是我辈望尘莫及的。在最美的大学时代，有幸遇到沈渭滨老师，他待我如自家孩子，一晃离世多年，有时想起他，仿佛又听到他亲昵地唤我“小姑娘”。作为不务专业的学生，我一直觉得愧对他的期待，愿现在我的用功，能弥补些许遗憾。这些长者，给予我温情、帮助与教诲，他们是我做人、做学问的榜样。

人活一世，从来不是独立的存在，鲜有人可以超然世外。每个人都会遇到这样那样的事情，平和而理性的对待是上策。桃花源毕竟留存在文字里。苏州是一本读不完的书，我们经常看到人间天堂的美好，不能忽视不和谐的一面，时代的进步与文明需要每个人的努力。真诚待人与尊重他人是人际交往中的良好，懂得感恩与爱是过好凡人日子的基础。无论世事如何变化，正直善良应该是人类不变的本质，也是需要我们坚守的。

再过数年我就要步入耳顺之年，离开工作岗位回归家庭，而孩子也在不知不觉中长大。十一年前他远涉重洋求学，四年前归国团聚，而今即将迎娶可爱的姑娘，开启他的新生活。于是，我将近六年撰写的游历老街、亲近山水、拜访名家、追思故人以及个人感悟的文字，结集为《归来》，意为我们无论走得多远，都不能忘了回家的路。作为母亲，拿不出像样的礼物相赠，就以这本小书送给佳儿佳媳，愿他们相互尊重、相互照顾，油盐酱醋与浪漫情怀并举，细心打理日常生活，用心经营幸福婚姻，携手共度人生。

沈慧瑛

二〇二〇年立夏

后记：书卷多情别有春

我去过翁同龢纪念馆无数次，很喜欢那副对联："绵世泽莫如为善，振家声还是读书"。为善、读书向来为国人所重视，为善是做人做事的根本，属于道德范畴；读书是提升能力和涵养的基础，属于方法手段。在漫长的"学而优则仕"的年代，读书还有一种功利作用，读书人可以通过科举考试，进入庙堂，光宗耀祖，重振家声。对现代人来说，读书能增长知识、开阔眼界，同样也能改变命运。多年来，我爱书、藏书、读书，对书"情深义重"，一度家中书多成"灾"，清理送掉不少。然而腾出不久的空间，又迅速被新书占领。

从上学识字伊始，我对书怀有敬畏与热爱，只是无法用简洁的语言来描写这种情感，曾写过《悦读人生》《下辈子"嫁"给书》之类文章，标题很俗，但也如实写下了对书的一片痴情。偶尔读到于谦的一首关于《观书》的诗，惊为天人神笔：

书卷多情似故人，晨昏忧乐每相亲。

眼前直下三千字，胸次全无一点尘。

活水源流随处满，东风花柳逐时新。

金鞍玉勒寻芳客，未信我庐别有春。

于谦与书卷晨昏相伴，心底无尘，那是一种怎样的境界？显然他的这首诗比起宋真宗赵恒的《励学篇》格调要高许多，后者以千钟粟、黄金屋、颜如玉、多如簇这类物化的东西相“诱惑”，勉励人们读书。或许物质的东西更能击中人们的心理，而于谦那种读书境界非凡人所能达到。我辈已过追逐名利的年龄，读书的目的很纯粹，除了工作需要外，更多的出于内心的欢喜而已，尤其年少时就爱阅读的历史人文方面的书籍。多年来读了一些书，有所收获，有所体会，便陆陆续续写了九十余篇读后感，发表在《苏州日报》《姑苏晚报》《书城》《文汇读书报》《中华读书报》等报刊上。这些读后感，姑且称之为书话，并非那种有深度的书评，有的写得比较肤浅而感性。现挑选七十四篇读后感和自己作品的后记，结集为《书卷多情》。

《书卷多情》收录的文章主要围绕三大方面书籍而写：一是档案部门编辑出版的书籍，如《过云楼日记》《苏州房地产契证图文集》《馆藏名人少年时代作品选》等档案方面的书。作为一名档案工作者，理应宣传档案人的编研作品，扩大档案馆的社会影响，故这方面的书评占有一定比例。二是同行与朋友的著作，如《浮世的晚风》《千山夕阳》《苏州烟雨》，所交往的友朋多为学者专家，从他们相赠的作品中受教颇多，且不说“秀才人情纸半张”，作为同道有义务为他们的作品呼与鼓。三是日常关注的历史、文学、人物传记方面的著作，如《巨流河》《舍我其谁：胡适》《红楼梦》等等，经常一时兴起，就不知天高地厚地胡乱写上几句。不管哪种书，对我而言均是开卷有益，且丰富业余生活与精神世界。

为便于阅读，将《书卷多情》分为五辑：《纸上烟雨》《兰台书屋》《吴地风情》《闲话红楼》《著书心声》。《著书心声》收录自己六种书的后记，借此机会自我宣传一番。

在《书卷多情》出版过程中，常熟理工大学教授曹培根先生提出良好的建议，并作序“鼓吹”；上海科技文献出版社的总编张树先生给予诸多指导，在此一并表示感谢。

世间万物，唯读书最美，正所谓“腹有诗书气自华”。

沈慧瑛　写于守拙阁

二〇二〇年七月十一日